K-석유의 미래를 묻다

AI 시대와 기후 위기에 대한 석유산업의 응답
K-석유의 미래를 묻다

초판 발행 2025년 9월 8일

지은이	유연백 류근식 주재인 송민호
기획	홍지연
편집	홍지연 박준영
교정	고은주
디자인	육일구디자인
펴낸이	홍지연
펴낸곳	MAM Press
출판등록	2025년 3월 27일 제2025-000032호
주소	03164 서울특별시 종로구 인사동 1길 7, 해봉빌딩 4층
전자우편	maroism22@gmail.com

ISBN 979-11-992331-0-2   03330

ask for the future of K-oil

AI 시대와 기후위기에 대한 석유산업의 응답
K-석유의 미래를 묻다

유연백 류근식 주재인 송민호 지음

MAM Press

출판사의 말

K는 어디에서 왔는가?

"우리가 이름 붙이는 방식이 곧 우리의 세계를 구성한다."
— 루트비히 비트겐슈타인

낯선 질문에서 시작되는 사유

"왜 K-석유인가?"

이 물음은 단순한 호기심이 아니다. 그것은 우리가 세상을 바라보는 방식 자체를 되묻는 질문이며, 이 책의 출발점이기도 하다. K-POP과 K-드라마가 문화의 경계를 넓혔고, K-방역이 공공정책의 새로운 모델을 제시했다면, K-석유는 산업과 자원에 대한 사유 체계를 새롭게 구성하려는 시도이다.

철학자 에른스트 블로흐가 말했듯이 익숙한 것을 낯설게 바라보는 순간 새로운 가능성이 열린다. 우리가 당연하게 여겨온 에너지 체계와 문명을 낯설게 바라보는 이 'K-석유'의 시도 역시, 그런 사유의 틈에서 출발한다.

K라는 기호의 형상, 리듬, 상징성

문자 K의 형상은 단순하지만 강렬하다. 곧게 선 기둥에서 비대칭적으로 뻗어 나오는 두 개의 선. 그것은 안정된 중심이 아니라, 방향 전환의 가능성을 상징한다. 발터 베냐민은 변증법적 이미지란 과거와 현재가 충돌하며 새로운 인식을 낳는 순간이라고 말했다. 문자 K는 바로 그 충돌의 형상이다. 균형의 구조가 아닌 긴장의 구조, 완성의 형태가 아닌 열린 질문의 형태이다. K는 틈이다. 그 틈은 세계를 다시 생각하게 만든다.

언어학적으로 'K'는 무성 파열음이다. 입안의 공기를 막았다가 '크' 하고 터뜨리는 발음. 이것은 석유라는 자원이 지층 아래에서 오랜 시간 잠든 후, 기술을 통해 현재의 동력으로 폭발하는 모습과 닮았다. K는 에너지의 소리다. 잠재된 힘이 현실로 전환되는 순간을 상징하는 기호이며, 단순한 발음이 아닌 문명의 리듬이다.

'K-'라는 접두사의 확산은 단지 국가 브랜드를 넘어서, 사회 전체의 정체성을 재구성하고 있다. 피에르 부르디외가 말한 상징 자본의 관점에서 보자면, 이는 한국이 글로벌 문화의 장에서 새롭게 획득한 발언권이자 의미 권력이다.

한때 서구 담론의 주변부에 머물던 한국은 이제 문화적, 기술적, 산업적 영역에서 주체로 떠오르고 있다. K-디자인, K-방역, 그리고 K-석유까지, 이 흐름은 더 이상 타자의 기준에 종속되지 않고, 우리 스스로 새로운 기준과 가치를 창출해 나가려는 문화적 독립선언이다.

에너지 문명에 대한 새로운 사유

기존의 석유 담론은 주로 지정학적 권력관계나 경제 효율성에 집중했다. 그러나 K-석유는 다른 질문을 던진다. 석유란 본질적으로 무엇인가? 기술과 자연은 어떤 관계를 맺어야 하는가? 에너지를 소비하는 존재가 아니라, 해석하고 재구성하는 주체로서 우리는 어떻게 행동해야 할까? 하이데거는 현대 기술이 자연을 단순한 자원으로 전락시키는 위험을 경고했다. K-석유는 이 문제의식에서 출발하지만 기술과 자연의 관계를 다시 사유하는 시도를 제안한다. 석유를 단지 '연료'가 아닌 '문명사적 사유思惟의 대상'으로 바라보게 하는 것이다.

K는 한국 사회의 집단 기억과 미래 상상력이 만나는 지점이다. 압

축 성장, 위기의 전환, 창조적 모방의 기억이 K라는 기호에 담겨 있다. 동시에 이는 전 지구적 과제인 에너지 전환과 지속 가능성에 대한 새로운 해답을 모색하는 상상력의 문이기도 하다.

K-석유는 특수함에서 출발하지만, 보편성으로 향한다. 이는 한국만의 이야기가 아니라, 우리 시대가 마주한 인류 공동의 물음에 응답하려는 하나의 방식이다.

질문으로서의 K, 서사로서의 이 책

오늘날 우리는 파편화된 기술, 정책, 사건들 속에 살고 있다. 진정한 이해는 이 파편들을 하나의 이야기로 엮는 데서 시작된다. K-석유는 바로 그 서사의 복원이다. 산업적 혁신, 기술적 진보, 정책의 변화 이 모두를 통합하여, 한국 에너지 문명사의 지형을 새롭게 그려보려는 시도이다. K는 질문이고, 그 질문이 이 책 전체의 서사를 이끈다.

이 책은 공동 저자들의 다양한 시선을 통해 K-석유를 기술하고 해석하며 질문한다. 산업정책, 기술개발, 환경과 미래의 교차점까지, 이 책은 석유를 둘러싼 총체적 사유의 지도를 펼쳐 보일 것이다. 그리고 그 모든 여정의 출발점에는 이 하나의 문자 'K'가 서 있다. 비틀린 형태로, 질문하는 자세로, 새로운 문명을 예고할 것이나.

K는 틈이다. 질문이다. 그리고 선언이며, 사유이다.

그 틈을 통해 우리는 다른 세계를 상상하게 된다. 에너지를 다르게 생각하고, 기술을 다르게 사용하고, 자연과 다르게 관계 맺는 새로운 문명의 가능성을. 이것이 우리가 'K-석유'라는 제목으로 이 책을 시작한 이유이다.

- MAM Press 홍지연

차례

출판사의 말 K는 어디에서 왔는가? · 005
여는 글 K-석유, 이 질문은 어떻게 시작되었는가 · 013

1부

석유의 시대는 어떻게 시작되었는가
– 검은 황금의 기원, 기술, 그리고 K-석유의 등장

1장 검은 시간, 석유의 기원과 문명의 서막 · 023
2장 땅속 우주로의 진입 : 시추, 회수, 그리고 기술 문명의 단면 · 038
3장 정제의 기술, 유통의 네트워크 · 054
4장 석유제품의 활용 : 보이지 않는 손의 흔적 · 071
5장 보이지 않는 비용, 석유산업과 환경의 역설 · 083
6장 K-석유의 여정 : 한국 석유산업 정책 70년사 · 097
7장 K-석유, 비산유국의 기적 : 세계를 선도하는 한국 석유산업 · 116

2부

석유는 어떻게 문명을 바꾸었는가
– 문명을 움직인 연료, 일상을 조직한 에너지

1장 등유 조명이 바꾼 삶의 문화 · 139
2장 수송 연료가 바꾼 교통문화 · 148
3장 아스팔트가 바꾼 도로 환경 · 159
4장 화학 섬유가 바꾼 의류 문화 · 168
5장 석유화학 비료가 바꾼 농업 생산성 · 179
6장 플라스틱이 바꾼 일상생활 · 189
7장 석유산업이 바꾼 산업생태계 · 207
8장 전환의 시대, 기술이 이끄는 산업 혁신 · 224

3부

석유의 시대는 어디로 향하는가
– 위기의 파고, 기술의 응전, 그리고 지속 가능성의 모색

1장 석유 패권의 미래를 가르는 여섯 개의 시나리오 · 241
2장 기후 위기 시대, 석유는 퇴장할 것인가 공존할 것인가 · 264
3장 남은 매장량과 새로운 기술 : 석유 개발의 종말 혹은 재시작 · 286
4장 우리 일상 속 석유의 숨은 얼굴들 · 293
5장 트릴레마 시대의 석유산업, 생존을 위한 균형 감각 · 309
6장 석유산업의 내일을 설계하는 세 가지 전략 · 320
7장 기술이 아니라 질문이 미래를 만든다 : 에너지 전환 시대의 인문학 · 335

닫는 글 아직 쓰이지 않은 미래를 향해 · 357
부록 석유에 관해 우리가 진짜 알고 싶은 것들 · 362
참고자료 · 381

유연백, 송민호, 류근식, 주재인

여는 글

K-석유, 이 질문은 어떻게 시작되었는가

지금 우리는 인류 역사상 유례없는 대전환의 시대를 살아가고 있다. 지진, 폭우, 대설, 홍수, 태풍 등 기후 위기로 인한 자연재해는 갈수록 더 빈번하고 더 강력해지고 있다. 첨단 기술과 인간의 역량으로도 막을 수 없는 재난이 세계 곳곳에서 현실로 나타나고 있으며, 그 전조는 이미 곳곳에 스며들어 있다. 이제 탄소중립은 선택이 아닌, 인류 생존을 위한 전 지구적 공동 과제가 되었다. 동시에, 인공지능AI은 산업과 일상 전반을 뒤흔들며 문명의 작동 원리마저 근본적으로 바꾸고 있다. 이러한 거대한 전환의 흐름 속에서, 오랫동안 인류 문명의 엔진이자 삶의 기반이 되어온 '석유'는 지금, 그 어느 때보다도 깊은 성찰과 방향 전환을 요구받고 있다.

조용히, 그러나 언제나 곁에 있던 석유

석유는 내 인생의 거의 모든 장면에 배경처럼 조용히 존재해 왔다. 어린 시절, 어머니의 심부름으로 깡통을 들고 기름 가게를 다녀오던 기억이 있다. 골목길을 따라 걷다 가게 문을 열면, 날카롭고 매캐한 석유 냄새가 먼저 코끝을 찔렀다. 작은 철통에 등유를 담아 돌아오는 길, 겨울 찬바람 속에서도 이상하게 따뜻했다. 철통 안에서 찰랑이던 등유는 그 자체로 집안의 안녕을 의미했다. 난로 심지에 불을 붙이면, 붉고 부드러운 불빛이 방 안을 조용히 덮혔다. 등잔불 아래에서 나는 책을 읽고, 그림을 그리고, 아무 의미 없는 상념에 잠기곤 했다. 세상의 모든 소음이 가라앉은 시간 속에서, 석유는 작은 불빛으로, 따뜻한 온기로 나를 감싸주었다.

시간이 흐르며 석유는 형태를 바꾸어 일상 속 깊숙이 스며들었다. 붉은 석유통에서 난로로, 곤로로, 보일러로 이어지는 흐름 속에서 석유는 언제나 우리를 지켜주었다. 겨울 아침, 붉은 통에 기름을 가득 채워 오던 기억. 불을 붙이면 금세 거실을 데우던 따뜻한 열기. 그 위에서 보글보글 익어가던 김치찌개의 냄새. 이 모든 장면은, 우리 삶의 한켠에 자리한 석유의 존재를 말없이 증명하고 있었다.

우리가 연탄가스의 불안에서 벗어나고, 한겨울에도 훈훈한 거실에서 대화를 나눌 수 있게 된 건 어쩌면 석유 덕분이었다. 기억 속의 보일러실은 늘 어둡고 눅눅했지만, 문틈 너머로 스며 나오던 기름 냄새는 이상하게도 안심이 되던 향기였다. 석유는 말없이 우리를 데워

주고, 비추어주고, 움직이게 했다. 겉으로 드러나지 않았지만, 언제나 곁에 머물던 존재. 나는 그 기름 냄새 속에서 성장했고, 그 열기 속에서 자라났다.

그리고 1993년, 마침내 내 삶의 오랜 로망이었던 마이카My Car의 시대가 시작되었다. 자동차에 기름을 넣고 시동을 걸 때마다 나는 석유가 만들어낸 문명의 경이로움 앞에서 새삼 감탄하곤 했다. 도로 위를 미끄러지듯 달리는 자동차, 도시와 도시를 잇는 무수한 길 위의 여정들, 집과 직장, 일상과 낯선 세계를 연결해 주는 그 모든 순간의 배경에는 석유가 있었다. 석유는 단순히 움직이는 기계의 연료가 아니었다. 그것은 내게 자유였고, 풍요였으며, 가능성이었다.

등잔불에서 자동차까지 석유는 한결같이 나의 삶을 관통하는 조용한 동반자였다. 눈에 잘 띄지는 않지만 언제나 일상의 가장 깊은 곳에서 작동하며, 나의 삶과 긴밀하게 맞닿아 있는 보이지 않는 주연이었다.

그림자 드리운 석유의 미래

석유는 단지 연료가 아니다. 그것은 인류의 생활을 혁신하고, 산업을 진보시키고, 세계사의 흐름을 바꿔온 검은 황금이었다. 한국은 자원이 전혀 없는 나라였지만, 원유를 산유국에서 수입해 정제하고, 품질 좋은 석유제품과 석유화학 원료를 생산해 냈다. 이를 국내에서 활용하고 수출까지 해가며, 국민 생활과 국가 경제에 실질적으로 기여해왔다. 그러나 지금, 우리는 더 이상 석유를 '검은 황금'으로만 바라보지 않는다. 오히려 인류의 미래를 위협하는 '기후 악당'으로 여기는 목소리가 커지고 있다. 기후 행동가들은 화석연료가 지구 온난화를 가속하는 주범이라며 석유산업의 퇴출을 강하게 주장하고 있다. 그들의 목소리는 단순한 이념적 외침이 아니라, 기후변화로 인한 극심한 가뭄, 홍수, 이상 기후를 직접 겪고 있는 전 세계 사람들의 공포와 위기감이 반영된 것이다.

정부 또한 이러한 시대적 요구에 부응하며 탄소중립이라는 전 지구적 목표를 향해 나아가고 있다. 2050년까지 탄소 배출량을 '0'으로 만들겠다는 약속은 선언이 아니라 의무가 되었다. 재생에너지로의 전환, 화석연료 소비의 단계적 감축은 이제 선택의 문제가 아니다. 이러한 정책들은 석유산업에 어두운 그림자를 드리우고 있다. 수십 년간 인류를 지배했던 석유의 시대가 이제는 막을 내려야 한다는 강력한 신호이다.

석유 시대의 미래, 새로운 길을 찾다

이러한 위기와 도전 앞에서 석유산업은 어떤 선택을 하고 있을까? 더 이상 과거의 영광에만 머물러 있을 수는 없다. 석유산업은 생존을 위해,

그리고 지속 가능한 미래를 위해 필사적인 노력을 기울이고 있다.

첫째, 사업 다각화와 에너지 전환이다. 많은 석유기업은 이제 더 이상 석유회사가 아닌 종합 에너지 기업으로의 변신을 꾀하고 있다. 막대한 자본과 기술력을 바탕으로 태양광, 풍력 등 재생에너지 분야에 적극적으로 투자하고 있다. 석유 시추 기술을 활용해 해상 풍력 발전소를 건설하고, 석유화학 기술을 활용해 배터리 소재를 개발하는 등 기존의 역량을 새로운 에너지 분야에 접목하고 있다.

둘째, 탄소 포집 및 저장 기술 CCS: Carbon Capture and Storage 개발이다. 석유를 완전히 사용하지 않는 것은 단기간에 불가능하다. 따라서 석유 사용으로 발생하는 탄소를 포집하여 땅속에 저장하거나 유용한 자원으로 재활용하는 기술개발에 막대한 투자를 하고 있다. 이는 석유 사용의 불가피성을 인정하면서도 환경 문제를 해결하려는 현실적인 노력이다.

셋째, 수소에너지 등 신사업으로의 확장이다. 석유기업들은 수소 생산, 저장, 운송, 활용에 이르는 전반적인 수소 생태계 구축에 참여하고 있다. 이는 석유를 대체할 차세대 에너지원으로서 수소의 잠재력을 높이 평가하고 있기 때문이다.

이러한 석유산업의 대응은 단순한 위기 모면이 아니다. 이는 '석유 시대의 종말'이 곧 '에너지의 종말'을 의미하는 것이 아니라, 새로운 에너지 시대로의 전환임을 깨닫고 능동적으로 변화하려는 노력이다.

이 책은 바로 이 전환의 시대에서 한국의 에너지 정책과 산업의 최일선에서 30여 년을 몸담아 온 저자가 오랜 고민 끝에 던지는 성찰의 결과이다. 우리는 석유를 통해 산업을 일으켰고, 문명을 키웠으며, 세계 시장에서 경쟁력을 길렀다. 그러나 이제는 그 성과를 넘어서, 우리가 어디로 가야 할지 질문할 때이다. 우연히 좋은 공저자들을 만나서 이러한 고민과 문제의식을 나누게 되었다. 각자의 분야에서 공부하고, 논의하며 서로 배우는 과정을 거치면서, 이 모든 흐름을 정리해 세상과 공감하고자 하는 마음이 자연스럽게 생겼고, 그것이 이 책의 출발점이 되었다.

1부에서는 석유가 어떻게 생성되고, 채굴·정제·유통되는지를 살핀다. 석유의 물리적·화학적 특성과 그것이 만들어내는 다양한 제품을 통해, 이 자원이 왜 인류 문명의 동력이 되었는지를 보여준다. 동시에, 한국이 석유를 수입하기 시작한 시점부터 정유·석유화학 산업을 육성해 온 전략을 따라가며, 'K-석유'라 불리는 산업적 구조와 그 역사적 궤적을 조망한다. 이는 오늘날 한국 산업을 이해하는 데 중요한 토대가 된다.

2부에서는 석유가 인류의 삶과 문화를 어떻게 바꾸었는지를 조명한다. 등유, 내연기관, 플라스틱, 비료, 화학 섬유, 아스팔트 등 석유로 만들어진 것들은 단지 제품이 아니라, 노동과 소비, 도시와 환경을 근본적으로 변화시킨 구조물이다. 석유는 현대 문명의 보이지 않는 기반 시설이자, 우리의 일상을 형성해 온 필수품이었다.

3부에서는 석유산업이 직면한 위기와 그 대응을 살핀다. 기후 위기, 탄소중립, 자원 민족주의, 디지털 전환 등 복합적인 변화 속에서 석유산업은 생존을 넘어 진화를 모색하고 있다. 석유 이후의 세계는 단순한 퇴장이 아니라, 기술과 전략, 상상력의 재편을 요구한다. K-석유는 그 전환의 중심에서 한국적 해법을 제시하는 하나의 상상력이며, 미래를 다시 설계하려는 질문의 시작점이다.

『전쟁과 평화』에서 톨스토이는 이렇게 말했다.
"무언가를 진심으로 이해하고자 하는 사람은, 반드시 그것을 이루어낸 사람들의 마음속에 들어가야 한다."

우리가 지금 마주한 AI시대의 탄소중립을 향한 대전환의 파도를 제대로 이해하기 위해서는, 그동안 K-석유를 일궈온 사람들의 치열한 노력과 산업의 구조, 정책의 맥락, 시장의 흐름을 돌아보는 것이 필요하다. 그래야만 석유 이후의 세계를 설계할 수 있다. 이 책이 한국 석유산업을 돌아보고, 변화의 갈림길에서 다시 방향을 정립하려는 모든 분께 작은 길잡이가 되기를 바란다. 그리고 무엇보다, 이 책이 우리 사회의 석유에 대한 인식과 대화를 한층 더 깊고 넓게 만들어주는 계기가 되기를 희망한다.

이제, K-석유의 어제와 오늘을 돌아보며, 내일을 향한 여정을 함께 시작해 보았으면 한다.

-유연백

1부

석유의 시대는
어떻게 시작되었는가

- 검은 황금의 기원, 기술, 그리고
K-석유의 등장

Every era is defined by the force that moves it. Ours awoke in the glow of black gold — a substance that lit our nights, turned wheels into empires, and quietly rewrote the destiny of nations.

모든 시대는 그것을 움직이는 힘으로 정의된다. 우리의 시대는 검은 황금의 빛 속에서 눈을 떴다. 그것은 우리의 밤을 밝히고, 바퀴를 제국으로 만들었으며, 조용히 나라들의 운명을 다시 썼다.

검은 시간,
석유의 기원과 문명의 서막

2024년 4월, 서울의 평균기온은 14.9도였다.

기상 관측이 시작된 1973년 이후 가장 높은 수치였다. 지구 온난화의 직접적인 영향인지, 아니면 중국에서 불어오는 황사에 의한 온실 효과 때문인지, 명확한 원인을 단정하긴 어려웠다. 다만 분명한 것은, 사람들의 옷장에서 반소매 셔츠가 예정보다 이르게 등장했고, 그들의 몸은 이미 계절의 변화를 감지하고 있었다는 점이다. 뉴스에는 다시 이상 고온이라는 말이 오르내렸고, 기온 상승을 둘러싼 수많은 추측이 떠돌았다.

그런데 문득 떠오른다. 그보다 앞서 4월 기온이 가장 높았던 해는 언제였을까? 생각외로 봄을 제대로 느낄 수 없었던 해, 바로 1998년 국제통화기금IMF 외환 위기의 해였다. 실업, 파산, 구조조정이라는 말이 일상을 장악하던 시절이었다. 거리는 조용했고 사람들의 표정은 굳어 있었다. 신문은 매일 같이 폐업과 실직 소식을 전했다. 그런 와중에도 자연은 변함없이 봄을 기록하고 있었다. 인간 사회의 체온이 빠르게 식어가던 그해 4월, 대기 온도는 역설적으로 높았다. 사회가 흔들릴수록 자연은 무심했고, 오히려 따뜻했다.

그리고 그 해 여름, 한국 사회는 두 개의 상징적 장면을 맞이한다. 하나는 스포츠였고, 다른 하나는 에너지였다.

1998년 7월 7일 새벽.

박세리라는 젊은 골퍼가 미국 여자 오픈 US Women's Open에서 보여준 맨발의 워터해저드 아이언샷은 단지 경기 장면을 넘어선 무엇이었다. 검은 모자와 복장, 그리고 그 속에서 드러난 하얀 발. 극단적인 대비는 텔레비전 화면을 넘어 사람들의 마음에 각인되었다. 당시 한국은 회복이 아닌 생존을 논하던 시기였고, 그 가운데 박세리는 아무 말 없이 끝까지 경기를 치렀다. 그녀는 결국 연장 20홀 승부 끝에 우승을 차지했고, 그 장면은 IMF 위기 시기의 국민감정과 무의식을 관통한 이미지로 남았다. 벙커 안에서 드러난 하얀 발은 차가운 현실 속 작은 온기이자 회복의 징조였다.

약 3주 뒤인 1998년 7월 28일, 또 하나의 장면이 한국 사회를 뒤흔든다.

"[울산 인근 해역 가스층 발견]"

매일경제 17면은 이렇게 보도했다. 울산 동남쪽 50km 지점, 대륙붕 6-1광구에서 가스층이 발견됐다.(동해 -1 가스전) 매장량 340만~400만톤. 당시 LNG 연간 수입량(1997) 1,147만 톤을 고려할 때, 국내 연간 수요의 35%를 충당할 수 있는 수준이었다.* 이 발견은 단지 경제적 호재가 아니라, '기름 한 방울 나지 않는다'라는 국가 정체성에 균열을 낸 사건이었다.

1960년대 이래 석유 자립은 끊임없이 추구된 국가적 염원이었지만, 그동안 번번이 실패로 돌아갔다. 1976년 신문에 대서특필된 '석유가 나왔다'는 기사도 허탈한 희망으로 막을 내렸다. 그러나 이 해 여름, 바다 밑 수천 미터 지층에서 천연가스가 솟아 오르며 한국은 마침내 세계 95번째 산유국 반열에 올랐다. 이는 단순한 자원의 발견이 아니라, 기술·자본·의지라는 세 축이 결집한 역사적 전환점이었다.

우리는 그 시기 두 장면을 기억한다.

바세리의 하얀 발과 동해의 불꽃. 한 사람의 맨발과 바다에서 솟구친 천연가스는 각기 다른 영역에서 같은 메시지를 전달하고 있었다.

"우리는 아직 끝나지 않았다."

---

* 실제로 동해-2가스전 추가 확보로 에너지통계연보에 따르면 동해가스전은 2004년부터 2021년까지 천연가스를 439만톤을 생산하였다. (2022년 총수입량 4,639만톤)

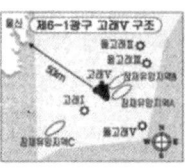

1998년 7월 28일 매일경제 기사 '울산 인근 해역 가스층 발견' 기사 갈무리.

하지만 우리는 묻지 않을 수 없다.

왜 한국 사회는 석유, 천연가스와 같은 화석연료에 이토록 민감하게 반응하는가?

왜 자원의 발견은 단지 경제의 문제가 아니라, 국가의 정체성과 연결되는가?

왜 박세리의 하얀 발과 동해의 불꽃이 동일한 시기에 회복과 자립의 상징으로 받아들여졌는가?

그리고, 석유는 어디서 왔는가?

그것은 어떻게 검은 황금이 되었고, 우리는 왜 여전히 그것을 욕망하고, 의존하며, 벗어나지 못하는가?

이제, 석유의 기원으로 들어가 보자.

이 물질의 탄생 과정을 따라가다 보면, 우리는 단지 에너지 자원의 흐름을 이해하는 것이 아니라, 우리 문명의 작동 원리, 국가의 욕망, 경제와 정치의 결합, 그리고 지구라는 행성 위에서 인간이 무엇을 만들어왔는지를 다시 보게 될 것이다.

검은 시간은 시작되었다.

고대 바다에서 시작된 석유의 기원

오늘날 현대 문명을 움직이는 핵심 자원인 석유는 사실, 아주 먼 과거의 바다에서 시작되었다. 깊은 고대 해양의 바다에서는 수없이 많은 플랑크톤과 미세 해양생물들이 생을 마감한 뒤, 그 사체가 해저로 가라앉아 퇴적물과 함께 쌓이기 시작했다. 이 유기물층은 오랜 시간 동안 진흙과 모래 등 퇴적물에 덮이면서 점차 지하 깊은 곳으로 매몰되었고, 그곳에서 높은 압력과 지열에 노출되며 화학적 변화를 겪게 된다. 이러한 유기물의 분해와 재조합 과정을 통해 석유와 천연가스가 생성된다. 이런 석유 생성 과정은 수백만 년에서 수천만 년에 이르는 시간이 필요하다. 즉, 석유는 단순히 땅속에 있는 천연자원이 아니라, 수억 년 전 지질시대의 생물 잔해가 특정 조건에서 분해·변형되어 만들어진 결과물이다.

석유 생성에 가장 중요한 요소는 유기물의 양, 산소가 거의 없는 무산소 환경, 그리고 적절한 온도와 압력이다. 특히 지하 24km 깊이, 섭씨 60~120℃ 범위의 지열 환경은 유기물이 석유로 변환되기에 가장 적절한 조건으로, 이를 '석유 창oil window'이라 부른다. 이 조건을 벗어나면 석유 대신 천연가스가 생성되거나, 유기물이 그대로 보존되기도 한다.

생성된 석유는 암석의 미세한 틈을 따라 상부로 천천히 이동한다. 이 이동은 단순히 아래에서 위로 흐르는 것이 아니라, 암석의 물리적 특성에 따라 복잡한 경로를 거친다. 그리고 마침내 석유가 도달한 곳이 불투과성 암석층*일 경우, 더 이상 이동하지 못하고 그 아래 공간에 고이게 된다. 이때 형성되는 것이 바로 유전이다. 즉, 석유의 존재 자체보다 그것이 저장되고 축적된 장소가 자원으로서의 가치를 결정한다.

이러한 차단층의 존재는 셰일가스 개발에서도 중요한 변수로 작용한다. 셰일가스는 일반적인 석유처럼 흘러나오지 않으며, 셰일층 내부의 미세한 기공에 갇힌 채 존재한다. 불투과성 암석층 속에 스며들어 있는 이 가스를 채굴하기 위해선 수압파쇄*와 같은 고압 기술

---

* 불투과 암석층cap rock은 가스나 액체와 같은 유체가 투과할 수 없는 암석층을 의미한다. 이러한 암석층은 지하에서 유체의 이동을 막는 역할을 하며, 특히 셰일가스 개발과 관련하여 중요한 개념이다. 셰일가스는 셰일층에 갇혀 이동하지 못하고 불투과 암석층에 의해 그 층에 머무르게 된다.

** 수압파쇄Hydrofracturing는 지하의 암반에 고압의 액체를 주입하여 암석을 파쇄하는 기술을 말한다. (유사어 : 수압단열Hydraulic fracture, 수압 균열Fracking)

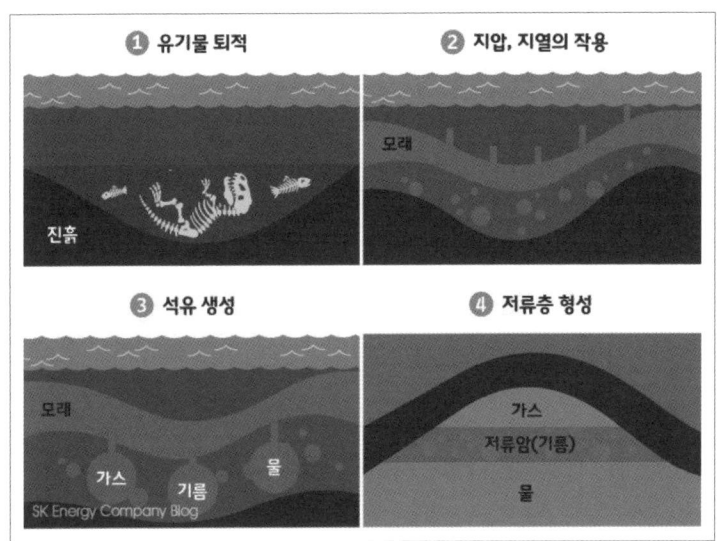

석유 생성 과정

이 요구된다. 이처럼 석유와 가스는 단지 지하에 존재하는가의 문제가 아니라, '이동할 수 있는가?', '모일 수 있는가?', '꺼낼 수 있는가?'가 핵심 변수이다.

오늘날 우리가 사용하는 석유 한 방울은 단순한 액체 연료가 아니다. 그것은 지질시대의 생명 흔적이자, 지구의 압력과 시간이 만들어낸 복합적 산물이며, 동시에 수억 년이라는 지구의 역사 속에서 단 한 번 형성된 자원이다. 중요한 것은, 이러한 자원이 다시 태어나는 데에는 인간의 시간 감각으로는 불가능할 만큼 긴 시간이 필요하다는 점, 그리고 그 재생 불가능성 자체가 석유 자원을 둘러싼 오늘날의 정치·경제·환경 문제의 핵심을 이룬다는 점이다.

지하자원의 화학적 정체성과 산업적 분류

이처럼 오랜 지질학적 시간과 조건을 거쳐 생성된 석유는 그 자체로 복잡하고 이질적인 물질이다. 석유는 단순한 액체가 아니라, 주로 탄소^{C}와 수소^H 원자로 구성된 탄화수소의 혼합물이며, 그 화학적 구성은 형성된 지역과 조건에 따라 크게 달라진다.

일반적으로 원유에는 파라핀paraffin, 나프텐naphthene, 방향족aromatic 탄화수소 등이 약 83~87%를 차지하고, 이외에도 황^S, 질소^N, 산소^O 등의 이종 원소를 포함한 화합물, 소량의 금속 성분이 포함되어 있다. 이들 구성 성분의 비율과 특성은 원유가 생성된 퇴적 환경, 유기물의 종류, 지층의 깊이, 지열 조건 등 지질학적 요인의 상호작용에 따라 결정된다.

중요한 점은, 각 지역에 부존하는 석유의 성상이 일률적으로 분류되는 자원이 아니라는 것이다. 같은 산유국 내에서도 유전마다 원유의 품질과 성분은 크게 다를 수 있다. 예를 들어, 북해에서 생산되는 브렌트유*는 황 함유량이 0.37%에 불과해 미국의 WTI**와 함께 저유황 경질유로 분류된다. 반면, 중동 지역의 대표적 원유인 두바이유***는 황 함유량이 약 2%에 달하는 고유황 중질유이다.

원유의 질을 가르는 핵심 기준은 두 가지이다. 첫째는 황 함유량이다. 황이 적은 저유황유는 정제 과정이 단순하고, 환경 규제에 유리해 시장에서 선호된다. 반대로 고유황유는 황산화물^{SOx} 같은 대기오염 물질의 배출 가능성이 높아서 정제에 더 큰 비용과 환경 대응이 요구된다. 둘째는 밀도와 점성, 즉 경질유light인지 중질유heavy인지의 여부이다. 경질유는 상대적으로 가볍고 휘발성이 높아 휘발유, 나프타 등 고부가가치 정제품을 많이 생산할 수 있다. 중질유는 무겁고 점성이 높아 정제 공정이 더 복잡하지만, 원유 단가가 저렴하다는 이점이 있다.

한국의 정유 산업은 이러한 다양성 속에서 경쟁력을 구축해 왔다. 고도화 정제 설비를 통해 중질유에서도 고급 제품을 생산할 수 있는 기술력을 갖춘 국가 중 하나이며, 이는 한국 정유사의 주요 수익 모델이기도 하다. 즉, K-석유는 저유황 시대의 환경 규제에 대응하는 친환경 정제 기술과 중질유 고도처리를 통한 고부가가치 창출 능력을 모두 갖춘 구조이다. 이러한 기술적 복합성은 단지 한 나라의 정

＊ 북해산 브렌트유Brent Crude는 북해의 브렌트, 티슬, 휴튼 등 9개 유전에서 생산되는 원유로 유럽 원유시장의 가격 기준이 된다. 브렌트유는 API 비중 38도, 유황 함유량 0.36%의 저유황 경질유sweet light crude oil로, 하루 630만 배럴 정도를 생산하여 세계 원유 생산의 8~9% 정도를 차지한다. 50% 정도를 유럽 내에서 소비하고, 50%를 수출한다.

＊＊ WTIWest Texas Intermadiate는 미국의 대표적인 석유로서 텍사스 주 전역에 걸쳐 엄청난 양이 생산되고 미국 내에서만 유통된다. 미국석유협회API가 정한 비중 40도의 초경질 원유로서 유황 성분이 0.24%를 기록하고 있기 때문에 대표적인 고급 석유로 평가받고 있다.

＊＊＊ 두바이유Dubai Crude는 아랍에미리트UAE에서 생산되는 원유로 API 비중 31도, 유황 함유량 2% 정도 되는 고유황 중질유이다. UAE는 세계 7~8위 산유국이며 OPEC 내에서도 3~4위 산유국이지만, 중동 지역에서 실시간 유가를 반영하는 몇 안 되는 나라인 데다 두바이가 중동 지역 무역 허브여서 국제유가의 중요 지표 중 하나가 되었다. 사우디아라비아를 비롯한 페르시아만 지역 원유는 두바이유가 기준으로 매겨진다고 보면 된다. 대한민국을 비롯한 아시아 지역은 두바이유를 많이 수입하고 있어 이곳 가격에 예민하다. 한국은 80%를 중동에서 수입한다.

유 수준을 넘어서, 기술형 에너지 강국으로 진화할 수 있는 전략적 기반이 된다.

또한, 흔히 중동산 원유는 모두 고유황유로 인식되지만, 실제로는 그렇지 않다. 한국석유공사에 따르면, 중동 지역의 다수 유전은 파라핀계와 나프텐계의 중간 특성을 가진 중간기 원유로 분류된다. 이는 해당 지역이 단일한 지질 조건 아래 있지 않으며, 원유 형성 당시의 퇴적 환경, 유기물의 종류, 매몰 깊이, 지열 분포 등 복합적 변수의 영향을 받았기 때문이다. 다시 말해, 석유의 국적보다 중요한 것은 그 유전의 지질학적 맥락이며, 이는 정제 방식과 비용, 최종 수익 구조에 결정적 영향을 미친다.

결국, 석유는 단지 '있는가'보다 '어떤가'가 중요하다. 그리고 K-석유는 이 차이를 이해하고 다룰 수 있는 역량을 갖춘, 기술 중심의 에너지 전략 모델로서 자리매김하고 있다.

석유의 인류사적 전환점

석유가 본격적으로 인류 문명에 동력을 제공한 것은 19세기 중반 이후였지만, 그 존재는 이미 고대부터 인류의 일상에 깊숙이 스며들어 있었다. 메소포타미아인들은 천연 아스팔트를 건축용 모르타르와 방수제로 사용했고, 이집트인들은 미라 제작에 석유를 활용했으며, 중국에서는 기원전부터 등불용 연료로 석유를 채취하고 이용해 왔다. 그러나 이 시기 석유는 어디까지나 지표 위로 자연스럽게 흘러나오는 물질이었으며, 그것을 체계적으로 채굴하고 상업화하는 산업 기반은 존재하지 않았다.

에드윈 드레이크 초상화

현대적 의미의 석유산업은 1859년 8월 27일, 미국 펜실베이니아주 타이터스빌Titusville에서 에드윈 드레이크 Edwin Drake가 세계 최초로 상업적 석유 시추에 성공하면서 시작된다. 이 상징적인 사건이 바로 석유 시대의 공식적인 서막이다. 이후 20세기 초, 내연기관의 발명과 자동차 산업의 급격한 성장, 항공기와 선박의 동력화는 석유 수요를 폭발적으로 증가시켰다. 록펠러의 스탠다드 오일, 로열 더치 쉘, 브리티시 페트롤리엄BP 등 초국적 석유기업들이 이 시기에 태동하면서, 석유는 단순한 자원을 넘어 국가와 시장, 기술과 군사력, 에너지와 정치가 뒤엉킨 세계 질서의 중심축으로 부상하게 된다.

결국 석유는 단지 새로운 연료가 아니라, 근대 문명 그 자체를 관통하는 구조적 동력이었다. 증기기관이 산업혁명의 기폭제였다면, 석유는 기계 문명의 연료이자 소비사회와 도시 문명을 가능하게 한 결정적 자원이었다. 에너지원의 전환은 곧 세계의 작동 방식이 바뀌는 일이었고, 석유는 그 전환의 핵심에서 새로운 질서를 이끌어냈다.

'검은 시간'은 단지 지하의 시간만을 뜻하지 않는다. 그것은 인간이 땅속의 시간을 끌어올려 자신의 시간으로 전유하기 시작한 순간이며, 지질학의 시간에서 인류의 시간으로, 자연의 축적에서 문명의 동력으로 전환된 역사의 분기점이었다. 바로 이 지점에서 석유는 단순한 자원이 아니라, 인류 문명의 새로운 서막을 연 결정적 존재가 되었다.

세계 석유 매장량의 불균형, 그리고 한국의 도전

세계 석유 매장량은 지역적으로 극단적인 불균형을 보인다. 영국의 BP아모코*의 통계에 따르면, 전 세계 확인 매장량은 약 1조 7,000억 배럴로 추정되며, 이 중 약 48%가 중동 지역에 집중되어 있다. 사우디아라비아의 가와르 유전은 세계 최대 유전으로, 베네수엘라의 오리노코 벨트는 최대 중질유 매장지로 꼽힌다. 이러한 분포는 자원 안보와 에너지 외교의 핵심 변수로 작용하며, 자원 부국과 빈국 사이의 구조적 긴장을 심화시켜왔다.

한국은 이 불균형 구조의 변방에 위치해 있었다. 1960년대부터 본격적인 석유 탐사에 착수했지만, 자국 영토에서 상업적으로 의미 있

---

* 영국의 브리티시 페트롤륨BP: British Petroleum Company은 1999년 미국의 아모코Amoco를 흡수·합병하며 BP아모코로 사명을 변경, 세계 3대 석유회사로 도약했다. 이어 2000년 2월, 세계 최대 규모의 정유시설을 보유한 아코ARCO까지 합병하면서 엑슨-모빌에 이어 세계 제2위 민간 석유회사로 부상했다.

는 유전을 찾기는 어려웠다. 수십 년간의 노력과 실패 끝에, 1998년 7월 울산 남동쪽 58km 해상 심해 지층에서 '동해-1 가스전'이 발견되었다. 이는 대한민국 최초이자 현재까지 유일한 상업적 천연가스전으로, 한국 자원 개발사에 뚜렷한 이정표를 남긴 사건이었다. 동해-1 가스전은 2004년부터 2021년까지 17년간 운영되었고, 천연가스 4,100만 배럴과 콘덴세이트 390만 배럴을 생산했고, 이를 통해 약 24억 달러의 수입 대체 효과를 창출했다. 특히 총투자 1조 2천억 원 대비 회수 2조 6천억 원, 회수율 220%라는 수치는 국내 자원개발 역사상 가장 성공적인 프로젝트 중 하나로 기록된다.

국내최초 시추선 두성호, 출처: 동아일보

무엇보다 주목할 점은, 이 프로젝트가 탐사부터 개발, 생산에 이르기까지 전 과정을 100% 국내 기술로 수행했다는 사실이다. 이는 단지 생산 실적에 그치지 않고, 한국의 해양 자원개발 기술 자립도를 비약적으로 끌어올린 계기였다. 수입 의존도가 높은 에너지 구조 속에서, 이 기술적 자립은 자원 주권 회복의 서막이기도 했다. 2021년 12월 31일, 생산이 종료된 이후에도 동해-1 가스전은 완전히 닫히지 않았다.

현재 이 해역은 탄소 포집·저장CCS이나 수소 혼소 발전hydrogen co-firing power generation* 등 새로운 역할을 위한 전환을 준비 중이다. 자원의 시대에서 전환의 시대로, 동해-1은 이제 또 다른 방식으로 K-에너지의 미래를 실험하는 장소가 되고 있다.

---

* 수소 혼소 발전은 기존 LNG 복합화력발전 등에서 사용하는 연료의 일부를 수소로 대체해 함께 연소시키는 방식으로, 온실가스 배출을 줄이면서 기존 설비를 활용할 수 있다는 장점이 있다. 혼소 비율이 높을수록 감축 효과가 커지지만, 친환경 수소 공급망 구축과 질소산화물 저감 기술이 함께 뒷받침되어야 한다.

"검은 황금으로 불린 석유는 인류 문명을 이끈
동력이었으며, 한국은 동해-1 가스전을 통해 비로소
자원의 시대에 실질적인 주체로 진입하기 시작했다."

땅속 우주로의 진입:
시추, 회수, 그리고 기술 문명의 단면

 영화《아마겟돈》(1998)에서 인류를 구할 마지막 희망으로 선택된 이들은 우주비행사가 아니라, 바다 위 시추 플랫폼에서 지하 수천 미터를 뚫고 있던 석유 굴착 기술자들이었다. 그들이 향한 곳은 우주였지만, 그들이 가진 전문성은 지하의 심연을 정복하는 데서 나온 것이었다.

 이 설정은 단지 영화적 상상이 아니라, 우리가 에너지와 생존을 위해 기술을 사용하는 방식의 본질을 드러낸다. 우주는 위로 열린 미지이며, 석유는 아래로 감춰진 미지이다. 두 세계 모두 인류가 정복하려 했던 영역이며, 그 도전의 방식은 놀랍도록 닮았다. 우리는 우주에서 자원을 캐기 위해 미션을 설계하고, 지하에서 석유를 끌어올리기 위해 수십 년간 시추 기술을 연마해 왔다.

이번 장에서는 바로 그 땅속 우주로 들어간다. 석유는 단지 땅에 묻힌 검은 액체가 아니라, 수억 년간의 퇴적과 지열, 압력이 빚어낸 고대의 시간이다. 그리고 그 시간을 캐내는 인간의 기술은 고작 몇십 년밖에 되지 않았다. 탐사, 시추, 회수, 그리고 정제까지의 과정을 통해 석유가 어떻게 지하에서 지상으로 올라와 세계를 움직이는 에너지가 되는지를 살펴볼 것이다. 여기서 다루는 석유 시추의 세계는 지질학, 공학, 물리학, 심지어 전략과 감각의 세계가 겹쳐진 복합 지대이다.

석유 시추는 단지 에너지 산업의 출발점이 아니다. 그것은 우리가

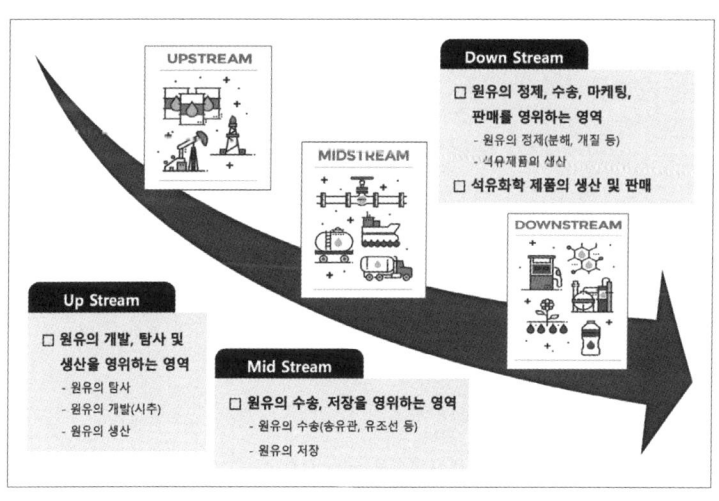

석유산업의 벨류체인

땅을 이해하고, 기술로 현실을 바꾸며, 보이지 않는 시간과 힘을 제어하려는 인간 문명의 전형적인 장면이다. 이 지층 아래에서 우리는 미래를 위한 과거를 마주하게 된다.

원유 생산은 단순한 채굴이 아니다. 지하 깊숙이 숨어 있는 석유를 찾아내고, 이를 지상으로 끌어올려 생산하고 수송하기까지의 탐사, 시추, 회수, 수송, 정제에 이르는 복잡하고 정교한 과정을 거쳐야 한다. 석유가 어떻게 지하에서 지상으로 올라와 현대 문명의 혈액이 되는지를 살펴보는 것이 이 장의 핵심이다.

석유의 탐사: 보이지 않는 것을 예측하는 기술

석유 생산의 여정은 '이 지역에 석유가 있을지도 모른다.'라는 하나의 가설에서 출발한다. 그러나 이 막연한 추측은 과학적 근거로 뒷받침되지 않으면 아무 의미가 없다. 따라서 첫 단계는 바로 탐사이며, 이는 가설을 검증하는 장기적이고 체계적인 조사 과정이다.

석유는 무작위로 생성되거나 축적되지 않는다. 특정한 퇴적 환경이 조성되고, 지층이 적절한 형태로 발달하며, 암석의 성질과 다공성·투수성, 지열 조건 등이 맞아떨어져야만 석유가 생성되고 저류층에 모일 수 있다. 지질학에서는 이러한 조건과 과정을 통틀어 '석유 시스템'이라 부르며, 다섯 가지 핵심 요소가 유기적으로 작동해야 한다.

첫째, 석유의 모체가 되는 모암source rock은 유기물이 풍부하게 퇴적되고, 지열과 압력의 작용으로 원유나 가스로 변환되는 암석이다. 둘째, 생성된 석유를 저장하는 저류암reservoir rock은 다공성과 투수성이 높아야 하며, 석유가 자유롭게 모이고 이동할 수 있는 공간을 제공한다. 셋째, 덮개암cap rock은 불투수성 구조를 가져야 하며, 저류층 위를 덮어 석유가 빠져나가지 못하도록 막는다. 넷째, 석유를 모이게 하는 함정 구조trap는 지질 변형이나 퇴적 작용에 의해 형성되며, 구조적 함정과 층서적 함정 등 여러 유형이 있다. 마지막으로, 석유가 모암에서 저류암으로 이동하는 이주 경로migration pathway가 확실히 존재해야 한다.

지질학자들은 이 다섯 조건이 모두 만족될 가능성이 있는 지역을 선별하기 위해, 먼저 광범위한 지질·지구물리학적 분석을 실시한다.

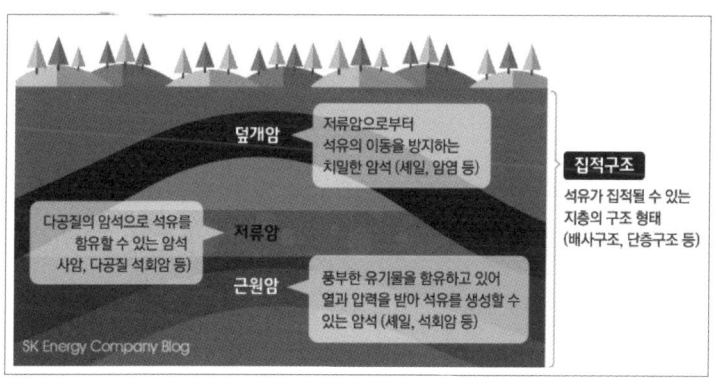

석유 보전을 위한 4대 조건

탐사의 첫 단계는 위성영상, 항공사진, 지질도 등 거시적 자료를 분석하는 일이다. 이 과정을 통해 과거에 바다였던 퇴적 지대나 퇴적암이 잘 발달한 지역을 선별한다. 특히 석유가 모일 가능성이 높은 지질 구조인 배사구조나 단층대를 중점적으로 조사한다. 배사구조는 지층이 위로 볼록하게 휘어진 형태로, 그 안쪽에 석유가 집적되기 쉽고, 단층은 석유의 이동을 차단하거나 가두는 역할을 할 수 있다. 지표에 드러난 암석의 노두를 조사하고, 과거의 시추 기록을 분석하면서 지하의 구조를 간접적으로 추론해 나간다. 이때 중요한 것은 과거의 지형을 통해 보이지 않는 현재의 지하 구조를 예측하는 일이다.

이렇게 일차적으로 유망 구조가 확인되면, 더욱 정밀한 물리탐사가 이어진다. 이 가운데 가장 핵심적인 기법은 탄성파 탐사이다. 이는 일종의 지하 초음파 검사로, 인위적으로 지진파를 만들어 지하로 보낸 후, 반사되어 돌아오는 파형을 분석해 지층의 밀도와 구조, 경계면 등을 파악하는 방식이다. 육상에서는 진동 트럭이나 폭약을 이용해 지진파를 발생시키고, 해상에서는 압축공기를 분사해 음파를 만든다. 이렇게 생성된 파형은 수백 개의 센서를 통해 수집되며, 데이터를 3차원으로 처리하면 지하의 형태와 구조가 마치 단면도처럼 드러난다. 이 과정은 의학의 초음파 검사와 매우 유사하지만, 수십 킬로미터 깊이까지 분석해야 하기에 그 정밀도와 해석력에서 매우 높은 기술 수준이 요구된다.

필요에 따라 중력탐사나 자력탐사 같은 보조기법도 동원된다. 중력탐사는 지하 암석의 밀도 차이를 측정해 퇴적암과 화성암을 구분하고, 자력탐사는 자성을 띤 암석의 분포를 통해 단층대나 기반암의 경계 구조를 추적하는 데 활용된다. 이처럼 다양한 물리탐사 결과를 종합하여 석유가 생성되고 저장될 가능성이 있는 지질 시스템을 정밀하게 그려낸다.

탐사 단계는 결국, 보이지 않는 땅속을 과학적으로 읽어내는 과정이다. 단지 가능성을 좇는 것이 아니라, 예측할 수 있는 지질 조건 위에 기술적 확신을 더하는 일이다. 탐사는 석유가 있을 것 같다는 직감을 넘어, 실제 시추로 이어질 수 있는 신뢰도 높은 지질 모델을 완성하는 데 목적이 있다. 탐사의 과학적 판단이 충분히 확보되면, 그 가능성을 현실로 검증하는 다음 단계인 탐사시추에 착수하게 된다.

시추: 지하 수천 미터를 뚫는 인간 기술의 정수

석유가 존재할 가능성이 높은 구조기 탐사 과정을 통해 확인되면, 다음 단계는 그 가능성을 현실로 입증하는 일이다. 이것이 바로 두 번째 단계인 탐사시추 exploratory drilling이다. 이전 단계까지는 과학적 추정과 예측의 영역이었다면, 이 시점부터는 '있는가, 없는가.'에 대한 물리적 검증의 순간으로 진입하는 것이다.

탐사시추는 간단한 작업이 아니다. 지표에 구멍을 뚫는 것이 아니라, 지하 수천 미터 깊이의 암석을 관통해야 하는 고난도의 공학적 작업이다. 이를 위해 거대한 시추 리그 drilling rig, 땅을 뚫는 대형 장비가 육상에 설치되거나, 해상에서는 플랫폼 혹은 반잠수식 시추선이 바다 위에 자리 잡는다. 시추의 핵심 장비는 지하 암석을 파고드는 드릴 비트이다. 드릴 비트는 다이아몬드나 텅스텐 카바이드로 만들어지며, 최근에는 열과 마모에 강한 PDC 비트$^{polycrystalline\ diamond\ compact}$가 주로 사용된다. 이 비트는 회전하며 암석을 갈아내고, 시추관을 따라 더 깊은 지층으로 진입한다. 작업이 진행될수록 지하 압력은 높아지고 지층은 불안정해지므로, 단순한 굴착 기술만으로는 이 공정을 감당할 수 없다.

이때 필요한 것이 바로 이수$^{泥水,\ drilling\ mud}$, 즉 진흙물이다. 이름만 보면 그저 흙탕물처럼 들리지만, 실제로는 고도의 과학이 집약된 시추용 유체이다. 이수는 세 가지 핵심적인 역할을 수행한다. 첫째, 회전하는 드릴 비트를 냉각시키고 마모를 줄여준다. 둘째, 암석을 깎아낸 후 생긴 암편을 시추관을 따라 지상으로 운반해 낸다. 셋째, 시추공 벽이 무너지지 않도록 내압을 유지하고, 외부 지층 압력으로 인한 붕괴나 유체 유입을 방지한다. 이수의 밀도, 점도, 성분 조성은 시추 지층의 상태에 따라 실시간으로 조절되며, 이는 시추 작업의 안전성과 효율성을 좌우하는 가장 중요한 기술 변수 중 하나이다.

탐사시추가 완료되면, 이제는 단순한 발견을 넘어 '경제적 가치가 있는가?'라는 두 번째 질문에 답해야 한다. 석유가 존재하더라도 그것이 상업적으로 생산이 가능한지, 즉 채굴할 수 있을 만큼 충분히 많고, 기술적으로 회수할 수 있으며, 수익을 낼 수 있는 구조인지를 판단해야 한다. 이 단계를 자원 평가$^{resource\ evaluation}$라고 부른다.

이를 위해 먼저 코어 샘플 core sample을 채취한다. 이는 시추 과정 중 일정한 길이의 지층을 통째로 원통 모양으로 채취한 시료로, 지층의 물리적 특성과 석유의 존재 여부를 직접 확인할 수 있는 실물 증거이다. 이와 동시에 검층인 로깅 logging 작업이 진행된다. 이는 각종 센서가 장착된 장비를 시추공에 집어넣어, 암석의 공극률(빈 공간의 비율), 투과율(유체가 흐를 수 있는 능력), 석유 포화도(공극 중 석유가 차지하는 비율) 등을 측정하는 것이다. 이 자료는 석유가 어느 층에, 얼마나, 어떤 상태로 존재하는지를 입체적으로 분석할 수 있게 해준다.

최종적으로 이 모든 정보를 바탕으로 추정 매장량, 회수 가능 비율, 생산 지속 기간, 개발·운영 비용, 시장 가격 등 다양한 경제적 지표를 종합 분석하게 된다. 이를 통해 이 유전이 상업적으로 타당한지

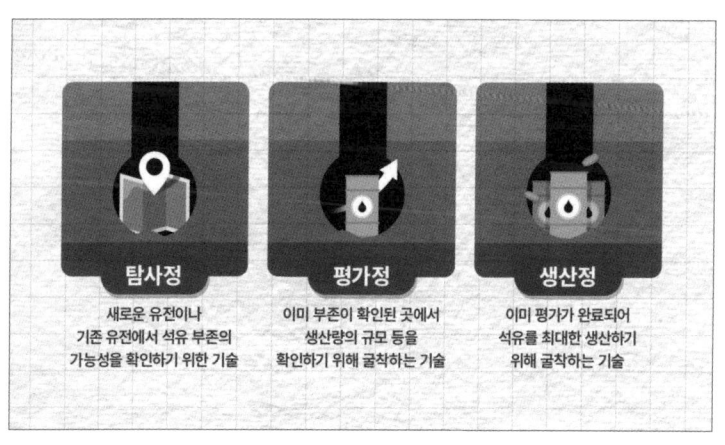

시추의 목적

아닌지, 다시 말해 개발할 가치가 있는지를 판단하게 되며, 판단 결과에 따라 본격적인 개발 시추 development drilling로 전환된다. 이 지점부터는 단순한 탐색이 아니라, 본격적인 자원 생산을 위한 상업적 투자가 시작되는 것이다.

생산과 회수: 점점 더 많은 석유를 회수하기 위한 전략

탐사와 평가 과정을 거쳐 상업적 생산이 가능하다고 판단되면, 유전은 본격적인 생산 단계에 접어든다. 하지만 지하에 석유가 존재한다고 해서 그것이 저절로 올라오는 것은 아니다. 석유 생산은 땅속의 석유를 얼마나 효과적으로 회수할 수 있는가의 기술적 싸움이다. 이때 사용되는 회수 방식은 보통 세 단계로 나뉜다.

가장 기본적인 방식은 1차 회수 primary recovery로, '자연 유동'이라고도 한다. 이는 저류층 자체에 존재하는 압력, 즉 가스 압력이나 수압에 의해 석유가 자연스럽게 지상으로 밀려 올라오게 하는 방식이다. 별도의 에너지를 주입하지 않아도 되므로 경제적이지만 회수율은 매우 낮다. 보통 전체 매장량의 10~20% 수준밖에 끌어올릴 수 없다. 다시 말해, 지하의 석유 중 대부분은 여전히 그 자리에 남아 있는 것이다.

이를 보완하는 것이 2차 회수 secondary recovery, 즉 '인공 양수' 방식이다. 이 단계에서는 지하에 물이나 가스를 주입해 인위적으로 저류층의 압력을 높이고, 남아 있는 석유를 밀어내는 방식이 사용된다.

이로써 추가로 20~30% 정도의 석유를 회수할 수 있으며, 많은 유전에서는 이 2차 회수 단계까지가 기본적인 생산 공정으로 활용된다. 그러나 이 방식 역시 저류층의 특성이나 석유의 점도에 따라 한계가 분명하다.

그래서 도입되는 것이 바로 3차 회수 tertiary recovery, 혹은 향상된 석유 회수 기술 Enhanced Oil Recovery, EOR이다. 이 단계는 석유의 점도를 낮추고 유동성을 높이는 고난도 기술이 총동원된다. 대표적으로 고온의 증기를 주입해 석유를 녹여내거나, 화학물질을 주입해 점성을 낮추거나, 이산화탄소를 주입해 석유를 팽창시키는 방식이 사용된다. 이처럼 첨단 기술을 동원한 EOR은 남아 있는 석유 중 일부를 추가로 끌어올릴 수 있으며, 최종 회수율을 최대 60%까지 높이는 것이 가능하다. 단, 고비용과 고도 기술이 요구되기 때문에 유전의 수익성이나 기술 역량에 따라 선택적으로 적용된다.

회수된 원유는 그대로 정제소로 보내질 수 없다. 막 땅속에서 뽑아 올린 석유는 물, 가스, 모래 등 다양한 불순물과 뒤섞인 복합 유체 상태이다. 그러므로 현장에서는 반드시 1차 정제가 이루어진다. 먼저 분리기 separator를 통해 원유에서 가스와 액체를 분리하고, 탈수기 dehydrator를 거쳐 물을 제거한다. 이어서 탈염기 desalter에서 염분을 제거해 부식 가능성을 낮춘다. 이러한 1차 처리 공정은 수송 및 정제의 안전성과 효율성을 높이는 데 필수적이다. 최종적으로 처리된 원유는 현장 저장탱크에 보관되며, 이후 파이프라인이나 유조선을 통해 정제소로 운반된다.

결국 석유 생산은 단순한 뽑아내기가 아니다. 보이지 않는 땅속에서 석유를 끌어올리기 위해 지질학, 유체역학, 화학공학이 결합한 고도의 기술이 촘촘히 작동하는 과정이다. 그리고 이 모든 과정은 석유 한 방울의 가치를 극대화하려는 인류의 집요한 기술 진화의 결과이기도 하다.

수송과 저장: 보이지 않는 네트워크의 작동

생산된 원유가 지하에서 나왔다고 끝이 아니다. 진짜 여정은 그때부터 시작된다. 석유가 정제되어 연료나 제품으로 쓰이기 위해서는 먼저, 정유공장이나 저장소로의 안전하고 효율적인 수송이 이루어져야 한다. 이 과정은 석유산업의 마지막 단계이자, 자원의 흐름이 지하에서 지상으로, 산업에서 일상으로 이동하는 관문이라 할 수 있다.

원유 수송에는 일반적으로 파이프라인, 유조선, 철도, 육상 운송 등이 활용된다.

육상 유전의 경우, 시추 현장에서 가까운 터미널로 파이프라인이 연결되어 있으며, 이 터미널에서 다시 주요 정유소나 수출 항만으로 원유가 이송된다. 파이프라인은 때로는 수백에서 수천 킬로미터에 이르며, 중간마다 가압 스테이션pump station이 설치되어 유속과 압력을 조절한다. 이 체계는 단순한 배관이 아니라, 지속적 유지보수와 정밀 제어가 필요한 거대한 국가 기반 시설이다.

파이프 수송

해상 유전의 경우에는 구조가 조금 다르다. 바다 위에서 생산된 원유는 부유식 생산·저장·하역 설비(Floating Production Storage and Offloading, FPSO) 선박에 임시 저장된다. 이 선박은 해상에서 직접 석유를 모아 저장하고, 일정량이 확보되면 대형 유조선에 하역하여 육지로 수송하는 시스템이다. 대부분의 FPSO는 이중 선체 구조로 설계되며, 30만 톤 이상의 원유를 적재할 수 있는 대형 해양 설비다. 이와 동시에, 기름 유출 사고를 방지하기 위해 다중 격실 구조, 누유 감지 시스템, 비상 차단 밸브 등 고도의 안전장치를 갖추고 있다. 해상에서 수송은 바다의 날씨와 해양 환경에 따라 변수가 많으므로, 여기에 필요한 기술과 관리 능력은 단순한 항해 기술을 넘어서는 복합 역량이다.

이처럼 석유 한 방울이 우리 일상에 도달하기까지는, 수년에 걸친 탐사와 시추, 지하 수천 미터를 관통하는 공학 기술, 생산과 처리, 저장과 수송에 이르는 정교한 운영 체계가 유기적으로 작동해야 한다. 석유는 땅속에 묻힌 검은 액체가 아니다. 그것은 지질 과학, 유체역학, 산업 전략, 운송공학이 복합적으로 결합한 하나의 시스템이자 문명의 결과물이다. 우리가 주유소에서 넣는 연료, 가정에서 사용하는 플라스틱 제품, 공장에서 돌아가는 기계는 그 시스템의 끝단에서 작동하는 에너지의 최종 형태에 불과하다.

그리고 바로 이 지점에서, 우리는 다시 질문하게 된다. 이 복잡하고 정교한 시스템이 유지되는 동안, 우리는 무엇을 얻고, 무엇을 놓치고 있는가? 석유는 우리에게 에너지였지만, 동시에 시간, 기술, 자본 그리고 리스크였다.

석유의 전략적 저장: 비축은 연료가 아니라, 미래이다.

탐사, 시추, 생산, 수송이라는 거대한 여정을 거친 원유는 최종적으로 정유공장의 원유탱크나 국가 전략비축 기지에 저장된다. 이것이 석유가 산업 에너지로 재탄생하기 전 머무는 마지막 중간 지점이며, 동시에 국가의 에너지 안보를 떠받치는 핵심 기반이기도 하다.

한국은 1970년대 두 차례의 석유파동을 겪으며, 석유의 수급이 단지 시장의 문제가 아니라 국가 생존의 문제임을 뼈저리게 인식하게 되었다. 그 결과, 한국은 비교적 이른 시기부터 체계적인 국가 석유

비축 시스템을 구축해 왔다. 이는 단순한 저장이 아니라, 외부 공급 충격에 대비해 국가가 시간을 사들이는 전략적 행위였다.

2021년 기준, 한국은 정부와 민간을 합쳐 총 191일분의 석유 비축량을 보유하고 있으며,* 이는 국제에너지기구IEA가 권고하는 지속일수 90일 기준을 두 배 이상 웃도는 수준이다. 구체적으로 보면 공공 비축 108일분, 민간 비축 83일분이 운영되고 있으며, IEA 회원국 중 4위 규모에 해당하는 수치다. 에너지 대부분을 수입에 의존하는 국가로서, 이는 매우 이례적인 수준의 비축 체계라 할 수 있다.

2025년 3월 말 현재, 한국은 총 9개의 전략 비축기지를 운영 중이며, 1억 4,600만 배럴 규모의 저장 능력을 확보하고 있다. 실제 비축된 석유는 공동 비축 물량을 제외하고도 약 9,900만 배럴에 달하며, 비축기지는 전국 주요 항만과 산업 중심지에 고르게 분포해 있다.** 이는 단지 양적인 지표에 그치지 않는다. 에너지 위기 발생 시, 해당 비축유는 정해진 우선순위에 따라 국내 정유사와 발전소에 공급되며, 국가 경제와 산업 가동률을 최소한 일정 기간 안정적으로 유지할 수 있는 버퍼로 작동한다.

한국의 석유비축 시스템은 이제 단순한 저장소를 넘어, 글로벌 공급망 불안정성에 대응하는 국가 전략의 일부가 되었다. 그리고 앞으

---

* KDI 경제정보센터, '10년 만에 전략비축유 방출 카드 꺼낸 IEA, 배경과 함의는?', 나라경제 2022년 6월호
** 한국석유공사 공식 홈페이지-비축기지 운영 현황 https://www.knoc.co.kr/sub03/sub03_4_3.jsp

로는 기존의 석유 중심에서 다양한 에너지원을 포괄하는 융합형 비축 전략으로의 진화가 요구된다. 기후변화, 탄소중립, 지정학적 리스크 등 복합적 변수가 증가하는 시대에, 석유비축은 과거의 유산이 아니라 미래의 위험성에 대응하는 안전판으로 재정의되어야 한다.

"기름 한 방울은 그냥 나오지 않는다.
그것은 기술과 전략, 탐사와 모험, 수많은 실패와 압력 속에서 겨우 얻어낸 문명의 농축물이다."

정제의 기술,
유통의 네트워크

"기름 한 방울 안 나는 나라."

어릴 적부터 귀에 박히도록 들어온 이 말은 이제 다시 생각해 볼 필요가 있다. 한국은 놀랍게도 세계 5위권 안에 드는 석유제품 수출국이다. 산유국도 아니면서, 석유를 수출한다는 이 모순적인 현실은 어떻게 가능해진 것일까? 그 해답은 '지상유전地上油田'이라는 말에 있다.

지하의 유전이 아닌, 지상의 유전으로

우리는 유전이 없는 석유 생산국이다. 전통적인 산유국들은 수억 년 전의 생명체가 지하 깊은 곳에서 압력과 열에 의해 변형된 원유를 뽑아낸다. 반면, 한국은 사람의 손으로 기술을 축적하고, 시스템을 설계하고, 공정을 최적화하여 지상에서 새로운 석유를 만들어낸다. 그것이 바로 정유, 즉 석유를 정제하는 기술이다. 우리는 원유를 수입해 이를 고도화된 정제 시스템을 통해 고부가가치 제품으로 탈바꿈시키며, 지하자원의 결핍을 지상 기술의 우위로 극복해 왔다.

근대 산업의 동력은 소유에서 비롯되었다. 인간이 자연에 손을 대는 순간, 그것은 자신의 것이 되었고, 부를 창출하는 자원이 되었다. 좌우를 막론하고 이 원리는 같이 작동했다. 유럽 열강이 기술과 종교를 앞세워 냉혹한 자연을 개척하고, 그것을 국가의 영토로 확장해 나간 것도 결국은 자원을 둘러싼 지배와 소유의 서사였다. 그 약탈을 발견이라 부를 것인가, 침범이라 할 것인가는 여전히 역사적 논쟁의 중심에 있다.

이와 비교해 보면, 한국의 석유산업은 조용하고 정직한 성장의 길을 걸어왔다. 한국은 중동처럼 모래만 걷어내면 석유가 솟구치지도 않고, 미국처럼 시추관 하나로 흙 속에서 검은 원유가 터져 나오지도 않는다. 땅이 준 혜택은 없지만, 우리는 사람의 손과 머리로 그 공백을 채워왔다. 한국은 세계 최고 수준의 정제설비와 기술력을 바탕으로, 석유를 뽑아내는 대신 만들어내는 나라가 되었다. 산유국처럼 자원은 없지만 정유국으로서의 실력은 세계를 놀라게 한다. 더 주목할 만한 점은 그 운영 방식이다. 우리나라 정유회사들은 수십조 원 규모의 매출을 기록하면서 2~3%의 낮지만 안정된 이익률을 유지한다.

석유를 둘러싼 세계 시장이 극심한 변동성과 정치적 리스크에 흔들릴 때에도, 한국은 과하지도 덜하지도 않은 수익 구조를 고수하며 산업 전체의 균형을 지켜왔다. 이는 일확천금을 노리는 투기적 산업이 아니라, 묵묵히 기술을 갈고 닦으며 미래를 준비해 온 시스템 산업의 태도이다.

한국 석유산업은 크게 벌지도, 크게 잃지도 않는다. 대신 꾸준히 쌓아왔다. 이 성실함은 결과적으로 기술이라는 결실로 이어졌다. 한국은 황 함유량이 높은 두바이유를 정제하면서도, 북해산 브렌트유나 미국의 텍사스산 원유보다 더 순도 높고 환경 오염은 적은 고품질 석유제품을 만들어낸다. 중질유를 경질유로 바꾸는 복잡한 정제 기술, 오염 물질을 줄이는 탈황 시스템, 높은 효율성을 자랑하는 공정 운영은 세계적 수준을 자랑한다. 오늘날, 우리는 단순한 정유국이 아니라 정제 기술을 바탕으로 지구적인 석유 흐름을 설계하는 주체로 올라섰다.

그렇다면 이러한 경쟁력은 어디에서 비롯된 것일까? 우리의 정제 기술은 어떻게 '지상유전'이라는 개념을 실현했고, 그 배경에는 어떤 정책과 전략, 시장구조가 작동하고 있었을까? 그리고 최근 전 세계를 흔들었던 윤활유 품귀 현상은 어떻게 한국과 연결되었을까? 이제부터 그 이야기를 시작한다.

이것은 자원이 없는 나라가 어떻게 자원을 만들어냈는지에 대한 이야기이며, 산업이 어떻게 기술과 제도를 통해 미래를 만들어가는가에 대한 탐색이다. 한국은 어떻게 석유 없는 나라에서 석유 강국이 되었는가에 대한 답을 찾아가는 과정은 석유 그 자체보다 훨씬 더 많은 것을 말해줄 것이다.

정유의 시작: 검은 액체를 에너지로 바꾸는 일

원유는 전 세계에서 가장 활발하게 거래되는 자원 중 하나이다. 2024년은 글로벌 석유 시장의 새로운 이정표가 된 해였다. 세계 원유 수요가 사상 처음으로 일평균 1억 300만 배럴의 벽을 돌파하며 1억 375만 배럴에 달했기 때문이다.* 2025년에 대해서는 국제에너지기구International Energy Agency, IEA**가 1억 390만 배럴,*** 미국 에너지정보청U.S. Energy Information Administration, EIA****이 1억 413만 배럴*****

---

* OPEC, 'Demand for crude oil worldwide from 2005 to 2024, with a forecast for 2025,' Statista, April 14, 2025, https://www.statista.com/statistics/271823/global-crude-oil-demand/
** 국제에너지기구International Energy Agency, IEA는 1974년 석유파동 이후 에너지 안보 강화를 목적으로 설립된 정부 간 기구로, 회원국 간 에너지 정책 협력, 데이터 제공, 공동 비상 대응 체계 구축, 그리고 재생에너지·효율 향상·탄소중립 전환을 위한 국제적 정책 제안을 수행한다.
*** IEA, 'Oil Market Report - December 2024,' International Energy Agency, December 2024, https://www.iea.org/reports/oil-market-report-december-2024
**** 미국에너지정보청U.S. Energy Information Administration, EIA은 1977년 설립된 미국 정부 산하 독립 통계·분석 기관으로, 석유·가스·전력·재생에너지 등 에너지 전 분야에 걸친 데이터와 전망 보고서를 제공하며, 에너지 시장 분석과 정책 결정의 근거 자료를 생산한다.
***** EIA, "Short-Term Energy Outlook: Global Liquid Fuels," U.S. Energy Information Administration, August 2025, https://www.eia.gov/outlooks/steo/report/global_oil.php

로 각각 다르게 전망하고 있어, 경제성장률과 전기차 보급 속도에 대한 기관별 관점 차이를 보여주고 있지만 전년대비 원유 수요가 증가할 것임을 알 수 있다. 이처럼 거대한 수요를 뒷받침하는 것은 광활한 해상 교역 네트워크로, 2022년 기준 전 세계 해상 원유 교역량만 19억 5천만 톤(약 145억 배럴)에 달한다. 특히 호르무즈 해협 하나만으로도 하루 2천만 배럴이 통과하며, 이는 전 세계 석유액체연료 소비량의 20%에 해당하는 어마어마한 규모이다.* 그런데, 에너지 자원이 절대적으로 부족한 한국은 이러한 글로벌 공급망에 전적으로 의존하여 원유의 거의 전량을 수입하고 있다. 한국석유공사에 따르면, 2024년 한국의 원유 수입량은 전년 대비 2.3% 증가한 약 10억 3천만 배럴을 기록했다. 이 가운데 중동산 원유의 비중은 71.5%로, 2023년(71.9%)에 비해 소폭 감소했지만, 미주산 원유의 비중은 21.6%로, 전년(19.1%)보다 확대되었다. 이러한 변화는 한국이 특정 지역 의존도를 낮추고 수입 다변화를 적극적으로 추진하고 있음을 보여준다.

한국의 주요 원유 공급처는 사우디아라비아이다. 사우디 아람코 Saudi Aramco는 한국 최대의 원유 공급사로, 주로 Arab Light등급**의 원유를 공급하며, 월간 약 3억 배럴 규모의 장기 계약을 체결하고 있

＊ EIA, "Amid regional conflict, the Strait of Hormuz remains critical oil chokepoint," U.S. Energy Information Administration, 2025,
https://www.eia.gov/todayinenergy/detail.php?id=65504
＊＊ Arab Light: 사우디 아람코의 대표 원유 등급으로, API 33~34°, 황 함량 약 1.8%의 중질 경유. 다목적 정제에 적합하여 국제 거래량이 많다.

다. 또한, 한국석유공사와 공동 재고관리 협약을 맺어 530만 배럴의 사우디산 원유를 울산 비축기지에 저장하고 있다. 공급 관계를 넘어, 아람코는 직접 투자자로서도 한국 정유산업에 깊이 관여하고 있다. S-Oil의 대주주인 동시에, 현대오일뱅크의 지분 17%도 보유하고 있어 한국 내 정유 기반 시설과 공급망에 전략적으로 참여하고 있다. 이처럼 한국의 원유 수급 구조는 단순한 수입 의존을 넘어, 비축, 투자, 지역 다변화를 포함한 복합적인 전략 위에 구축되어 있다. 이는 외부 충격에 대비한 에너지 안보의 핵심 기반이기도 하다.

원유는 땅속 어디에서 나오는가에 따라 그 성질이 크게 달라진다. 산지와 지질학적 특성이 원유의 물리·화학적 구성에 영향을 미치며, 이는 정제 공정의 효율성과 최종 제품의 품질을 결정짓는 핵심 변수로 작용한다.

정제 과정에서 가장 널리 사용되는 구분 기준은 'API 비중'이다. 미국석유협회 비중 American Petroleum Institute gravity, API는 원유의 상대적인 밀도를 나타내는 지표이다. 이는 단순한 숫자가 아니라 원유의 경제적 가치와 정제 효율성을 결정하는 가장 중요한 품질 지표 중 하나이다. API 비중에 따른 원유 등급분류는 국제적으로 통일된 기준을 따르고 있는데, API 수치가 높을수록 가벼운 원유, 즉 고품질 경질유이며, 수치가 낮을수록 점도가 높고 무거운 중질유나 초중질류로 분류된다. 경질유 Light Crude는 API 31.1° 이상으로 분류되며, 밀도가 낮고 정제가 용이하여 가솔린과 경유 등 고부가가치 제품 생산에 최적화되어 있다. 중간유$^{Medium\ Crude}$는 API 22.3°에서 31.1° 사이의 범위에 해당하며, 경질유와 중질유의 중간적 특성을 보여 다양한 석유제품 생산이 가능하다. 중질유$^{Heavy\ Crude}$는 API 10.0°에서 22.3° 범위로, 밀도가 높고 점성이 강해 복잡한 정제공정이 필요하며 주로 중유나 아스팔트 등의 제품으로 가공된다. 마지막으로 초중질유$^{Extra\ Heavy\ Oil}$ 또는 비튜멘^{Bitumen}은 API 10.0° 미만으로, 물보다도 무거워 물속에 가라앉으며 특수한 업그레이딩 기술이나 희석제 혼합 없이는 수송과 정제가 거의 불가능하다. 이러한 분류 체계는 단순히 물리적 특성을 구분하는 것을 넘어, 각 원유의 경제적 가치와 시장 가격을 결정하는 핵심 요소로 작용하고 있으며, 대표적인 사례로 WTI가 39.6°, 브렌트가 38.3°, 두바이유가 31°의 API 비중을 각각 보유하고 있어 이들 간의 품질 차이와 가격 프리미엄 구조를 명확히 보여준다.

API 비중과 함께 원유 품질을 결정하는 또 다른 핵심 요소는 황 함량이다. 저유황^{sweet} 원유는 황 함량이 0.5% 미만으로, 정제 과정에서 별도의 탈황 처리가 필요 없어 가공비용이 절약되고 환경 부담도 적다. 반면 고유황^{sour} 원유는 황 함량이 0.5% 이상으로, 추가적인 탈황 공정이 필요해 정제비용이 증가하고 대기오염 물질 배출 우려도 크다. 시장에서 가장 활발히 거래되는 대표적인 원유 브랜드들을 보면, 유럽 시장의 기준유인 브렌트유$^{Brent,\ API\ 38.3°}$는 경질 저유황유로 프리미엄 가격을 받으며, 미국의 서부 텍사스산 중질유$^{WTI,\ API\ 39.6°}$ 역시 최고급 경질 저유황유로 분류된다. 중동의 두바이유$^{Dubai,\ API\ 31°}$는 중간유와 경질유의 경계선상에 위치하면서도 상대적으로 높은 황 함량을 보여 앞선 두 원유보다 디스카운트된 가격에 거래된다. 이처럼 API 비중과 황 함량의 조합에 따라 결정되는 원유의 품질 등급은 정유사의 기술력과 전략적 선택에 따른 가공 방식의 차별화를 이끌어내는 핵심 동력이 되고 있다.

그러나 어떤 원유든 추출된 그대로는 사용할 수 없다. 이 검은 액체는 수송, 발전, 플라스틱, 화학제품 등 다양한 용도로 전환되기 위해 반드시 정제라는 공정을 거쳐야 한다. 앞서 살펴본 API 비중과 황 함량의 차이는 바로 이 정제 과정에서 결정적인 역할을 한다. 경질 저유황유는 점성이 낮고 불순물이 적어 기본적인 증류 공정만으로도 휘발유, 경유, 항공유 등 고부가가치 연료를 쉽게 얻을 수 있다. 반면 중질 고유황유는 점성이 높고 불순물이 많아 고도화 설비 없이는 저부가가치 제품 위주로 생산될 수밖에 없다. 이 때문에 중질유는 단가는 저렴하지만 처리 비용이 많이 든다. 그러나 바로 이 점에서 정유 기술의 진정한 차이가 드러난다. 단순한 경질유 정제는 기본 설비만으로 가능하지만, 중질유를 고부가가치 제품으로 전환하려면 유동 촉매 분해Fluid Catalytic Cracking, FCC*, 수소화 분해, 고압 탈황 등 고도화 설비와 기술이 필수적이다. 결국 중질유를 어떻게 다루느냐가 정유소의 기술력과 수익성을 가르는 핵심 기준이 되는 것이다.

---

* FCCFluid Catalytic Cracking: 원유 정제 공정의 하나로, 촉매와 열을 이용해 무거운 잔사유를 휘발유·나프타·프로필렌 등 가벼운 고부가가치 제품으로 분해하는 기술이다. 정유 공장의 핵심 고도화 설비 중 하나이다.

한국은 중동에서 주로 두바이유와 같은 중질 고유황 원유를 수입하지만, 세계 최고 수준의 고도화 설비를 통해 이를 고품질 제품으로 전환한다. 지하에서 자원이 솟아나지 않아도, 기술과 공정으로 새로운 부가가치를 창출하는 지상유전이 가능하다는 것을 보여주는 대표적 사례이다.

정제의 기술: 검은 액체를 순도 높은 에너지로

원유 정제의 첫 관문은 '상압 증류 Atmospheric Distillation'로 모든 석유화학 공정의 토대가 되는 핵심 단계이다. 이 과정에서 원유는 약 350~380°C까지 가열되어 거대한 증류탑으로 투입되는데, 각 성분이 서로 다른 끓는점을 이용해 마치 계층처럼 분리되는 원리를 활용한다. 이 과정은 보통 6~60m 높이의 증류탑내부에서 온도 구배*에 따라 탑의 상단부터 LPG, 나프타 naphtha, 등유, 경유가 차례로 추출되며, 가장 무거운 중질유는 탑 하단에 남게 된다.

그러나 상압 증류만으로는 원유의 모든 가치를 끌어낼 수 없다. 이후에는 '감압 증류 Vacuum Distillation'라는 2단계 공정이 이어진다. 상압

---

* 온도 구배 temperature gradient는 공간 내에서 온도가 변화하는 비율을 의미하며, 열전달의 기본적인 원리를 설명하는 핵심 개념으로 열은 온도가 높은 곳에서 낮은 곳으로 이동하며, 온도 구배가 클수록 열전달률도 커진다.

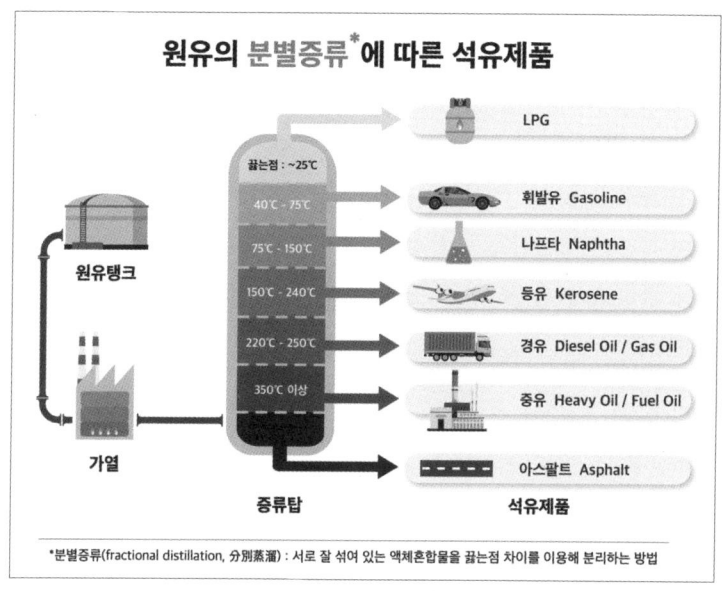

분별증류

잔사유와 같은 무거운 성분들을 더 높은 온도로 가열하면 열분해가 일어나 제품 품질이 떨어지고 수율도 저하된다. 이를 방지하기 위한 증류탑 내부의 압력을 대기압보다 훨씬 낮춰서 각 성분의 끓는점 자체를 낮추는 과정이 있는데, 정교한 기술이 감압증류이다. 압력이 낮아지면 상대적으로 낮은 온도에서도 증발이 가능해지기 때문에 열분해 없이 경질 감압 가스유, 중질 감압 가스유, 감압 잔사유 등을 안전하게 분리해낼 수 있다. 이는 원유 한 방울도 허투루 버리지 않으려는 정유업계의 치밀한 효율성 추구를 보여준다.

하지만 기본적인 증류 공정만으로는 현대 시장이 요구하는 고품질 연료를 충분히 얻을 수 없다. 정유산업의 진정한 경쟁력은 그다음 단계인 고도화 공정에서 결정된다.

가장 먼저 주목할 기술은 촉매 개질 공정Catalytic Reforming이다. 이 과정은 상압증류에서 얻은 나프타와 같은 저부가가치 유분을 고옥탄가의 방향족 화합물로 전환한다. 여기서 생성되는 벤젠, 톨루엔, 자일렌 등의 방향족 화합물은 단순히 휘발유의 옥탄가를 높이는 것을 넘어 석유화학 산업의 핵심 원료로 활용되어 플라스틱, 합성섬유, 의약품까지 이어지는 가치 사슬의 출발점이 된다.

다음은 수소화 처리 공정Hydro-treating이다. 이는 석유제품 속의 황, 질소, 금속 등의 불순물을 고압의 수소 기체와 촉매 반응을 통해 황화수소, 암모니아, 물 등으로 전환시켜 제거하는 정화 공정이다. 특히 황 성분의 제거는 환경 규제 강화와 맞물려 저유황 연료 생산의 핵심 기술이 되었으며, 이 과정을 거친 연료는 연소 효율이 높아지고 대기오염 물질 배출도 현저히 줄어든다.

더 무거운 중질유를 경질 제품으로 바꾸는 기술이야말로 정유소의 진정한 수익성과 기술력을 가르는 분수령이다. 이를 위한 핵심 기술로는 '유동 촉매 분해FCC, Fluid Catalytic Cracking'와 '수소화 분해Hydro-cracking'가 있다. FCC는 중질유분을 고온(500~550°C)과 제올라이트 계열 촉매를 이용해 가솔린, 경유, LPG 등 경질 제품으로 분해하는 기술이다. 이 과정에서 촉매가 마치 유체처럼 순환하며 연속적으로 반응이 일어나며, 원유를 가치 있는 휘발유나 에틸렌계 가스 등의 제품으로 만드는 데 널리 사용된다. 기존 FCC 방식에서는 프로필렌

이 4-5% 정도밖에 생산되지 않았지만, RFCC(잔사유유동층접촉분해) 방식은 휘발유 43%, LPG 28%, 프로필렌 18%, 경유 14%의 수율을 보여준다. 수소화 분해는 고압과 고온에서 중질유 분자를 절단하는 동시에 수소를 첨가한다. FCC와 달리 수소화분해는 촉매가 고정상 Fixed Bed으로 반응기에 채워져 있어, 분해반응과 동시에 탈황반응이 이루어진 초저유황 제품을 생산할 수 있다. 또한, 불포화 탄화수소도 거의 포함되지 않아 제품의 안정도가 매우 높다. 특히 황 성분의 완전 제거가 가능해 초저유황 디젤이나 항공유 같은 고급 연료 생산에 필수적인 공정이다.

이러한 고도화 기술들은 단지 생산성을 높이는 것을 넘어, 정유소의 수익성과 국제 경쟁력을 결정짓는 요인이다. 특히 고도화 비율이 높을수록 단가가 낮은 중질유를 수입해 고가의 정제 제품으로 전환할 수 있는 능력이 강화된다. 한국은 이러한 고도화 기술 면에서 세계 최고 수준의 설비와 역량을 갖춘 국가 중 하나이다. 일일 약 350만 배럴(3.5 mb/d) 규모의 총 정제 능력을 보유하고 있으며, 이는 국내 석유 하루 소비량(약 280만 배럴, 2023년 기준)을 크게 웃돈다. 이처럼 자체 소비를 초과하는 생산 능력 덕분에, 한국은 단순한 수입국이 아니라 석유제품 수출국으로 자리 잡을 수 있었다.

'두바이산 황이 사라지고, 순도 높은 검은 황금이 만들어지는 곳.'

그것이 바로 한국 정유공장의 오늘이며, 지상유전이라는 개념이 실현되는 현장이다.

기술의 척도: 넬슨 복합도와 미래의 정유 전략

정유 기술의 수준을 가늠하는 대표적인 지표가 넬슨 복합도^{Nelson} $^{Complexity\ Index}$이다. 이 수치는 정유소 내 설비의 복잡성과 고도화 정도를 종합적으로 나타내며, 수치가 높을수록 더 다양한 고부가가치 제품을 생산할 수 있는 정제설비를 보유하고 있음을 의미한다.

전 세계에서 가장 높은 넬슨 복합도를 자랑하는 정유소는 인도 잠나가르^{Jamnagar} 정유소로, 그 수치는 21.1에 이른다. 단순한 정유를 넘어 다기능적인 정제·가공 시스템을 갖춘 세계 최고 수준의 설비라 할 수 있다. 한국의 경우, SK에너지 울산공장이 7.3, GS칼텍스 여수공장이 6.9 수준이며, 전체 정유업계 평균은 7~8 사이로 고도화 정유소로 분류된다. 이는 유럽 평균인 6.5보다는 높고, 미국 평균인 9.5보다는 낮은 수준이다. 즉, 한국 정유사들은 대부분의 석유제품을 안정적으로 생산할 수 있는 균형 잡힌 정제 역량을 보유하고 있으며, 비용 대비 효율성이 높은 적정 복잡도를 유지하면서도 지속적인 설비 고도화에 투자하고 있다.

그러나 이 중간 수준의 복합도는 새로운 도전에 직면하고 있다. 에너지 전환이라는 흐름 속에서, 단순한 석유제품 생산이 아니라 탄소중립과 지속 가능성에 부합하는 공정 통합 능력이 요구되고 있기 때문이다. 예컨대, 지속가능 항공유$^{Sustainable\ Aviation\ Fuel,\ SAF}$ 생산에는 고순도 수소, 바이오 나프타, 합성 원료의 투입이 필요하며, 공정 중 발생하는 탄소를 회수하고 순환시킬 수 있는 설비 구조가 요구된다.

NH₃(암모니아) 생산 및 수소 캐리어 운용, CCUS^{Carbon Capture, Utilization and Storage} 같은 신에너지 시스템 또한 기존 정유 공정과의 정교한 열·물질·공정 연계성이 필요하다. 이러한 통합을 실현하기 위해서는 정유소 내부에 유연한 분기 시스템, 고온·고압 관리 능력, 부산물 처리 기술이 뒷받침되어야 하며, 이는 곧 고도화된 정제 구조 없이는 달성하기 어렵다.

결과적으로, 복합도가 중간 수준에 머무른다는 것은 기존 석유제품 생산에는 문제가 없지만, 신에너지 체제에 대한 구조적 유연성 확보에는 제약이 될 수 있다는 점을 의미한다. 이는 한국 정유사들이 '기존 효율 최적화'에서 '미래 대응 최적화'로 전략을 전환해야 할 시점에 와 있음을 시사한다. 즉, 넬슨 복합도는 단순한 기술 수준의 척도가 아니라, 다가올 에너지 패러다임에 대한 적응력의 지표로 재해석되어야 할 것이다.

한편, K-석유는 세계에서 가장 엄격한 캘리포니아주의 연료유 환경기준을 만족시킬 뿐만 아니라 윤활유의 경우에도 세계 최고 수준의 품질을 자랑하고 있다. 한국 정유산업의 영업이익률은 통상 2~3%로 고정되어 있다. 그 안에서 고부가가치를 만들어낼 수 있는 몇 안 되는 영역이 바로 윤활유이다. 일명 지상유전의 마지막 찌꺼기들을 모으고 모아서 부가가치가 아주 높은 윤활유를 만들어낼 수 있었다. 아래 표에서 보듯이 2024년 정유사의 영업이익은 고정되어 있으나, 그중에서 매출 비중이 낮은 윤활유가 영업이익률을 담당해 주

회사원	전체 매출액	윤활유 사업 매출 비중	영업이익	윤활유 사업 영업이익 비중
SK이노베이션 (SK엔무브)	47조 7,170억원	8.9% (4조 2,354억원)	약 3,155억원	약 217% 이상 (6,867억원)
GS칼텍스	47조 6,142억원	8.8% (약4조 2,000억원)	약 5,480억원	88% (4,845억원)
S-Oil	약 35조원	약 8.9%(약 3조 1,000억원)	–	매우 높음 (5,712억원)
HD현대오일뱅크	자기 조직화	8.9% (약 2조 7,000억원)	2,580억원	65% (1,681억원)

국내 정유 4사의 전체 매출액과 윤활유 사업 매출 자료[*]

고 있다. 윤활유는 매출 비중이 3% 미만이지만 기업 전체의 수익 구조에서 핵심적인 비중을 차지하고 있다. 전체 수익의 중심은 여전히 정제 부문이지만, 실제 수익률에 기여하는 황금알은 윤활유이다.

이 점은 실로 중요하다. 아무리 정교하고 정밀한 기계장치라 해도, 윤활이 없으면 마모되고 고장 나 결국은 짐 덩어리가 되어버린다. 부품을 돌게 만드는 건 에너지지만, 그것을 부드럽게 움직이게 하는 건 바로 윤활이다. 그런 의미에서 지상유전을 잘 가꾼 한국은 지금, 윤활유라는 조용한 수출 효자 품목을 손에 쥐고 있다.

---

* 본 표는 2024년 공시자료를 기반으로 작성되었다. SK이노베이션의 윤활유 사업 데이터는 실제 공시 수치이며, 다른 정유사의 윤활유 매출은 업계 평균 비중(8~9%)을 적용하여 추정한 값이다. 추정치는 실제와 다를 수 있으나, 업계 전반의 윤활유 사업 비중과 수익성 추세를 파악하는 데 참고할 수 있다.

검은 속내를 품고 있던 석유는 이제 윤활유라는 이름으로, 세계 시장에서 황금알을 낳고 있다. 열 길 물속은 알아도, 한 길 석유의 흐름은 쉽게 읽히지 않는다. 진실과 오해, 전략과 기술이 교차하는 그 흐름 속에서, 한국의 석유산업은 묵묵히 정답을 써 내려가고 있다.

"지하에 석유는 없지만, 한국은 기술로 석유를 만든다.
우리는 유전 없는 석유 강국, 사람의 손으로
지상유전을 건설한 나라이다."

석유제품의 활용 :
보이지 않는 손의 흔적

'에코백을 멘다고 해서 지구환경이 달라지지 않는다.'라는 말이 있다. 우리의 일상에서 작은 걸음은 사뭇 의미가 있으나, 결국 어쩔 수 없이 혹은 자연스럽게 쓰고 있는 석유제품이 무엇인지 직시하는 것이 전 지구적으로 요구된다. 예를 들어, 환경을 생각해서 카페에서 아이스아메리카노를 주문할 때 텀블러를 활용한다고 하자. 잠시 유행하던 다회용기 또한 무엇이었던가? 생분해성 플라스틱이나 자원순환용 플라스틱이었다. 이제 하나의 손이 되어버린 핸드폰을 생각해 보자. OLED의 총천연색, 그리고 값비싼 접이식 스마트폰에서 디스플레이 소재에 화학제품이 없이 불가능하다. 출퇴근하면서 오르내리는 버스와 자동차에 타이어가 없으면 우리는 덜컹거리는 충격을 온몸으로 받아들여야 하며, 작은 고무 패킹이 없다면 우리는 더운 여름날 에어컨을 켜기 위해서 내부 공간을 외부와 차단할 수도 없다. 석유제품이 없다면, 우리는 일상의 소음을 차단하는 방음재도, 경기력을 높이는 첨단 스포츠 장비도 가질 수 없을 것이다. 올림픽 육상과 수영 선수들의 새로운 기능성 소재로 만든 운동복을 착용할 때, 그 성분에는 석유화학 소재가 포함되어 있다. 석유는 이제 노아의 방주 틈새를 메우던 역청처럼 눈에 보이지 않는 곳에서 우리의 삶을 촘촘히 지탱하고 있다.

정유공장에서 복잡한 공정을 거쳐 생산된 석유제품은 우리 일상생활과 산업 활동의 거의 모든 영역에서 활용되고 있다. 휘발유, 경유, 등유와 같은 연료뿐만 아니라 플라스틱, 합성 섬유, 의약품의 원료가 되는 석유화학 제품까지, 석유는 현대 사회의 필수적인 자원이다.

연료로서의 석유제품: 달리는 에너지

석유제품은 크게 두 가지로 나뉜다. 하나는 직접적인 에너지원으로 활용되는 연료 제품, 다른 하나는 생활과 산업 전반에 쓰이는 석유화학 제품이다. 이 가운데 연료 제품은 석유제품 전체에서 가장 큰 비중을 차지하며, 운송·난방·발전 등 다양한 분야에서 현대 사회의 동력으로 작동하고 있다.

휘발유는 대표적인 교통용 연료로, 승용차와 이륜차 등 가솔린 엔진 차량에 사용된다. 2023년 기준 국내 휘발유 소비량은 약 8,000만 배럴로, 전체 석유제품 소비의 약 15%를 차지했다. 특히 2024년에는 수출량이 전년 대비 12.1% 증가해 총 1억 1,189만 배럴로 역대 최대치를 기록했다. 경유는 휘발유보다 더 넓은 분야에 쓰인다. 버스, 트럭, SUV 같은 디젤 차량뿐 아니라 건설장비와 농기계 등 산업용 장비에도 필수적이다. 2023년 경유 소비량은 약 1억 6,000만 배럴로 전체 소비의 30%에 달하며, 수출량 또한 2억 166만 배럴로 사상 최고치를 기록했다.

항공기 제트 엔진의 연료로 사용되는 항공유는 한국이 세계 최대 수출국이다. 한국은 중동에서 들여온 원유를 효율적으로 정제하여 세계에서 항공유를 가장 많이 수출하는 나라가 되었으며, 2022년 수출액은 14조 8,270억원으로 휴대폰 수출액 10조 2,860억원을 크게 웃돌았다.* 대한석유협회에 따르면 2024년 항공유 수출량은 전년 대비 3% 증가한 8,826만 배럴로 집계되었으며, 코로나19 팬데믹 이후 국제 항공 수요가 회복되면서 항공유 수출도 다시 늘어나고 있는 추세다. 특히 일본은 엔저로 인해 관광객 유입이 급증하면서 한국으로부터의 휘발유 수입량이 33%나 증가했다.

선박용 연료유는 「국제해사기구International Maritime Organization, IMO

---

* 중소벤처기업부, 보도자료 '2024년 중소기업 수출, 1,151억달러 기록(+4.9%)', 2025.1.23
https://www.mss.go.kr/site/smba/ex/bbs/View.do?cbIdx=86&bcIdx=1056114&parentSeq=1056114

2020 환경규제」 이후 더욱 중요한 수출 품으로 부상했다. IMO가 2020년 1월부터 선박연료의 황 함량을 기존 3.5%에서 0.5% 이하로 대폭 강화하는 규제를 시행하면서, 저유황 연료유에 대한 수요가 크게 증가했기 때문이다. 이 규제로 인해 고유황 연료유HSFO 수요는 2019년 3.5mb/d에서 2020년 1.4mb/d로 감소한 반면, 초저유황 연료유VLSFO와 해양경유MGO 수요가 급증하여 고부가가치 수출 품목으로 자리잡게 되었다.*

이 외에도 등유는 가정용 난방과 농어촌 보일러 연료로, LPG는 취사와 난방, LPG 차량용 연료로 활용되고 있다. 특히 LPG는 도시 외곽과 농촌 지역에서 여전히 중요한 에너지원으로 기능하고 있다.

한국의 교통과 운송 시스템은 사실상 석유 연료에 기반하고 있다. 2024년 말 기준 국내 등록 차량 수는 총 2,629만 8천 대에 이르며, 이 가운데 휘발유 차량이 약 47%, 경유 차량이 약 35%를 차지한다. 전기차가 증가하고 있음에도 여전히 대부분의 자동차는 석유 기반 연료를 사용하고 있다. 흥미로운 점은, 일본의 경우 탈탄소화 정책으로 자국 정제 능력이 감소하면서 한국산 휘발유에 대한 의존도가 점차 커지고 있다는 사실이다. 이는 한국 정유 제품의 품질과 안정적인 공

---

* KMI 해양수산해외산업정보포털, 해운물류, 'IMO 2020 SOx 규제] 저유황유와 C중유 간 가격차이 급격히 확대. 저유황유 거래시장은 투기판으로 전락 우려', 2019.04.09
https://www.kmi.re.kr/globalnews/posts/view.do?rbsIdx=1&key=Mgo+%EA%B0%80%EA%B2%A9&page=1&idx=17452

급망이 국제적으로 주목받고 있다는 방증이기도 하다.

석유화학의 힘: 현대 산업의 재료 설계자

　석유화학 제품은 석유를 원료로 하여 화학적 처리 과정을 거쳐 만들어지는 수많은 물질의 집합이다. 연료처럼 한순간에 소모되는 것이 아니라, 우리의 생활을 둘러싸고 지탱하는 물질로서 오랫동안 사용되는 것이다.

　석유화학 산업의 핵심은 세 가지 품목군으로 나뉜다. 첫째, 플라스틱으로 대표되는 합성수지LDPE, L-LDPE, HDPE, PP, PS, EPS, ABS, PVC, 둘째, 섬유 소재의 바탕을 이루는 합성 섬유 원료TPA, EG, AN, DMT, CPLM, 셋째, 차량 타이어와 각종 고무 제품에 사용되는 합성고무SBR, BR이다. 이들은 모두 기초 원료인 올레핀류(에틸렌, 프로필렌, 부타디엔)와 방향족 화합물(벤젠, 톨루엔, 자일렌)에서 출발해 다양한 형태로 가공된다. 예컨대 폴리에틸렌, 폴리프로필렌, PVC, PET 등은 우리가 일상적으로 접하는 플라스틱 제품의 근간이며, 나일론, 폴리에스터, 아크릴 등은 옷장에서 꺼낸 대부분의 옷감에 포함되어 있다.

　2024년 하반기부터 중국의 정보와 통신Information and Communication Technology, ICT업황이 개선되면서, 국산 석유화학 중간재 - 특히 ABS 수지Acrylonitrile Butadiene Styrene - 에 대한 수요도 반등하고 있다. 한국은 에틸렌 기준 연간 1,280만 톤의 생산 능력을 보유한 세계 4위 화학제품 생산국이며, 2024년 석유화학 수출은 총 480억 달러에 달했다. 유가 하락에도 불구하고 수출 물량 확대로 전년 대비 5.0% 증가했다. 주요 수출국은 호주(18%), 일본(12.9%), 싱가포르(12.5%), 미국(8.8%), 중국(8.7%) 순이며, 호주는 3년 연속 한국의 최대 수출국으로 자리 잡았다. 이와 함께 SK루브리컨츠, GS칼텍스, S-Oil 등은 고품질 윤활기유 시장에서도 세계적인 경쟁력을 발휘하고 있다.

석유화학은 산업 현장뿐 아니라 우리의 삶 깊숙한 곳까지 침투해 있다. 주거와 상업 공간에서는 난방과 취사를 위한 등유, 프로판, LNG가 쓰이고, 일상용품의 약 70%는 직간접적으로 석유화학 제품과 연결돼 있다. 플라스틱 용기, 합성 섬유 의류, 가전제품의 외장재, 화장품의 용기까지 이런 모든 것이 석유화학의 산물이다. 더욱이, 화장품의 내용물 자체에도 석유 유래 성분인 미네랄 오일, 파라벤, 실리콘 등이 포함되어 있다. 2024년 한국의 화장품 수출액은 사상 최초로 100억 달러를 돌파하며, 이 산업과 석유화학의 결합이 얼마나 밀접한지를 입증했다. 의류 산업에서도 폴리에스터, 나일론, 아크릴 등 합성 섬유가 전체 섬유 생산의 60% 이상을 차지한다.

산업 현장에서 석유화학의 존재감은 더욱 두드러진다. 자동차 산업에서는 연료뿐 아니라 차량의 플라스틱 부품, 타이어 소재까지 석유화학이 차지하고 있으며, 전자 산업에서는 플라스틱 케이스, 회로 기판, 절연체, 디스플레이 필름 등 다양한 부품에 활용된다. 특히 반도체와 무선통신기기 분야에서는 ABS, PC(폴리카보네이트) 등의 엔지니어링 플라스틱이 핵심 소재로 사용된다. 건설업에서는 PVC 파이프, 단열재(폴리우레탄, 폴리스티렌), 방수재, 아스팔트 등이 쓰이며, 농업 분야에서는 비닐하우스용 필름 LDPE, EVA, 농약과 비료의 원료에도 석유화학 제품이 필수적이다.

이처럼 석유화학은 단순히 화학 산업의 일부를 구성하는 것이 아니라, 현대 문명의 물질적 토대를 이루고 있다. 연료가 당장의 움직임을 가능케 한다면, 석유화학은 그 움직임을 지속시키는 구조 자체를 만든다.

첨단산업의 보이지 않는 기초: 석유가 만든 미래 기술

석유는 더 이상 연료에 머무르지 않는다. 근대 산업의 에너지였던 석유는 이제 첨단 기술 산업의 핵심 소재로 확장되고 있다. IT와 전자 산업의 중심인 반도체, 디스플레이, 2차 전지의 생산 과정에는 석유계 화학소재가 필수적으로 사용된다. 고순도 가스, 유기용매, 절연재, 점착제, 전해질 등, 주요 공정에 투입되는 수많은 기능성 물질이 석유화학을 기반으로 한다.

의료 산업 역시 예외가 아니다. 일회용 주사기, 수액 백, 위생 장갑, 멸균 포장재뿐만 아니라, 제약 산업의 원료 물질과 약물 전달 시스템, 방출 조절 기술에도 석유 유래 고분자 소재가 포함된다. 2023년 한국의 바이오·의료 수출은 전년 대비 13.1% 증가해 151억 달러를 기록했다. 이는 의약품 산업과 석유화학의 연결성이 점차 확대되고

최신 반도체 유기소재 감광액, 출처: 전자신문

있음을 보여주는 지표이다.

   석유화학은 또한 신재생에너지 산업의 핵심 재료산업으로 부상하고 있다. 태양광 패널에는 EVA 필름과 백시트 등 석유 유래 폴리머가, 풍력 발전기 블레이드에는 고강도 에폭시 수지가, 수소 연료전지의 핵심 부품인 막전극접합체 Monoethanolamine, MEA에는 석유화학 기반 고분자 멤브레인이 사용된다. 즉, 석유화학은 탈탄소 전환 시대에도 여전히 중요한 기반 소재로 작용하고 있다. 이는 석유화학 산업이 단순한 에너지 공급자를 넘어, 미래 산업 생태계의 재료 설계자로 기능하고 있음을 보여준다.

전환기 속의 변화: 수요는 줄고 소재는 진화한다.

한편, 석유제품 시장은 에너지 전환, 환경 규제, 기술 변화 등의 영향으로 그 수요 구조가 빠르게 바뀌고 있다. 대표적인 예가 수송용 연료 시장의 축소이다. 전기차와 수소차의 확산으로 휘발유와 경유 중심의 수요가 감소하고 있으며, 2024년 말 기준 국내 전기차 등록 대수는 약 68.4만 대로, 연평균 30% 이상 성장세를 보인다. 정부는 「2050 탄소중립 로드맵」에 따라 2030년까지 전기차·수소차 보급 목표를 450만 대로 설정하였다. 이러한 변화는 정유사와 석유화학사의 포트폴리오에도 영향을 미친다. 전통적인 휘발유·경유 기반 수익 모델에서 벗어나, 고기능성 화학제품·바이오플라스틱·친환경 소재 등으로 수요 중심이 이동하고 있다. 이는 곧 정유·화학 산업이 단순한 원료 공급자를 넘어, 미래 산업생태계의 핵심 재료 설계자로 전환하고 있다는 신호이다.

석유화학의 미래: 재활용, 바이오

동시에 바이오연료와 합성연료 등 친환경 연료의 개발과 보급 확대도 빠르게 진행되고 있다. 여러 국가에서는 기존 연료에 바이오 성분을 일정 비율 이상 혼합하도록 하는 연료 블렌딩 의무화 정책을 단계적으로 확대하고 있다. 이는 수송용 에너지의 탈탄소화를 위한 직접적 조치이며, 석유 기반 연료 수요 감소에 영향을 주는 또 하나의 흐름이다. 그러나 연료 수요의 감소가 곧 석유화학 산업의 쇠퇴를 의미하지는 않는다. 오히려 석유화학은 연료 중심에서 고부가 소재 중심으로 구조 전환을 가속화하고 있다. 첨단 전자 소재, 의료용 고분자, 배터리 전해질 및 분리막 등 고기능성 화학소재에 대한 수요는 꾸준히 증가하고 있으며, 이러한 수요는 향후 정유·화학 산업의 새로운 성장 동력이 될 전망이다. 특히 친환경 석유화학 분야의 부상이 주목된다. 생분해성 플라스틱, 바이오 기반 고분자, 화학적 재활용 Chemical Recycling 기술 등은 탄소중립 목표와 자원 순환 정책에 부합하는 산업 분야로서 글로벌 화학기업들의 핵심 투자 대상이 되고 있다. 한편, 인도·아세안 등 신흥국 시장의 성장도 새로운 기회를 열고 있다. 인도는 높은 경제성장률과 도시화에 힘입어 PVC, ABS 등 건축자재 및 기반 시설용 석유화학 제품 수요가 빠르게 증가하고 있으며, 이는 한국 석유화학 기업에 중국 의존도를 낮추고 수출 시장을 다변화할 수 있는 전략적 기회로 작용하고 있다.

2025년 전망을 보면, 국내외 대규모 석유화학제품 생산시설 신증설 계획은 없고 오히려 유럽 지역의 노후 생산설비가 폐쇄되면서 세계 시장의 공급과잉 압력이 다소 완화될 것으로 예상된다. 한국석유공사에 따르면 네덜란드, 프랑스 같은 유럽 내 나프타 분해 센터가 폐쇄되고 있으며, 사빅과 엑손모빌 등도 고비용 문제로 유럽 설비 영구 폐쇄를 발표했다. 글로벌 에너지 전문 분석기관 Independent Commodity Intelligence Services, ICIS*는 "2028~2030년 재조정이 기대된다."라며 설비 폐쇄와 증설 둔화로 현재의 구조적 공급과잉이 해소될 것으로 전망했다. 국내 업계는 이를 기회로 삼아 구조조정과 더불어 고부가가치 전환을 가속화해야 그동안 공급과잉으로 어려움을 겪던 국내 석유화학 업계에 긍정적인 신호로 작용할 수 있다.

---

* ICIS^{Independent Commodity Intelligence Services}: 글로벌 에너지·석유화학·비료 시장 정보를 제공하는 전문 분석 기관으로, 가격 지수, 수급 동향, 산업 분석 보고서를 발간한다. 특히 석유화학 원료·제품 가격 지표에서 국제 표준으로 널리 활용된다.

"글로벌 에너지 전문 분석기관 ICIS는 "2028~2030년 재조정이 기대된다."라며 설비 폐쇄와 증설 둔화로 현재의 구조적 공급과잉이 해소될 것으로 전망했다. 국내 업계는 이를 기회로 삼아 구조조정과 더불어 고부가가치 전환을 가속화해야 그동안 공급과잉으로 어려움을 겪던 국내 석유화학 업계에 긍정적인 신호로 작용할 수 있다."

보이지 않는 비용, 석유산업과 환경의 역설

 석유는 현대 문명의 눈부신 발전을 가능하게 한 핵심 에너지원이자 산업 원료이다. 자동차, 항공, 플라스틱, 화학 섬유, 의약품에 이르기까지 우리의 삶과 산업 구조 전반은 석유를 중심으로 재편되어 왔다. 그러나 동시에 석유는 심각한 환경 문제를 초래하는 이중적 존재이기도 하다. 특히 21세기 들어 기후변화 대응이 전 지구적 과제로 부상하면서, 석유산업은 전례 없는 환경 규제 강화와 지속 가능성 요구에 직면하고 있다. 석유 가치사슬의 각 단계는 서로 다른 방식으로 환경 영향을 초래한다.

지하에서 시작되는 영향: 탐사와 생산이 남기는 흔적

먼저 탐사 및 생산 단계에서는 해양 생태계 교란, 토양과 지하수 오염, 메탄 배출, 그리고 광범위한 생태계 파괴가 발생할 수 있다. 이에 따라 현대의 원유 개발 현장에서는 환경 보호와 안전성을 최우선 기준으로 삼고 있다. 예를 들어, 시추 과정에서 발생하는 시추 잔류물과 유해 폐기물은 엄격히 관리되며, 원유 유출을 방지하기 위해 폭발 방지 장치Blowout Preventer, BOP 를 설치한다. 생산을 마친 유정은 시멘트로 밀봉하고 지상 시설을 철거한 후, 원상 복구 작업을 거친다. 이러한 절차는 생태계 회복과 지역 사회의 안전 확보를 위한 기본 조치로 자리 잡고 있다.

기억의 바다: 유류 유출 사고와 국가적 학습

운송 단계 역시 환경 리스크에서 자유롭지 않다. 해양 유류 유출, 파이프라인 누출, 운송 중 배출가스 등 다양한 문제가 동반된다. 이러한 사고는 단기간에 대규모 피해를 유발하며, 생태계뿐 아니라 지역 어업과 경제에도 심각한 영향을 미친다. 한국은 1990년대 이후 두 차례의 대형 해양 유류 유출 사고를 겪으며, 석유 운송의 환경 위험성을 뼈저리게 체감한 바 있다.

첫 번째 사건은 1995년 7월 23일 전남 여수 앞바다에서 발생했다.

태풍 페이가 한반도를 강타하던 당시, 14만 톤급 유조선 씨프린스호가 소리도 인근 암초에 좌초되어 침몰하면서 약 5,000톤에 달하는 원유가 바다로 유출되었다. 이 사고로 3,295헥타르의 해상과 204km의 해상 수역, 그리고 73km에 달하는 해안선이 오염되었고, 총 231건의 직접적인 피해가 접수되었다. 이는 한국이 겪은 첫 초대형 해양오염 사고로 기록되며, 당시 해양 방제 역량의 한계를 여실히 드러냈다.

더 심각한 사건은 2007년 12월 7일 충남 태안 앞바다에서 발생했다. 허베이스피리트호는 정박 중이던 상태에서 예인선 삼성 1호, 삼성 2호가 끌던 해상 크레인과 충돌했고, 이 사고로 12,547톤의 원유가 유출되었다. 유출량만으로도 씨프린스호의 두 배를 넘는 규모였으며, 대한민국 해양오염 역사상 최악의 참사로 기록되었다. 피해 지역은 충남 서산에서 태안에 이르는 167km의 해안선 전역으로 확대되었으며, 이 중 태안군을 포함한 6개 지역은 특별재난지역으로 선포되었다. 검은 기름때로 뒤덮인 해안과 절벽, 폐사한 해양생물과 조개 양식장의 붕괴는 국민 모두에게 큰 충격을 안겼다.

이러한 대형 사고들을 계기로 한국은 해양오염 방제 체계를 전면적으로 강화하기 시작했다. 1997년 한국해양오염방제조합이 설립되었고, 2008년에는 이를 확대 개편한 해양환경관리공단이 출범하였다. 현재는 해양환경공단 Korea Marine Environment Management Corporation, KOEM으로 발전하여 국가 차원의 통합방제시스템을 구축하고 있다. 방제 선박과 장비 확충, 24시간 위성감시 체계 운영, 민관합동 방제 훈련

씨프린스호 사고

허베이스피리트호 사고

의 정례화 등 다양한 조치가 시행되었으며, 「해양오염 손해배상 보장법」을 통해 법적 피해보상 체계도 함께 정비되었다.

이제 한국은 단순한 사고 대응을 넘어, 예방과 복원까지 포함한 종합적인 해양 환경 관리 체계를 갖춘 국가로 자리매김하고 있다. 하지만 기후 위기와 해양물류 증가라는 새로운 변수 속에서, 이러한 방제 시스템 역시 지속적인 보완과 혁신이 요구된다.

규제의 시간: 강화되는 국제 기준과 국내 대응 체계

정유 공정은 석유산업 전반에서 가장 높은 수준의 환경 영향을 유발하는 단계 중 하나다. 정제 과정에서는 황산화물^{SOx}, 질소산화물^{NOx}, 휘발성 유기화합물^{VOCs}, 미세먼지 등 다양한 대기오염 물질이 배출되며, 이들은 산성비와 스모그를 유발하고, 호흡기 질환 등 인체 건강에도 심각한 위협이 된다. 폐수와 고형 폐기물, 온실가스의 배출 또한 정유 과정의 고질적 문제로 지적된다. 소비 단계에서는 자동차와 항공기 등 운송 부문의 배기가스, 난방과 발전소에서의 연소, 일상생활 속 플라스틱 제품의 축적과 폐기 문제 등으로 환경 부담이 더욱 가중된다. 실제로 2021년 기준 한국의 전체 온실가스 배출량 중 에너지 부문이 차지하는 비율은 86.9%에 이르며, 이 중 상당 부분이 석유제품 소비와 직결된다.

이러한 환경적 영향을 억제하기 위해 석유산업에는 국제 협약부터 국내법까지 다층적인 규제가 적용되고 있으며, 그 강도는 점점 높아지고 있다. 대표적으로 IMO는 2020년부터 선박 연료유의 황 함유량 기준을 기존 3.5%에서 0.5%로 대폭 낮췄고, 배출규제 해역(ECA)에서는 더욱 엄격한 0.1% 기준을 적용하고 있다. 나아가 IMO는 2050년까지 선박의 온실가스 배출량을 2008년 대비 50% 감축하는 목표를 설정했으며, 이를 위해 2023년부터는 선박의 설계 효율성을 평가하는 기존선 에너지효율지수 Energy Efficiency Existing Ship Index, EEXI 와 운항 중 탄소 배출 효율을 평가하는 탄소집약도 지표 Carbon Intensity Indicator, CII 등의 지표를 도입해 규제 체계를 강화했다.

국내에서도 2015년부터「한국 배출권거래제도 K-ETS, Korea Emissions Trading System *」가 시행되며 온실가스 감축을 제도적으로 뒷받침하고 있다. 현재 3차 계획기간(2021~2025)에서는 정유업계가 업종별 최고 효율을 기준으로 배출권을 할당받는 벤치마크 방식 BM을 적용받고 있으며, 전체 배출량의 60%가 이 기준에 따라 결정된다. 유상 할당 비율은 10%로 다소 증가했지만, 여전히 무상 할당이 90%에 달해 실질적인 감축 유인을 저해하고 있다는 지적도 존재한다. 이 외에도「대기환경보전법」을 통해 정유시설의 오염 물질 배출에 대한 엄격

---

* 한국 배출권거래제도 K-ETS, Korea Emissions Trading System
: 2015년 시행된 한국의 온실가스 감축 정책으로, 정부가 기업에 온실가스 배출권을 할당하고 시장에서 거래할 수 있도록 하는 제도. 연간 배출량 12만 5천 톤 이상 또는 설비별 2만 5천 톤 이상 배출 업체가 의무 참여하며, 배출량 초과 시 추가 배출권 구매, 잉여 시 판매가 가능함. 시장 메커니즘을 통해 비용 효율적인 온실가스 감축을 목표로 한다.

한 기준이 적용되며, 울산·미포·온산 국가산업단지 등 특별대책지역에는 더욱 강화된 기준이 운영되고 있다. 한국의 환경 규제는 2015년 「한국 배출권거래제 K-ETS」 도입을 기점으로, 2020년 IMO 규제, 2022년 항만 배출규제해역 Emission Control Area, ECA 지정, 2024년 석유사업법 개정 등 지속적으로 고도화되고 있으며, 2030년 온실가스 40% 감축과 2050년 탄소중립이라는 국가적 목표를 향해 나아가고 있다.

기술의 반격: 탈황, CCUS, 바이오로 전환을 모색한다.

강화되는 환경 규제와 탄소중립 기조에 대응하기 위해, 석유산업은 기술 혁신과 사업구조 전환, 안전관리 체계의 고도화 등 다각적인 전략을 추진하고 있다. 이러한 변화는 단순한 규제 대응을 넘어, 지속 가능성을 추구하는 석유산업의 생존 전략이자 성장 전략이기도 하다.

우선, 기술적 대응 측면에서 가장 우선되는 과제는 대기오염 물질의 저감과 에너지 효율의 향상이다. 국내 정유업계는 황산화물, 질소산화물, 휘발성 유기화합물 VOCs 등 대기오염 물질의 배출량을 줄이기 위해 다양한 설비 개선과 기술 투자를 병행하고 있다. 대표적으로는 초저황 연료의 생산 확대, 탈황 설비의 성능 향상, 질소산화물 저감 기술의 도입, VOCs 통합 관리 시스템 구축 등이 있다. 이와 더불어, 국제해사기구^{IMO}의 황 함유량 규제 기준(0.5%)을 충족시키기 위한 혼합유 공급 체계와 저유황유(VLSFO, MGO)의 생산 확대도 이루어지고 있다.

기후변화 대응을 위한 기술 전략으로는 CCUS$^{Carbon\ Capture,\ Utilization\ and\ Storage}$*, 즉 탄소 포집·활용·저장 기술이 주목받고 있다. 이는 배출되는 이산화탄소를 대기 중으로 내보내지 않고 포집하여 지하에 저장하거나 산업 원료로 전환하는 방식으로, 정유 산업의 탄소중립 실현을 위한 핵심 기술로 간주된다. 수질 오염을 줄이기 위한 노력도 병행되고 있다. 무방류 시스템$^{Zero\ Liquid\ Discharge}$, 막분리 기술, 스마트 모니터링 시스템의 도입은 오염원 최소화를 위한 선제 대응이다.

사업구조 전환의 흐름도 뚜렷하다. 전통적인 정유사업 중심의 구조에서 벗어나, 석유산업은 친환경 에너지 산업으로의 포트폴리오 전환을 서두르고 있다. 바이오연료, 수소, 재생에너지 등 저탄소 에너지원의 생산과 공급을 위한 투자와 함께, 폐플라스틱을 열분해해 새로운 정제 원료로 활용하거나, 친환경 고분자 소재를 개발하는 등 순환 경제 기반의 비즈니스 모델이 도입되고 있다. 이는 단순한 사업 다각화가 아니라, 석유화학과 친환경 에너지 산업의 접점을 확장함

---

* 산업 공정이나 발전소에서 발생하는 이산화탄소를 포집하여 다른 제품의 원료로 활용하거나 지하 등에 안전하게 저장하는 기술. 탄소중립 달성을 위한 핵심 기술로, 포집된 CO_2를 화학제품, 연료, 건설자재 등으로 전환하거나 지질학적으로 안정한 지층에 영구 저장함으로써 대기 중 온실가스 농도 감축에 기여한다.

으로써 산업 정체성을 재정의하려는 전략적 전환이라 할 수 있다.

안전관리 측면에서도 대응이 강화되고 있다. 석유산업은 인화성과 고압 공정이라는 특성상 사고 발생 가능성이 높아서, 공정 안전관리Process Safety Management, PSM 체계를 중심으로 한 예방 중심의 관리 시스템이 정착되고 있다. 여기에 더해, 스마트 센서 기반의 자동 감지 기술, AI 기반 위험 예측 시스템 등 첨단 기술이 도입되고 있으며, 노후 설비의 교체와 공정 설계 기준의 재정비도 병행되고 있다. 무엇보다, 전사적 차원의 안전 문화 확산과 교육 강화는 석유산업 전반의 운영 리스크를 최소화하기 위한 기본 토대가 되고 있다.

결국, 이러한 전략들은 석유산업이 환경 규제라는 압력에 수동적으로 대응하는 것이 아니라, 산업 전환기에서 새로운 성장의 기회를 선제적으로 확보하려는 의지의 표현이다. 탄소중립과 지속 가능성이라는 시대적 요구에 부응하기 위해, 석유는 이제 그 본질과 방향을 새롭게 정의하고 있다.

전환의 분기점: K-정유 4사의 탈탄소 전략과 생존 모색

국내 정유사들은 에너지 전환과 탄소중립이라는 전 지구적 과제에 발맞춰 각자의 강점과 전략을 바탕으로 차별화된 친환경 전환을 추진하고 있다. 이들 기업은 2030년까지 약 6조 원 이상을 친환경 연료 및 탄소 저감 분야에 투자할 계획이며, 2024년 1월 석유사업법 개정으로 폐플라스틱 열분해유, 바이오매스 등 새로운 정제 원료의 상업적 활용이 가능해지면서 사업 다각화에 더욱 박차를 가하고 있다.

SK이노베이션은 전환 속도와 투자 규모 면에서 가장 공격적인 전략을 펼치고 있다. 2023년 11월 일본 에네오스와 SAF(지속가능 항공유) 및 CCUS 분야 협력을 위한 양해각서를 체결한 데 이어, 자회사 SK지오센트릭을 통해 폐플라스틱 열분해유 사업을 본격화하고 울산에 첨단 재활용 클러스터Advanced Recycling Cluster, ARC를 조성하고 있다. 아울러 전기차 배터리 사업을 신성장 동력으로 설정하고, 2025년까지 100GWh 이상의 생산 능력을 확보하는 것을 목표로 한다. 이러한 노력은 탄소 배출 감축 실적에서도 가시화되어, 기후 해결책의 온실가스 감축 평가에서 24점으로 업계 1위를 기록한 바 있다.

GS칼텍스는 화이트바이오를 중심으로 한 친환경 바이오 사업에 집중하고 있다. 화이트바이오는 미생물이나 효소를 활용하여 석유화학 물질을 대체할 수 있는 바이오 기반 소재를 개발하는 기술로, 탄소 저감과 화학 공정 혁신을 동시에 추구할 수 있다는 점에서 주목받고 있다. GS칼텍스는 이 기술을 바탕으로 바이오 밸류체인을 구축 중이며, SAF 사업도 본격화하고 있으나 국내 생산설비는 아직 검토 단계에 머물고 있다. 한편, 여수 산업단지에는 CCUS 기술을 도입해 탄소 저감 및 에너지 통합 관리 기술개발에도 힘을 쏟고 있다.

S-OIL은 정유 효율성 강화와 고부가 석유화학 제품 확대에 중점을 두고 있다. 약 9조 원 규모의 샤힌 프로젝트는 석유화학 수율을 기존 12%에서 25%로 끌어올리는 대형 투자로, 모회사인 사우디 아람코의 최신 정유 기술을 적용하여 제품 전환 효율성과 탄소 배출 줄이는 효과를 동시에 노리고 있다. 다만, 친환경 전환의 실행력 면에서는 비교적 보수적인 접근을 보이고 있으며, 기후 해결책의 평가에서 온실가스 감축 계획 점수는 13점으로 4개 주요 정유사 중 가장 낮은 수준을 기록했다.

HD현대오일뱅크는 수소와 친환경 화학소재에 집중하면서 새로운 에너지 기업으로의 전환을 도모하고 있다. 「Hydrogen Dream 2030」 전략에 따라 블루수소 생산, 바이오디젤 확대, 친환경 화이트바이오 기술개발을 핵심 축으로 삼고 있으며, 연간 13만 톤의 바이오디젤 생산을 목표로 하는 공장 운영도 준비 중이다. 동시에 CCUS 기술에 관한 연구를 병행하며, 2030년까지 전체 영업이익의 70%를 신재생 및 친환경 사업에서 달성하겠다는 계획을 수립하고 있다.

이처럼 국내 정유 4사는 저마다 다른 전략을 통해 탈석유 시대를 준비하고 있다. 폐플라스틱, 바이오매스, 수소 등 새로운 원료 기반 기술을 적극 도입하고, 석유화학과 친환경 연료의 융합을 통해 기업 정체성을 새롭게 재정의하고 있다. 이러한 변화는 단순한 생존 전략이 아니라, 석유를 넘어 지속 가능한 K-에너지 산업으로 도약하기 위한 진화의 과정이라 할 수 있다.

  석유산업의 환경 대응은 이제 선택이 아닌 생존의 문제가 되었다. 2030년 국가 온실가스 감축목표(2018년 대비 40% 감축)와 2050년 탄소중립 달성을 위해서는 보다 과감하고 실효성 있는 전환이 필요하다. 국내 정유업계는 환경 규제에 대응하여 기술개발과 사업 다각화를 추진하고 있으나, 여전히 국제 기준에는 미치지 못하는 수준이다. 기후솔루션Solutions for Our Climate, SFOC의 2024년 평가에 따르면, 국내 주요 석유화학·정유 기업 대부분 구체적인 실행 계획과 기술적 투자가 부족하며, 특히 무상 배출권 할당 비율이 90% 이상으로 높아 실질적인 감축 유인이 부족하다.

  향후 석유산업이 지속 가능한 발전을 이루기 위해서는 몇 가지 중요한 과제를 해결해야 한다. 먼저 배출권거래제의 실효성을 높이기 위해 무상 할당 비율을 단계적으로 축소하고 벤치마크 기준을 강화해야 한다. 또한 친환경 사업 전환을 위한 투자가 실질적인 성과로 이어질 수 있도록 정부의 정책적 지원과 유인책 확대가 필요하다. 국제 경쟁력 확보를 위해서는 글로벌 기준에 부합하는 감축목표 설정과 투명한 이행 관리 체계를 구축해야 하며, 전통적인 정유사업과 신사업 간의 균형을 유지하면서도 장기적으로는 에너지 전환을 주도할 수 있는 혁신 역량을 확보해야 한다. 이제 석유산업은 환경 보호와 지속 가능성이라는 새로운 가치를 중심으로 재편되고 있으며, 이러한 전환의 성공 여부가 산업의 미래를 결정할 것이다.

회사명	전략
SK이노베이션	SAF 및 CCUS 분야 협력 (일본 에네오스와 MOU) 폐플라스틱 열분해유 사업 본격화 및 울산 ARC 조성 전기차 배터리 사업을 신성장 동력으로 육성 온실가스 감축 평가 업계 1위
GS칼텍스	화이트바이오 중심의 친환경 바이오 사업 집중 바이오 밸류체인 구축 및 SAF 사업 본격화 여수 산단에 CCUS 기술 도입 및 에너지 통합 관리 기술 개발
S-OIL	정유 효율성 강화 및 고부가 석유화학 제품 확대 샤힌 프로젝트를 통한 석유화학 수율 증대 모회사 사우디 아람코의 최신 기술 적용으로 탄소 배출 저감 효과 동시 추구
HD현대오일뱅크	수소와 친환경 화학소재에 집중 'Hydrogen Dream 2030' 전략(블루수소, 바이오디젤, 화이트바이오) 바이오디젤 공장 운영 준비 (연간 13만 톤 목표) 탄소 포집·활용(CCU) 기술 연구 병행 2030년까지 영업이익의 70%를 친환경 사업에서 달성 목표

회사별 친환경 전략요약

"이제 석유산업은 환경 보호와 지속 가능성이라는
새로운 가치를 중심으로 재편되고 있으며, 이러한
전환의 성공 여부가 산업의 미래를 결정할 것이다."

K-석유의 여정: 한국 석유산업 정책 70년사

한 방울의 석유도 나지 않는 우리나라는 에너지 수입국임에도, 오늘날 석유 및 석유화학 제품 수출 세계 5위권 국가로 자리를 잡았다. 이 놀라운 현실은 단지 산업의 기적이 아니라 70년에 걸쳐 쌓아 올린 역설적인 공든탑이다. 그 시작은 외화 한 푼이 아쉬웠던 시대, 석유를 전량 수입에 의존하던 나라였다.

일제강점기에는 등유, 휘발유, 경유와 같은 석유제품이 모두 수입에 의존됐고, 그것마저도 군사 및 국가기관 중심의 배급제로만 유통되었다. 민간의 접근은 극히 제한적이었으며, 석유는 특권층의 상징이자 사치품에 가까웠다. 1950년대 이전의 한국에서 에너지 자립이란 말은 허황한 이상처럼 들릴 뿐이었다.

그러나 지금, 대한민국은 세계 5위권의 원유 수입국이자, 석유제품 수출의 강자로 군림한다. 이는 단순한 산업 성장의 결과가 아니다. 국가 생존과 경제 성장이라는 시대적 과제 앞에서, 정부는 석유산업을 하나의 전략 산업으로 간주하고 치밀하게 설계했으며, 기업들은 그 기대에 응답하듯 기민하게 변모해 왔다. 한국 석유산업의 오늘은 우연이 아닌 정책의 승리이다.

이번 장에서는 대한민국 석유산업의 70년 정책사를 조망한다. 법과 제도, 재정과 규제, 그리고 산업과 시장의 상호작용을 중심으로 그 변화를 살펴본다. 이는 단순한 행정의 기록이 아니라, 한 국가가 자원 빈국의 한계를 넘어서 어떻게 글로벌 에너지 강국으로 변모해 왔는지를 보여주는 서사이다.

한국의 석유산업 정책사는 크게 세 개의 시기로 구분된다.

1기: 국가 통제와 수입대체산업의 시대(1960~1980년대) – 정부가 산업의 설계자이자 감독자로서 모든 공정을 주도하고, 에너지 안보와 수입대체를 최우선 과제로 삼았던 시기이다.

2기: 자유화와 시장경쟁의 시대(1990~2000년대) – 규제 완화와 개방, 민영화를 통해 효율성과 경쟁력을 중심으로 산업 구조를 개편하며, 석유화학 중심의 수출산업으로 체질을 전환한 시기이다.

3기: 시장 조정과 새로운 도전의 시대(2010년대~현재) – 고도화된 산업 체계 속에서 탄소중립과 기후 위기, AI 기반의 전기화라는 새로운 전환기에 직면한 현재의 시기다. 이는 기존의 성장 방정식이 통하지 않는 시대에, 지속 가능한 산업 전략을 모색하는 중요한 국면이다.

이제 그 세 시기를 따라가며, 한국 석유산업의 변화를 견인한 제도적 장치들과 시장 반응, 그리고 그 이면의 정치·경제적 맥락을 입체적으로 들여다볼 것이다. 자원 없는 나라가 에너지 수출 강국이 되기까지, 그 놀라운 여정의 실체를 정책의 언어로 풀어낸다.

1기, 국가 통제와 수입대체산업의 시기
(1960~1980년대)

1970년대까지 한국의 석유 정책은 분명한 기조를 가지고 있었다. '선공급 안정, 후효율'이라는 원칙에 따라, 산업화의 동력인 석유를 한 치의 오차 없이 안정적으로 공급하고, 이를 기반으로 중화학공업을 본격적으로 육성하는 것이 국가적 과제였다. 당시 정부는 이 목표를 달성하기 위해 제도 정비, 가격 통제, 개발 정책의 세 축을 중심으로 강력한 국가 주도형 통제 시스템을 구축하였다.

첫째, 석유산업 인허가 제도를 정비하며 산업의 틀을 구축하였다.

1960년대 한국 정부는 석유산업을 국가 경제의 핵심 기간산업으로 육성하기 위해 강력한 진입규제 정책을 수립하였다. 1962년 제정된「석유사업법」은 석유산업을 법적으로 국가 관리 산업으로 규정하고, 정유회사 설립을 정부의 인허가 대상으로 명시하였다. 이는 민간의 무분별한 진입을 차단하고, 소수 정유사에 독과점적 지위를 부여함으로써 대규모 초기 투자를 유도하고 정제 기반 시설을 조기에 확충하려는 전략이었다.

같은 해 설립된 국영기업 대한석유공사(유공)가 그 상징적 사례이다. 정부는 유공에 정유사업 독점권을 부여하고, 미국의 걸프Gulf사와의 합작투자를 통해 외국 자본과 기술을 적극 도입하였다. 이처럼 유공은 단순한 기업을 넘어 정부가 주도한 석유산업의 시범 모델이자 산업화 정책의 핵심 수단으로 기능하였다. 이후 정부는 민간기업 일부에도 제한적으로 사업 허가를 내주었으나, 정유산업이 소수 기업의 과점 구조로 정착된 것은 정부 정책의 결과였다. 특히 1970년대 들어 1차, 2차 석유파동을 겪으며 에너지 안보가 국가 생존의 문제로 부상하자, 정부는 석유산업에 대한 통제와 보호를 더욱 강화하였다. 신규 정유사의 진입을 억제하고, 기존 정유사에 시장 지위와 공급 권한을 안정적으로 보장함으로써, 석유를 안보 차원의 전략 자산으로 관리하기 시작한 것이다.

둘째, 물가 안정을 위한 가격 통제 정책을 단행하였다.

정부는 석유류 가격을 자유시장에 맡기지 않고, 직접적인 가격 개입을 통해 물가 안정을 도모하였다. 「물가 안정에 관한 법률」 등을 근거로 석유제품의 공장도 가격과 최고 판매가격을 정부가 직접 고시하는 「정부 고시 가격제」를 도입한 것이다. 이 제도는 1969년부터 본격 시행되었고, 1972년 「석유사업법」 공포 이후 더욱 강화되었다. 특히 주유소 난립으로 인한 유통 과잉과 과당 경쟁을 방지하고자 신규 주유소 허가를 잠정 중단하는 등 강력한 규제도 병행되었다. 이러한 정책의 핵심은 시장 가격 형성 메커니즘을 차단하고 정부가 석유 유통 전반을 통제하는 데 있었다. 국제 유가가 급등하더라도 국내 석유제품 가격은 정부가 억제하였으며, 이는 석유를 원료로 사용하는 제조업의 부담을 줄이고, 국민 생활물가를 안정시키려는 조치였다. 다시 말해, 수요와 공급에 따른 시장 가격이 아니라 정책적 판단에 따라 가격이 결정되는 구조였다. 이 제도는 산업화 초기에 예측할 수 있는 비용 환성을 제공했다는 점에서 긍정적 평가를 받을 수 있지만, 장기적으로는 가격 왜곡과 비효율의 누적이라는 구조적 한계를 드러냈다. 가격 신호가 제대로 작동하지 않자 투자 유인이 줄었고, 에너지 소비 효율 개선이나 시장 경쟁력 강화에는 장애로 작용하기도 하였다.

셋째, 정책의 기틀 마련이다.

정부는 1970년대 두 차례에 걸친 석유파동을 경험하며, 통제 중심의 정책을 넘어 에너지 안보 확보라는 새로운 국가 과제를 본격적으로 수립하게 된다. 1973년과 1979년, 중동발 석유 위기는 국제 원유 가격을 수개월 만에 4배 이상 폭등시키며 전 세계를 혼란에 빠뜨렸다. 특히 산유국들이 석유를 정치적 무기로 활용하면서, 자원 확보가 곧 국가 생존과 직결되는 문제라는 인식이 확산되었다.

이 충격을 가장 강하게 체감한 국가 중 하나가 한국이었다. 산업화가 한창 진행 중이던 시점에서 에너지 수요는 급격히 증가하고 있었고, 대부분의 원유를 전량 수입에 의존하는 상황이었기 때문이다. 국제 유가가 급등하자 불황 속의 물가 상승, 경상수지 악화, 외채 폭증이 동시다발적으로 발생하며 경제 전반이 큰 타격을 입었다. 국가 경제가 석유 한 방울에 휘청이는 현실 앞에서, 정부는 기존의 산업 통제 수준을 넘어서는 근본적인 정책 개편의 필요성을 절감하게 된다. 이러한 위기의식 속에서 1978년, 정부는 동력자원부를 신설하고 석유 공급 안정화와 에너지 안보를 최우선 정책 과제로 설정한다. 이는 석유산업을 '통제'해야 할 대상이자 동시에 '보호'해야 할 전략적 자산으로 규정한 것이며, 이후 해외 자원 개발, 전략비축, 공급선 다변화 등의 정책으로 이어졌다. 즉, 이 시기부터 에너지 안보는 한국 석유 정책의 핵심 축으로 자리 잡았고, 단기 위기 대응을 넘어선 중장기 국가 전략의 일부로 제도화되기 시작했다.

한편, 수동적인 원유 수입만으로는 한계가 분명하다는 인식 아래, 정부는 석유의 자주적 확보를 목표로 해외 자원 개발에 본격적으로

국내석유파동

미국석유파동

1부 석유의 시대는 어떻게 시작되었는가

나서기 시작하였다. 1970년대 후반에 연이은 석유파동을 겪은 한국은 단순한 구매자가 아닌, 생산에 참여하는 주체로 전환해야 한다는 절박한 필요성을 절감하였다. 이에 따라 1979년 제정된「한국석유공사법」을 기반으로, 정부는 한국석유개발공사 KNOC, 현 한국석유공사 를 설립하고 해외 자원개발을 통한 에너지 안보 확보 전략에 본격 착수하였다.

KNOC는 설립 초기부터 국내 대륙붕 탐사와 함께 해외 유전 개발 사업에 동시에 뛰어들었으며, 이는 한국이 단순 소비국에서 자원 확보 주체로 변모하는 첫걸음이었다. 그러나 고위험·고비용의 특성이 있는 자원개발 분야에 민간기업의 참여를 끌어내기 위해서는 정부 차원의 강력한 유인책이 필요했다. 이에 정부는 석유사업기금(후일 '에너지 및 자원사업 특별회계', 일명 '에특회계')을 활용한 금융지원 제도를 도입하였다. 그 핵심은 '성공불융자成功拂融資'라는 혁신적 방식이었다. 이 제도는 자원 탐사에 나선 민간기업에 정부가 융자 형태로 자금을 제공하되, 탐사에 실패하면 원리금의 대부분을 탕감하고, 성공 시에만 원금과 이자, 그리고 일정한 특별부담금을 회수하는 구조였다. 이는 자원 탐사의 최대 걸림돌인 실패 리스크를 정부가 일정 부분 분담해 주는 제도적 장치로, 당시 자금력과 기술력이 충분치 않았던 국내 민간기업에 해외 자원 개발에 뛰어들 수 있는 실질적 안전망이 되었다. 이후 성공불융자는 해외 자원 확보 정책의 대표적인 금융 모델로 자리를 잡았으며, 민관 협력을 통한 자원외교의 초석이 되었다.

2기는 자유화와 시장경쟁의 시기 (1990~2000년대)

1980년대 후반부터 민주화와 경제 규모의 확대는 더 이상 정부의 전방위적 통제가 유효하지 않다는 공감대를 형성했다. 비효율을 개선하고 산업 경쟁력을 높이기 위해 경쟁과 자율이라는 새로운 패러다임이 필요했다. 경제 발전에 있어서 자유 무역의 기조는 강대국의 권력 강화에 가깝다. 사다리에 걷어차이지 않으려면, 국가 단위의 보호무역이 필요했고, 국민의 희생에 의한 차관을 도입하고, 압축적 성장을 거둬야 했다. 최빈국에서 중진국의 문턱까지 오른 우리나라는 이제, 자유와 경쟁으로 나아가도록 다시금 뛰었다.

먼저, 인허가 제도 정비와 유통 정책의 변화는 석유산업 경쟁의 신호탄이 되었다.

1980년대 후반부터 정부는 석유산업에 대한 규제를 점진적으로 완화하기 시작했다. 1987년 「석유사업법」 개정을 통해 정제업의 증설과 신규 사업자의 참여가 가능해지면서, 석유산업 전반에 경쟁의 기운이 퍼지기 시작했다. 결정적인 전환점은 1995년 8월, 김영삼 정부의 규제개혁 조치로 단행된 「주유소 설립 거리 제한 폐지」였다. 이 조치는 과거 주유소 간 과당 경쟁을 방지하고 기존 사업자의 기득권을 보호하기 위해 유지되던 공간 규제를 없앤 것이었다. 결과적으로 주유소 설립에 대한 진입장벽이 제거되면서, 전국 유통 시장은 급격한 구조 변화를 겪게 되었다. 1990년대 초반까지 전국 주유소 수는 약 5천 개 수준에 머물렀지만, 규제 철폐 이후 경쟁적으로 신규 주유소가 설립되면서 2011년에는 1만 3천여 개를 돌파하며 정점을 기록하게 되었다. 이는 단순한 숫자의 증대를 넘어, 소비자 행동과 유통 구조의 본질적 변화를 의미하는 신호탄이었다. 과거의 소비자는 주로 특정 정유사의 상표pole-sign를 단 주유소에서 정해진 가격에 따라 기계적으로 연료를 구매하던 수동적 존재였다. 그러나 주유소 수가 급격히 늘고 가격 경쟁이 치열해지자, 소비자는 10원이라도 더 저렴한 주유소를 찾아다니는 능동적 구매자로 전환되었다. 이 과정에서 특정 정유사 브랜드를 달지 않고 다양한 공급처로부터 값싼 석유제품을 조달하여 판매하는 '무폴(비폴) 주유소'가 급증하였다. 더불어, 석유 유통의 도매 단계에서도 경쟁 구도가 강화되었다. 기존의 허가제 기반 석유 대리점 제도는 등록제로 전환되었고, 유통망의 유연성과 다양성이 확보되면서 도매 유통 경로 자체가 경쟁화되는 구조로 진입하게 되었다. 이러한 일련의 제도 개편은 한국 석유 유통 시장을 폐쇄적이고 정형화된 구조에서, 가격과 서비스 중심의 개방적이고 경쟁적인 시장 환경으로 전환하는 결정적 계기가 되었다.

IMF 위기가 터졌고 자유화는 가속화되었다. 1997년 불어닥친 외환 위기는 한국 경제 전반에 구조조정을 강제하는 계기가 되었고, 석유산업 역시 예외가 아니었다. 당시 정부는 IMF와의 정책 협약에 따라 시장 개방과 규제 철폐를 통한 산업 경쟁력 강화를 최우선 과제로 삼았다. 그 결과, 석유산업에 남아 있던 마지막 규제의 빗장이 해제되었고, 자유화는 전면적으로 가속화되었다. 「석유사업법」은 다시 한번 대대적으로 개정되었다. 정유업, 수출입업, 도소매업 등 전 분야에 걸쳐 허가제는 '등록제'로 전환되었고, 일정한 요건만 충족하면 내외국인을 불문하는 누구나 석유 시장에 진입할 수 있게 되었다. 시장 진입의 문턱이 사라졌고, 석유산업은 완전한 개방경제의 논리 속으로 편입되었다. 이와 함께, 수십 년간 유지되어 온 「정부 고시 가격제」도 폐지되었다. 이제부터 석유제품의 가격은 국제 유가, 환율, 수급 상황 등 시장 환경에 따라 정유사가 자율적으로 결정하게 되었다. 이는 정부 주도의 공급·가격 통제 시대가 막을 내리고, 시장 논리에 기반한 경쟁 시대가 본격적으로 도래했음을 의미한다.

아이러니하게도, 규제의 해제와 시장 자유화는 한국 석유산업에 새로운 전기를 마련했다. 규제를 벗어난 국내 정유사들은 본격적으로 세계 시장 경쟁에 나섰고, 이는 한국이 비산유국임에도 불구하고 세계 5위의 석유제품 수출국으로 도약하는 배경이 되었다. 특히, 국가 주도로 건설되었던 세계적 규모의 정제설비와 고도화 설비들은 이 시기에 비로소 제 역할을 다하기 시작했다. 국내 정유사는 내수 수요를 초과하는 생산 능력을 바탕으로 고품질의 휘발유, 경유, 항공유 등을 대량 생산하여 중국, 일본, 호주, 싱가포르 등 아시아 주요 시장에 적극적으로 수출하였다.

한국은 100% 원유를 수입하면서도, 이를 정제·가공해 고부가가치 석유제품으로 만들어 수출함으로써 막대한 외화를 벌어들이는 역설적인 성공 모델을 만들어냈다. 이는 산업사적 관점에서 지정학

geopolitics 중심의 석유 경제를 지경학geo-economics 중심으로 전환한 대표적 사례이기도 하다.

그 결과 석유제품은 매년 반도체, 자동차, 선박 등과 함께 대한민국 5대 수출 품목의 자리를 굳건히 지켜오고 있다. 이는 초기 정부 주도의 강력한 육성 정책과 1990년대의 과감한 자유화 조치가 시너지를 낸 대표적 성공 사례로 평가할 수 있다.

3기는 시장 조정과 새로운 도전의 시기 (2000년대~현재)

21세기에 들어선 한국 석유산업은 한편으로는 성숙기에 접어든 시장의 내적 딜레마에, 다른 한편으로는 탄소중립이라는 외적 패러다임 전환 압력에 동시에 직면하고 있다. 석유 수요의 증가 속도는 둔화되고 있으며, 중국을 중심으로 아시아 정제설비가 대거 확충되면서 글로벌 경쟁은 한층 치열해졌다. 이러한 상황에서 소비자들은 여전히 유가 부담 완화를 요구하고 있으며, 동시에 「2050 탄소중립」이라는 거스를 수 없는 시대적 과제가 석유산업의 존립 기반 자체를 흔들고 있다.

가격 자유화 이후에도 "기름값이 너무 비싸다."라는 소비자의 불만은 끊이지 않고 있다. 이는 단순한 체감 가격 문제가 아니라, 복합적이고 구조적인 요인에 기인한다. 특히 주된 원인으로는 과점적 시장구조와 높은 유류세 부담이 지목된다.

현재 국내 휘발유 소비자가격의 약 50%, 경유 가격의 약 45%는 세금이 차지한다. 이 세금 체계는 다음과 같이 매우 복잡하게 얽혀 있다. ℓ당 고정액을 부과하는 종량세인 교통·에너지·환경세(휘발유 529원, 경유 375원)가 가장 큰 비중을 차지하고, 여기에 15%의 교육세와 16%의 주행세(지방세)가 추가로 부과된다. 여기에 석유 수입 부과금(ℓ당 16원)과 관세 3%가 더해지고 이 원가와 세금을 합산한 금액에 다시 부가가치세 10% 부과된다. 이는 '세금 위에 세금이 붙는 구조'로, 유가 상승 시 세금 부담이 비례하여 커지는 문제가 있다. OECD 기준으로 보면 유류세 자체는 중간 수준이지만, 원유 100% 수입국이라는 제약, 석유 수요 둔화, 과잉 유통 구조, 정유-유통 간 이윤 축소 등의 문제가 복합 작용하면서 국내 석유 유통산업의 경쟁력은 점차 약화되고 있다.

이러한 상황에서 정부가 유가 급등기마다 활용하는 대표적인 대응 수단이 바로 '탄력세율 제도'이다. 「교통·에너지·환경세법」 등 관련 법률은 정부가 기본 세율의 ±30% 범위에서 대통령령으로 조정할 수 있도록 허용하고 있다. 국회의 동의 없이도 긴급 상황에 신속 대응할 수 있는 강력한 정책 수단이다. 실제로 정부는 2008년 글로벌 금융위기, 2018년 고유가 충격, 그리고 코로나19 이후 국제유가가 폭등했던 2021~2023년과 같은 위기 상황에서 여러 번 이 제도를 활용해 왔다. 이러한 유류세 인하는 단기적으로는 소비자 부담 완화에 효과적이었고, 경기 진정에도 긍정적 기여를 했다. 그러나 동시에 연간 수조 원에 달하는 막대한 세수 감소, 조세 형평성 문제, 그리고 화석연료 소비를 조장하여 탄소중립 정책과 역행한다는 비판을 받았다.

석유산업 정책은 단기적인 가격 안정과 장기적인 구조 전환 사이에서 복잡한 균형 감각을 요구받고 있다. 단순히 유류세 인하로 민심을 달래는 방식은 이제 지속 가능하지 않다. 시장 효율성과 에너지 정의, 그리고 기후 책임 사이에서의 균형이 앞으로의 핵심정책 목표가 되어야 할 것이다. 다시금 우리 공동체는 무엇이 옳은 선택인지를 진지하게 되묻고 있다.

한편, 석유 유통의 시장구조 측면에서 정부는 높은 유통 이윤을 억제하고 시장에 직접적인 가격 인하 신호를 주기 위해 2011년 '알뜰주유소' 정책을 도입했다. 석유공사가 정유사로부터 대량으로 석유제품을 공동 구매한 뒤, 알뜰주유소에 저렴하게 공급하는 방식이었다. 정부 예산을 투입해 간판 교체비, 시설 개선 자금 등을 지원했으며, 알뜰주유소는 2025년 6월 기준 1,297개소가 보급되어 전체 주유소 중 약 12.0%를 차지하고 있다. 이 중 한국석유공사에서 관리하는 자영알뜰주유소는 387개소(3.6%)이며, EX-알뜰주유소가 203개소(1.9%/한국도로공사 운영), NH알뜰주유소가 707개소(6.6%/농협경제지주 운영)이다. 이 정책은 주변 주유소의 가격 인하를 유도하는 '메기 효과'를 통해 일정 부분 소비자 후생 증대에 기여했다는 긍정적 평가를 받는다. 그러나 한편에서는 정부가 민간 시장에 과도하게 개입하여 시장을 왜곡한다는 비판이 공존한다. 공급자와 수요자 사이

간극을 줄이고, 항구적이고 효율적인 문제 해결 방안을 모색해야 할 것이다.

공급과잉과 구조 재편 사이, 석유화학 산업의 구조적 위기

최근 한국 석유화학 산업은 중국의 생산 능력 확대와 이란 원유 수급 변화라는 이중 구조적 위협에 직면하고 있다. 중국은 2020년부터 2023년까지 NCC(나프타분해설비)를 중심으로 연간 2,000만 톤 이상의 에틸렌 생산 능력을 확충했으며, 수직계열화된 대형 프로젝트와 COTC(원유에서 화학제품 직접 생산) 공정을 통해 제조원가를 20~30% 절감했다. 이 결과 PP, PVC, PS 등 주요 제품의 자급률이 100%를 초과했고, 2023년부터는 순 수출국으로 전환되어 동남아 시장에서 한국 제품과 정면으로 경쟁하고 있다.

이러한 대내외적 환경변화는 국내 산업에 직접적인 타격을 주었다. 2021년 94%에 달하던 NCC 가동률은 2023년 74%까지 하락했고, 영업이익률은 13.4%에서 0.6%로 급감하면서 일부 기업은 적자로 전환되었다. 2024년 1분기 석유화학 수출은 지난해 같은 기간보다 12% 감소한 120억 달러로, 하락세가 이어지고 있다. 특히 롯데케미칼의 경우, 고유가와 수요 둔화, 정제 마진 악화 등이 겹치며 2022~2023년 연속 대규모 적자를 기록했고, 기존의 해외 투자 전략도 재검토 중이다.

여기에 이란산 원유의 복귀 가능성은 또 다른 근본적 위협 요인이다. 세계 4위의 원유 매장량을 가진 이란은 제재 완화 시 하루 200만 배럴 이상의 공급이 가능하다. 이란산 원유는 황 함량이 낮고 석유화학 원료 수율이 높아 중동 및 중국 기업들이 배럴당 5~10달러 낮은 비용으로 조달할 수 있다. 2015년 핵협정JCPOA 체결 당시, 이란산 원유의 유입은 국제 유가를 30% 이상 하락시켰고, 중국은 연간 5억 배럴 이상을 수입하며 석유화학 원가경쟁력을 대폭 강화한 전례가 있다. 이러한 시나리오가 다시 전개될 경우, 저렴한 원료 확보와 초대형 설비가 결합한 중동-중국 연계 공급망은 한국 석유화학산업에 정면으로 충돌하는 구조적 파고가 될 수 있다.

이러한 상황에서 국내 석유화학제품의 주를 이루는 기존 범용제품은 더 이상 경쟁력을 가질 수 없게 되었다. 국내 석유화학산업이 전례 없는 위기 상황에 봉착하자 2024년 12월 정부는 「석유화학산업 경쟁력 제고 방안」을 발표했다. 「기업 활력 제고를 위한 특별법」상 사업재편 기업의 지주회사 규제 유예기간을 3년에서 5년으로 확대하고 세제 및 고용지원, 기업결합심사 관련 사전 컨설팅응 지원하는 등 자발적인 사업재편 유인체계를 마련했다. 또한 납사 및 납사 제조용 원유에 대해 무관세 기간을 연장하고 공업원료용 LNG 석유 수입부과금을 환급해 주는 한편, 고부가·친환경 분야 진출을 지원하기 위해 고부가 스페셜티 분야 R&D투자 로드맵 수립 및 예타신청* 추진 등 R&D 투자를 확대했다. 2025년 8월 20일 산업경쟁력강화 관계장관회의에서는 「석유화학산업 재도약을 위한 산업계 사업재편 협약식」을 갖고 구조개편 3대 방향으로 ▲과잉설비 감축 및 고부가 스페셜티 제품으로의 전환, ▲재무 건전성 확보, ▲지역경제·고용영향 최소화를, 정부 지원 3대 원칙으로 ▲3개 석유화학 산업단지를 대상으로 구조개편 동시 추진, ▲충분한 자구노력 및 타당성 있는 사업재편 계획 마련, ▲정부의 종합지원 패키지 마련 등을 확정했다.

이에 대해 업계는 산업계 자율컨설팅 결과를 반영해 ▲270~370만톤 규모의 나프타분해시설NCC, Naphtha Cracking Center 감축, ▲고부가·친환경 제품으로의 전환, ▲지역경제 및 국민경제에 미치는 영향 최소화 등을 위해 노력하겠다고 밝히고 사업재편 계획을 2025년 말까지 마련하기로 했다. 국내 석유화학산업의 구조조정이 본격적으로 시작된 것이다.

한화토탈에너지스는 방향족 설비를 매각했고, 롯데케미칼은 PC사업부를 분사했으며, SK지오센트릭과 LG화학은 배터리 소재, 바이오플라스틱 등 미래 성상 분야로의 전환을 가속화하고 있다.

하지만 이러한 대응은 단기적 수준에 머물고 있다. 중국의 증설은 2025년까지 지속될 전망이고, 이란 제재 완화 논의도 재개되고 있는 상황에서, 정부의 산업 개입에 대한 평가는 엇갈린다. 한쪽에서는 시

---

* 예타신청: '예비타당성조사 신청'의 줄임말로, 총사업비 500억 원 이상(국고 지원 300억 원 이상) 규모의 신규 국가재정사업에 대해 기획재정부에 타당성 조사를 의뢰하는 절차를 말한다. 사업의 경제성, 정책적 필요성, 지역균형발전 효과 등을 종합적으로 검토해 예산 반영 여부를 결정한다.

구분	법령/법규	정책
1기 국가 중심	「석유사업법」 제정 「한국석유공사법」 제정 성공불융자 제도 도입	국가 주도형 통제 시스템 구축 소수 정유사 독과점 체제 구축 가격 통제 정책 에너지 안보 최우선 과제화
2기 자유화	「석유사업법」 개정 주유소 설립 거리 제한 폐지 허가제에서 등록제로 전환 정부 고시 가격제 폐지	규제 완화 및 시장 개방 '무폴(비폴) 주유소' 확산 유도 수출 중심 산업으로 전환
3기 시장 조정	「교통·에너지·환경세법」관련 법률 「석유화학산업 경쟁력 강화 방안」 발표	탄소중립 정책 대응 유류세 탄력세율 제도 활용 알뜰주유소 정책 도입, 구조적 위기 대응

석유관련 국내 법령/법규/정책 요약

장 자율성을 훼손한다고 비판하고, 다른 한편에서는 더 강력한 개입이 필요하다고 주장한다.

결국 지금 필요한 것은 단기적인 가격 조정이나 수급 안정 조치가 아니다. 핵심은 공급자와 수요자 간 구조적 간극을 어떻게 해소할 것인가에 대한 근본적인 성찰이다. 정책은 단순히 소비자 만족이나 단기 수출 확대에 그칠 것이 아니라, 글로벌 공급 구조의 변화, 국내 산업 기반의 지속 가능성, 그리고 유통·투자·생산이 균형을 이루는 산업생태계 재구성이라는 장기적 전략 속에서 설계되어야 한다.

글로벌 공급과잉의 장기화와 중동·중국 공급망의 결합이라는 복합 위기 속에서, 한국 석유화학 산업이 생존을 넘어 지속 가능한 구조로 전환하기 위해서는 범국가적 차원의 산업 전략 수립과 근본적인 체질 개선이 절실한 시점이다.

"우리나라가 에너지 수입국으로 알고 있으나 석유 및 석유화학 제품 수출의 TOP 5라는 것을 알고 있는가? 석유 한 방울 나지 않는 나라에서 석유 수출 강국이 되었다는 이야기는 소문이 아니라 70년 시간이 만든 역설적인 공든탑이다."

K-석유, 비산유국의 기적 : 세계를 선도하는 한국 석유산업

K-석유는 한국이 부존자원의 제약을 극복하고 스스로 구축해 낸 독자적인 석유 수급 시스템이다. 이 시스템은 국제 에너지 시장 속에서도 한국 경제의 회복력과 안정성을 뒷받침하는 핵심 기반이 되어 왔다. 물리적 공급선을 확보하는 데 그치지 않고, 수입 구조의 다변화, 고도화된 정제 능력, 효율적인 비축 체계, 안정된 유통망, 강력한 정책과 제도가 유기적으로 작동한 결과이다.

그렇다면 한국은 어떻게 산유국이 아님에도 불구하고 이처럼 강한 에너지 시스템을 구축할 수 있었을까? 그리고 K-석유는 어떤 방식으로 국제 시장의 파고를 넘어 한국을 에너지 강국으로 이끌고 있는가?

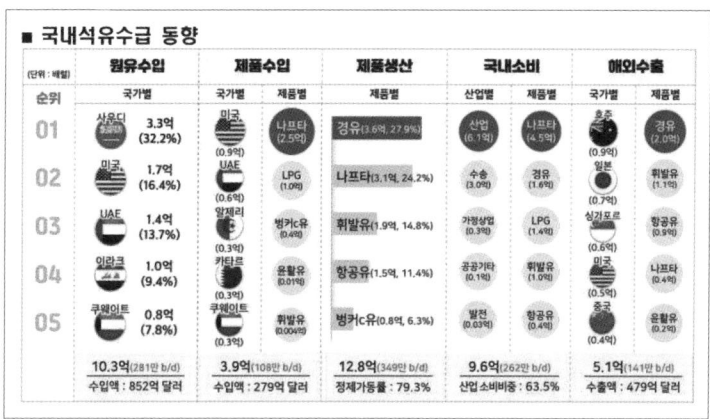

국내 석유 수급 동향, 한국석유공사 2024

이 장에서는 K-석유를 정의해보고자 한다. 기름 한 방울 나지 않은 나라에서 어떻게 세계 5위의 석유 수출국이 되었는지 알기 위해서는 무엇보다 수급 측면을 고려해야 하고, 생산 측면에서 어떠한 차별화를 달성했는지 확인해야 한다. 또한 석유 수급과 생산을 둘러싼 석유 바깥 부분을 이루는 제도 측면도 살펴봐야 한다. 독자들의 이해를 돕기 위해서 세분화 내용을 먼저 말하면, 수급 측면은 비축량 확보, 공급선 다변화, 호혜적 협력을 중심으로, 생산 측면은 차별화된 품질, 기술적 우위, 합리적 가격을 중심으로 이를 둘러싼 제도적 측면에서 환경 고려, 정보 투명성, 효과적 서비스라고 할 수 있다.

석유 수급 측면: 비축량 확보, 공급선 다변화, 호혜적 협력

K-석유 전략의 첫 번째 축은 단연 압도적인 비축 능력이다. 한국은 OPEC+의 감산 조치나 중동 지역의 지정학적 불안처럼 글로벌 석유 공급망이 위협받는 상황에 대비해, 정부와 민간이 이중의 방어선을 구축하는 방식으로 막대한 양의 석유를 안정적으로 비축하고 있다.

정부 차원의 비축은 한국석유공사를 중심으로 전국 각지에 설치된 대규모 비축기지를 통해 이뤄진다. 이들 기지는 원유와 석유제품을 함께 비축하며, 단일 거점이 아닌 복수 지역에 분산된 형태로 설계되어 있어, 지역적 재난이나 지정학적 충격에도 공급 체계가 흔들리지 않도록 한다. 한국의 정부 비축 물량은 국제에너지기구 IEA가 권고하는 지속일수 90일분을 훨씬 웃돌며, 실제로는 200일 이상 가용 가능한 수준을 안정적으로 유지하고 있다. 이는 단순한 수치 이상의 의미를 지닌다. 국가 경제와 안보를 지탱하는 실질적인 방어막이자, 석유 수급 불안이 현실화될 경우 가장 먼저 작동하는 전략적 자산인 것이다.

민간 부문 역시 중요하다. 국내 주요 정유사들은 법적으로 일정 수준의 석유를 자체 비축할 의무가 있으며, 이는 정부 비축과 함께 비상 상황 발생 시 즉각적인 시장 대응을 가능케 하는 완충 장치로 작동한다. 이처럼 공공과 민간의 이중 구조는 수급 안정성을 한층 강화하는 요소이다.

실제로 한국은 과거 국제 유가 급등기마다 비축유를 선제적으로 방출하여 시장을 안정시키고, 국내 물가와 산업 비용 상승을 제어하는 데 실질적인 효과를 거둔 바 있다. 무엇보다도 중요한 사실은, 제2차 석유파동 이후 지금까지 한국이 단 한 번의 석유공급 위기도 겪지 않았다는 점이다. 이는 K-석유 시스템의 안정성과 실효성을 가장 뚜렷하게 입증하는 사례라 할 수 있다.

K-석유 전략의 두 번째 핵심 축은 공급선의 다변화이다. 과거 한국은 중동 지역에 원유 의존도가 높았지만, 지정학적 리스크와 공급망 단일화의 허약성을 인식하고 21세기 초부터 도입선을 다변화해 왔다. 가장 대표적인 변화는 미국산 원유의 도입 확대이다. 셰일 혁명 이후 미국이 주요 산유국으로 부상하면서, 한국은 2010년대 중반부터 미국산 원유 수입을 본격화했으며, 현재 미국은 중동에 이어 중요한 공급처로 자리 잡았다. 실제로 2019년 기준으로 한국의 원유 수입 중 미국산 비중은 약 14%, 러시아·카자흐스탄·멕시코·호주 등도 주요 수입국으로 부상하며 공급선 다변화를 이루었다. 뿐만 아니라, 캐나다 유전에서 미국 서부 정유사로 연결되는 TMX 파이프라인을 통한 원유 도입 사례도 주목할 만하다. GS칼텍스와 SK에너지 등은 캐나다 콜드 레이크 유전Cold Lake oil field 원유를 공동구매 하며 새로운 공급 루트를 열었고, 이는 미국·중동 외 지역의 대체 공급선 확보를 위한 전략이다.

수입 방식 면에서도 전략은 정교하게 설계되었다. 장기 계약과 단기 스팟 계약을 혼합해 유연성을 확보하며, 유가 변동과 외부 충격에 대한 대응력을 높였다. 다양한 공급자와의 거래 체결은 가격 경쟁력을 높이는 동시에 여러 상황에도 견디는 탄력적 수급 체계를 만들었다.

산업 구조 차원에서도 중요한 변화가 있다. 국내 정유사들은 각각 독립적으로 원유를 도입하고 있다. 하지만 위기 상황에서는 상호 지원이 가능한 자율-협력형 구조를 갖추고 있다. 이는 특정 기업이나 수입 노선에 문제가 발생하더라도, 전체 산업시스템은 흔들리지 않는 다층적 안전망으로 기능한다. 이처럼 K-석유 전략은 단순한 수입국의 대응 수준을 넘어, 복합적 리스크 분산 구조와 협력형 생태계 구축을 통해 '지정학적 방어선'을 다변화한 선진형 에너지 수급 시스템이라 할 수 있다.

K-석유 전략의 세 번째 축은 단순한 수입국의 위치를 넘어서 전략적 에너지 동반자 관계를 구축하는 에너지 외교에 있다. 한국은 산유국과의 관계를 단순히 석유를 구매하는 수동적 거래로 제한하지 않고, 정부와 민간이 함께 움직이는 다층적 외교 채널을 통해 호혜적인 협력 구조를 만들어가고 있다.

중동 산유국인 사우디아라비아, 아랍에미리트UAE, 카타르, 그리고 미국 등과의 고위급 교류는 이미 에너지 외교의 중요한 자산이 되고 있다. 대표적인 사례가 S-OIL 샤힌(Shaheen·아랍어 '매') 프로젝트로, 사우디아라비아 국영기업 아람코가 한국에 투자하는 국내 석유화학 역사상 최대 규모의 사업이다. 이 프로젝트는 약 9조 원 이상이 투입되는 세계 최대 규모의 석유화학 복합단지이며, 원유를 정제하지 않고 곧바로 화학제품으로 전환하는 혁신 기술인 TC2C$^{Thermal\ Crude\ to\ Chemicals}$를 세계 최초로 상업화하는 모델이다. 이 기술은 에너지 효율을 획기적으로 높이는 동시에 탄소 배출량을 줄일 수 있어, 기후변화 대응과 산업 경쟁력 강화를 동시에 실현하는 혁신적인 시도로 평가받고 있다. 샤힌 프로젝트는 단순한 설비 건설에 그치지 않고 한국과 사우디아라비아 간 정치적 신뢰와 산업적 협력의 상징이며, 산유국 자본과 한국의 정제·석유화학 기술이 결합한 전략적 융합 모델이다. 국내 기업은 산유국의 석유화학 플랜트 건설에 참여하는 동시에, 역으로 산유국 자본이 한국의 정유·화학 산업에 투자하는 쌍방향 동반관계를 형성하고 있다. 이러한 구조는 비상 상황에서 외교적 채널을 통해 공급 조정이 가능하다는 점에서, 단순 물류 계약이나 가격 협상만으로는 얻을 수 없는 안정성과 협상력을 제공한다. 또한 한국은 OPEC, IEA 등 국제에너지기구들과의 정보 교환, 시장 분석 협력, 정책 논의에 적극적으로 참여하며, 국제 에너지 질서에서 수동적 소비국이 아닌 능동적 협력 파트너로 자리매김하고 있다. 샤힌 프로젝트는 이러한 K-석유 전략의 핵심 기조를 보여주는 가장 구체적이고 진전된 사례로, 향후 한국 석유산업의 국제 경쟁력을 결정짓는 중요한 분기점이 될 것이다.

　국내 기업들은 UAE와 사우디 등에 석유화학 플랜트 건설에 참여하고 있으며 이러한 사업은 단순한 에너지 확보를 넘어서 기술 수출, 고용 창출, 산업 연계성 강화라는 부가가치를 창출하고 있다. 한국은

'기술을 가진 수입국'으로서 산유국의 산업 고도화를 함께 설계하는 파트너 국가로 자리하고 있다. 이러한 관계는 위기 시 외교 채널을 통한 공급 조정, 계약 유연화 등 단순한 물량 계약만으로는 얻을 수 없는 안정성과 협상력을 제공한다. 또한 한국은 IEA, OPEC+, G20 에너지 장관회의, 아시아 석유 시장협의체* 등 다자간 에너지 협력체에 적극적으로 참여하며, 시장 정보 공유, 가격 변동 예측, 기술 표준 협의 등 국제 에너지 질서에 능동적으로 참여하고 있다. 결국 K-석유의 세 번째 축은 에너지 외교를 단순한 조달 수단을 넘어 에너지 안보와 외교력의 결합 전략으로 격상시킨 것이다. 이는 지정학적 충돌이나 공급망 교란 상황에서도 유연한 대응력을 갖춘 신뢰 기반의 에너지 공급망을 가능하게 하는 핵심 시스템이다.

---

* • IEA (International Energy Agency, 국제에너지기구) : 1974년 설립된 OECD 산하 국제기구로, 에너지 안보 확보와 지속 가능한 에너지 정책 개발을 목표로 한다. 29개 회원국이 참여하며, 글로벌 에너지 통계, 시장 분석, 정책 권고안을 제공하고 석유 비축유 방출 등 에너지 위기 대응 역할을 담당한다.
• OPEC+ (석유수출국기구 플러스) : OPEC 13개국과 러시아, 멕시코 등 비OPEC 10개국이 참여하는 석유 생산 협력체이다. 2016년 결성되어 원유 생산량 조절을 통해 국제 유가 안정화를 도모하며, 전 세계 원유 생산량의 약 40%를 통제한다.
• G20 에너지 장관회의 : G20 회원국 에너지 장관들이 참여하는 연례 회의로, 글로벌 에너지 안보, 에너지 전환, 지속 가능한 에너지 정책 등 주요 에너지 이슈를 논의하고 공동 대응 방안을 모색하는 국제 협력 플랫폼이다.
• 아시아 석유 시장협의체 (APEC Energy Working Group) : 아시아·태평양 지역 국가들이 참여하여 석유 시장 안정화, 에너지 협력, 정보 공유 등을 위한 지역 협의체이다. 에너지 수급 안정과 시장 투명성 제고를 통해 역내 에너지 안보 강화를 목표로 한다.

생산 측면: 차별화된 품질, 기술적 우위, 합리적 가격

한국은 석유를 전량 수입하는 나라임에도, 한국은 정제 기술과 품질 경쟁력에서 세계 선두에 서 있다. 이처럼 역설적인 성취는 단순히 기술력의 문제가 아니라, 오랜 시간에 걸친 고도화된 정제설비, 철저한 품질 관리 체계, 시장구조의 투명성, 그리고 수출 시장에 대한 전략적 대응이 복합적으로 작동한 결과이다.

한국은 세계 다섯 번째 규모의 정제 능력을 갖춘 나라로, 울산, 여수, 대산을 중심으로 하루 약 350만 배럴 규모의 정제설비를 운영 중이다. 주요 정유사인 S-OIL, GS칼텍스, SK에너지, 현대오일뱅크는 지난 10여 년 이상 고도화 설비에 지속적으로 투자해 왔으며, 그 결과 초저황, 고순도 정유 제품 생산 능력을 비약적으로 끌어올렸다.

이와 같은 설비 업그레이드는 휘발유, 제트유, 윤활유 등 주요 석유제품의 수출 경쟁력을 강화했고, 실제로 글로벌 비교우위 지수 RCA 에서도 높은 수치를 기록하고 있다. 자원이 없는 나라임에도 불구하고, 한국의 정유산업이 수출 중심 산업으로 자리매김한 배경이다.

한국 석유제품의 품질은 국제적으로도 손꼽힌다. 유럽과 미국 등 선진국의 최신 환경 규제 및 Euro 5, Euro 6와 같은 국제표준에 부합하거나 이를 선도하는 수준의 품질 기준이 적용되고 있다. 대표적인 사례가 초저유황 경유로, 한국은 이미 2000년대 초반부터 ppm 단위의 유황 함량 기준을 적용해 왔으며, 이는 대기오염 저감과 수출 대상국의 친환경 규제를 선제적으로 충족시키는 기반이 되었다. 환경부는 매년 정유사를 대상으로 휘발유나 경유의 환경 품질을 평가하고 별점 등급을 부여하는데, 이는 개별 기업의 기술력뿐만 아니라 국가 차원의 품질 관리 시스템이 정교하게 작동하고 있음을 보여주는 사례이다.

이러한 품질 경쟁력은 제도적 기반 위에 세워져 있다. 한국석유관리원은 「석유 및 석유대체연료 사업법」에 따라 석유제품의 품질 기준을 설정하고, 정유사 및 주유소에 대한 품질 검사를 의무화하고 있다. 이를 통해 석유제품이 생산 단계에서부터 최종 소비자에게 유통되는 전 과정에서 품질이 유지되도록 관리한다. 동시에, 불법 유사 석유제품의 유통을 차단하고 정품·정량 판매를 유도하는 「믿음 가득 주유소 제도」 등도 소비자 신뢰를 높이는 데 기여하고 있다.

기술적 측면에서도 한국의 정유산업은 친환경 고부가가치 제품 생산에 최적화된 시스템을 갖추고 있다. 고도화 설비를 통해 불순물 함량을 최소화하고, 나프타, 항공유, 윤활유 등 글로벌 수요가 높은 제품의 비중을 높여왔다. 이는 단순히 연료를 정제하는 차원을 넘어, 국제 시장에서 요구되는 프리미엄 제품을 지속적으로 공급할 수 있는 기반이 된다. 여기에 계절에 따라 유동적인 기후변화에 맞춰 품질 기준을 세분화하는 시스템 또한 특징적이다. 사계절이 뚜렷한 한국에서는 겨울철에 경유의 필터 막힘점을 낮추어 혹한기에도 원활히 작동하도록 하고, 연중 기온 변화에 따라 제품 조성을 미세 조정하여 차량 성능, 연비, 수명 유지에 문제없도록 설계되어 있다.

한국 석유제품의 품질 우수성은 단지 환경기준을 충족시키는 수준을 넘어선다. 초저유황 제품은 대기오염 물질 배출을 최소화하며, 이는 환경 보호에 기여할 뿐만 아니라 수출 경쟁력의 핵심 요소로 작용한다. 더불어 엔진의 수명 연장, 연비 향상, 차량 성능 유지 등 소비자 만족도를 높이는 실질적 효과도 제공하고 있다. 실제로 세계 시장에서 환경 규제가 강화됨에 따라 고품질의 친환경 석유제품 수요가 지속적으로 증가하고 있으며, 이는 한국 석유제품의 경쟁력을 더욱 강화하는 동력이 되고 있다. 높은 품질은 프리미엄 가격을 받을 수 있는 근거가 되며, K-석유의 브랜드 가치를 제고하는 중요한 자산이 되고 있다.

한국 정유산업의 경쟁력은 단지 품질에 국한되지 않는다. K-석유는 국제 시장에서도 가격 경쟁력에서 두각을 나타내고 있다. 2024년 8월, SK에너지와 GS칼텍스는 황 함유량 10ppm 기준의 저유황 디젤 제품을 배럴당 1.40~1.50달러의 할인율로 연이어 수출 입찰에 성공했다.* 이는 단순한 가격 인하가 아니라, 고품질과 저가격이라는 이중의 우위를 실현한 대표적인 사례이다. 한국이 비산유국임에도 불구하고 이러한 경쟁력을 유지하는 배경에는 고도화된 정제 기반 시설과 운영 효율성, 규모의 경제가 있다. 한국은 세계 5위권의 정제 능

---

* https://www.intrad.co.kr/news/articleView.html?idxno=1944
국제통상신문, 한국, 주요 정유사 디젤 수출…'4개월 만에 최고치로 반등 예상', 2024. 8. 5

력을 보유하고 있으며, 울산, 여수, 대산, 온산 등지에 하루 약 350만 배럴의 정제설비를 운영 중이다. 단일 공장의 처리 용량이 클수록 고정비용이 희석되며, 정제 단가는 낮아진다. 즉, 규모의 경제를 실현한 구조다. 여기에 고도화율이 높은 설비 투자는 원유에서 항공유, 윤활유, 초저유황 경유 등과 같은 많은 고부가가치 제품을 뽑아내는 구조를 만들었고, 이는 곧 단위당 원유의 부가가치를 극대화하는 방식으로 작동한다.

에너지 효율성 또한 한국 정유산업의 또 다른 합리적 가격을 위한 무기이다. 유럽과 미국 주요 정유사 대비 15~27% 가량 높은 에너지 효율을 기록하고 있으며, 이는 정제 과정에서 투입되는 에너지 비용을 줄여 생산원가 자체를 낮추는데 기여한다.* 결국, 한국의 정유 제품은 생산 단가에서부터 세계 시장과 경쟁할 수 있는 구조를 갖추고 있는 셈이다.

실제 내수와 수출 가격 비교에서도 이러한 특징이 드러난다. GS칼텍스 자료에 따르면, 2021년 휘발유 기준 내수 세전 평균 가격은 638원, 수출 평균 가격은 584원으로, 내수 가격이 54원 더 높았다. 이는 유통마진과 각종 세금 등이 반영된 결과로, 한국 석유제품의 국제 경쟁력이 단순한 시장 전략이 아니라 구조적인 강점임을 보여준다.

한국의 세전 유가는 OECD 평균보다 낮은 수준이며, 2023년 기

---

* 대한석유협회, 2024. 12. 11 [국내 석유산업 현황 및 지속 가능한 발전 방안]

준 국내 휘발유나 경유 세전 가격은 국제 기준에서 높은 효율성과 정제 경쟁력을 입증했다. 물론 최종 소비자가 느끼는 가격은 세금이 반영된 구조이다. 국내 휘발유 가격에서 세금이 차지하는 비중은 2022년 기준 40.6%로 OECD 평균인 46%보다는 낮지만, 절대 액수로는 여전히 높은 수준이다. 그러나 독일이나 프랑스 같은 유럽 주요 국가들은 50% 이상의 유류세 비중을 적용하고 있는 편이다. 이처럼 K-석유는 세계 최고 수준의 품질과 합리적인 가격을 동시에 갖춘 드문 사례이다.

전량 수입한 원유를 다시 고부가가치 제품으로 가공해 수출하는 석유산업은 수출 주도형 산업 전략의 집약이며, 바로 이 지점에서 K-석유의 독보적인 경쟁력이 드러난다. 단순히 정제를 잘한다는 차원을 넘어서, 원유의 가치를 재구성해 세계 시장에 재투입하는 시스템이 바로 K-석유 수출 모델의 본질이다. 국내 정유사들은 설비에 대한 지속적인 투자를 통해 원유에서 생산되는 고부가가치 석유 제품(휘발유, 경유, 항공유, 윤활유 등)의 생산 비중을 지속적으로 확대하고 있다. 단순히 원유를 정제하는 것을 넘어, 시장에서 수요가 높은 고품질 제품을 생산함으로써 부가가치를 극대화하고 있으며, 이는 수익성 개선과 수출 경쟁력 강화로 이어진다. 특히 최근 몇 년간 정유 설비 업그레이드를 통해 경질유 제품 light oil products과 중간 유분 middle distillates 생산을 늘리고 있다. 우리의 정유 설비는 고도화율이 높고 가동률도 안정적으로 유지되어, 원유 한 방울에서 최대한의 부

연도	2000	2010	2015	2016	2017	2018	2019	2020	2021	2022	2023	2024년 상반기
원유수입물량(A)	893.9	872.4	1,026.1	1,078.1	1,118.2	1,116.3	1,071.9	980.3	960.1	1,031.3	1,005.8	517.1
석유제품생산물량(B)	926.9	938.9	1117.0	1,157.6	1229.7	1258.9	1250.7	1159.0	1163.8	1244.0	1,246.5	635.8
석유제품수출물량(C)	306.3	341.8	477.4	487.7	509.1	531.6	522.1	468.5	446.6	497.0	494.4	257.4
*(C/A, %)	34.3%	39.2%	46.5%	45.2%	45.5%	47.6%	48.7%	47.8%	46.5%	48.2%	49.2%	49.8%
*(C/B, %)	33.0%	36.4%	42.7%	42.2%	41.4%	42.2%	41.7%	40.4%	38.4%	40.0%	39.7%	40.5%

(단위: 백만 배럴)

*C/A : 원유수입물량 대비 석유제품수출물량(%) *C/B : 석유제품생산물량 대비 수출물량(%)
출처 : 한국석유공사, Petronet.

한국 석유산업의 현황-국내 정유사의 수출 현황

가가치를 뽑아내는 효율적인 생산을 하고 있다.

이러한 기술력은 지정학적 위치 및 산업 구조와 맞물려 수출에 최적화된 생태계를 형성한다. 우리는 중국, 아세안 등 아시아 지역의 대규모 석유제품 소비 시장과 인접해 있으며, 정유사들은 이 지리적 이점을 활용해 수출 중심의 운영 전략을 펼쳐왔다. 실제로 국내 생산량의 40% 이상, 때로는 60%에 달하는 석유제품을 수출하며, 이 중 약 80%가 아시아 시장으로 향한다. 비록 원유는 전량 수입하지만, 수입 원유의 절반가량이 석유제품으로 정제되어 수출되는 구조로 되어 있는데, 이는 국내 석유산업이 내수 시장의 한계를 수출로 극복해 온 적응력과 전략적 전환을 보여준다. 이는 단순한 물류 흐름이 아닌, K-석유 모델이 하나의 수출산업 구조로 진화했음을 의미한다.

제도 측면: 환경 고려, 정보 투명성, 서비스

여기에 더해, 기술 혁신과 산업 다각화에 대한 꾸준한 노력은 K-석유의 수출 경쟁력을 한층 더 단단하게 만든다. 한국 정유사들은 고부가가치 소재 기술, 탄소 감축 핵심 기술, 글로벌 환경 규제 대응 기술 등 3대 분야에 R&D 투자를 집중하며 경쟁력 확보에 노력하고 있다. 고부가가치 화학소재 개발, 글로벌 환경 규제 대응 기술, 탄소 감축 핵심 기술이라는 세 축을 중심으로 R&D가 집중되고 있으며, 이는 단기적인 수익을 넘어서 미래 산업 전환에 대응하는 구조적 기반을 닦는 작업이기도 하다. 원유에서 첨단소재에 이르는 수직계열화 체계는 높은 자급률과 공급망 안정성을 가능케 하고 있으며, 이는 K-석유가 화석연료 기반에 머무르지 않고 탄소중립 시대에도 유연하게 진화할 수 있음을 보여준다. 수소 연료, 바이오 항공유(SAF), 탄소 포집·활용·저장CCUS 기술 등 저탄소 에너지지 전환 기술개발에도 발 빠르게 대응히며, '서유산업=오래된 산업'이라는 인식을 허물고 있다.

결국 K-석유는 더 이상 내수 중심의 전통 산업이 아니다. 그것은 정제 기술, 수출 인프라, 산업 구조, 그리고 친환경 전환 전략이 총체적으로 결합된 수출형 에너지 산업 플랫폼이자, 한국이 보유한 전략 자산의 한 축이다. 수입국이라는 출발점에서 세계 시장을 리드하는 공급자로 도약한 한국 석유산업의 구조적 반전은, 단순한 기술력 이상의 전략과 통찰, 그리고 다층적 정책과 기업 혁신이 맞물려 일군

기업	협업 업체	내용
SK energy	한국석유공사	CCS (CO_2 동해가스전에 저장 계획)
S-OIL 에쓰오일	동광화학	CCU (이산화탄소 공급, 액화탄산, 드라이아이스 생산)
GS칼텍스	한국동서발전, 여수시	CCU 기술 실증 상용화 사업 추진 (이산화탄소를 포집, 화학제품 생산)
Hyundai Oilbank	한국화학연구원	CCU 실증 추진 (이산화탄소 이용 메탄올 생산)

주 : SK에너지는 모회사인 SK이노베이션 함께 진행

국내 정유 기업의 CCUS 진행 현황

결과다. 바로 이 지점에서 K-석유는 수출 그 자체가 아니라, 수출 가능한 산업 구조의 다른 이름이 된다.

K-석유의 경쟁력은 수급과 생산을 중심으로 한 정제 기술과 수출 역량에만 그치지 않는다. 한국의 석유산업은 소비자 중심이라는 핵심 가치를 명확히 설정하고, 품질뿐만 아니라 소비자 보호 시스템과 서비스 수준에서도 높은 평가를 받는데, 이는 소비자들이 안심하고 석유 제품을 구매하고 사용할 수 있는 여건을 만드는 데 일조하고 있다. 이는 단순한 연료 공급을 넘어, 국민 생활과 직결되는 에너지 서비스로서의 정체성을 구현하는 과정이며, 소비자와의 신뢰 구축이야말로 K-석유 브랜드의 완성도를 결정짓는 중요한 기반이기도 하다.

무엇보다 중요한 것은 강력하고 체계적인 품질 관리 및 단속 시스템이다. 소비자 보호 시스템의 중심에는 한국석유관리원K-Petro이 있다. 한국석유관리원은 「석유 및 석유대체연료 사업법」에 따라 설립된 전문 공공기관으로, 석유제품의 품질 관리와 유통 질서 확립에 핵심적인 역할을 수행한다. 정유사, 수입사, 주유소, 판매소 등 석유 유통의 모든 단계에 걸쳐 정기적, 불시적으로 품질 검사를 실시하며, 특히 가짜 석유, 품질 부적합 석유제품, 무자료 거래 등 불법 행위를 강력하게 단속한다. 최신 분석 장비와 전문 인력을 통해 정밀한 품질 분석을 수행하며, 전국에 분포된 지사를 통해 신속한 현장 단속이 가능하게 하였다. 또한 가짜 석유 및 품질 부적합 제품을 제조·판매하는 사업자에 대한 신고를 받고, 조사 후 포상금을 지급하여 소비자 참여를 유도하는 「소비자 신고 포상금」 제도를 운영한다. 소비자의 차량 연료에 대한 무상 품질 점검 서비스를 제공하여 가짜 석유 여부를 확인할 수 있도록 지원하며, 고속도로 휴게소, 자동차 정비·검사소 등에서 찾아가는 서비스도 운영한다. 가짜 석유 및 품질 부적합 석유제품 주유로 인한 차량 파손 등 피해 발생 시 한국소비자원과 연계하여 원스톱으로 피해 구제 업무를 처리할 수 있도록 지원한다. 한국석유관리원이 품질 관리를 지원하고 인증하는 「품질 인증 주유소」 제도를 운영하여 소비자들이 믿고 이용할 수 있는 주유소를 쉽게 식별할 수 있도록 돕는데, 오프라인 BI(Brand Identity) 도색 및 온라인 정보 제공도 병행한다. 한국은 '한국석유관리원'이라는 단일 전문 기관이 품질 관리와 단속의 중심이 되어 체계적이고 효율적인 시스템을 운영하는 점에서 차별화된다.

    일부 국가에서는 석유 품질 관리가 여러 부처나 기관에 분산되어 있어 일관성과 효율성이 떨어질 수 있다. 소비자가 직접 의심 신고를

하고 포상금을 받을 수 있는 제도, 그리고 피해 발생 시 전문 기관과의 연계를 통한 구제 시스템은 타국에 비해 소비자의 권리 보호에 더욱 적극적이라고 평가할 수 있다.

이와 더불어, 한국의 주유소는 단순한 연료 보급 시설을 넘어 고객 중심의 다양한 부가 서비스를 제공하여 편의성을 극대화하며 진화해 왔다. 셀프주유소의 확대를 통해 가격 경쟁력을 확보하면서도, 인력 주유를 병행하여 소비자 선택의 폭을 넓혔으며, 세차 서비스, 편의점, 타이어 공기압 체크, 화장실 등 다양한 부가 서비스를 제공하는 복합 주유소 모델이 광범위하게 확산되었다. 특히 고속도로 휴게소 주유소는 대형 편의시설과 결합되어 고객의 체류 시간을 고려한 통합 서비스를 제공하며, 도심권 주유소도 점차 원스톱 서비스 체계로 진화하고 있다. 결제 수단 역시 다양화되어 있으며, 신용카드는 물론 모바일 결제와 간편 결제 시스템도 빠르게 도입되어, 사용자의 결제 편의성을 한층 높이고 있다.

소비자에게 실질적인 정보제공을 통한 주도권 부여도 중요한 부분이다. 정부 주도의 유가 정보 공개 시스템인 '오피넷'은 웹사이트와 앱을 통해 실시간 유가, 주유소 위치, 부가 서비스 여부 등을 손쉽게 확인할 수 있도록 하며, 소비자가 가격과 편의성을 기준으로 합리적인 선택을 할 수 있도록 돕는다. 연구 결과, 오피넷 도입 이후 국제 유가 변동에 대한 국내 가격 반응 속도는 현저히 향상되었으며, 이는 가격 안정화와 공정 경쟁을 유도하는 데 큰 역할을 했다. K-석유의 가격 경쟁력은 단순히 저렴한 판매가에 있는 것이 아니다. 그것은 고도화된 기술력, 고효율 정제 시스템, 국가 정책, 세제 구조, 소비자 정보제공 시스템까지 총체적으로 작동한 결과이다. 유럽이나 북미의 많은 주유소가 셀프주유 중심이고 편의점 외에 부가 서비스가 제한적인 경우가 많은데, 한국은 셀프주유와 함께 세차, 정비, 편의점 등 다양한 서비스를 한 공간에서 제공하는 원스톱 서비스가 보편적이라는 점에서 차별점이 있다. 또한 한국의 주유소는 비교적 높은 청결도와 체계적인 관리가 이루어지는 편인데, 청결도, 서비스의 일관성, 결제 시스템, 고객 응대의 질 등에서도 높은 수준의 관리가 이루어지며, 이는 석유 소비가 단지 차량의 운행을 위한 기능이 아니라, 일상 속 신뢰를 기반으로 한 경험이라는 점에서 K-석유 서비스가 갖는 경쟁력을 더욱 부각시킨다.

오피넷, 한국석유공사

결국 K-석유는 정유 기술과 수출 역량에 더해, 품질 관리와 고객 경험의 전 과정을 유기적으로 통합하는 서비스 전략을 통해 진정한 완성도를 갖춘다. 소비자의 안심, 편의, 선택권을 존중하는 이 구조는 단지 소비자 보호에 머물지 않는다. 그것은 K-석유라는 브랜드의 신뢰와 품격을 구성하는 핵심 축이며, 한국 석유산업이 세계 시장에서 기술력뿐 아니라 서비스의 질로도 경쟁할 수 있음을 보여주는 가장 명확한 증거이다.

  한국의 석유 시장은 단지 생산과 수출에 머물지 않는다. 소비자 중심의 서비스 품질, 정보 공개 시스템, 그리고 믿을 수 있는 품질 인증 구조는 시장의 투명성과 소비자 신뢰를 높이며, 가격 안정성과 수요 기반의 유연한 대응 능력을 동시에 강화한다. 이러한 복합적인 요소들이 결합되어 한국은 품질, 신뢰, 효율, 수출 경쟁력이라는 네 가지 차원에서 국제 시장에서의 우위를 확보하고 있다.

  K-석유는 이제 단순히 한국의 석유제품을 지칭하는 용어가 아니다. 그것은 비산유국의 수급과 생산 역량의 차별화 뿐만 아니라, 발전을 위한 도약까지 결합하여, 에너지 안보와 산업 경쟁력을 동시에 달성한 사례이자 브랜드이다. K-석유는 세계 시장에서의 수출 강국으로서의 위상을 넘어, 지속가능한 에너지 시스템의 미래를 향한 하나의 비전이다. 그것은 "원유는 수입하지만, 가치는 수출한다."라는 패러다임의 전환이며, 한국 경제의 외연을 확장해 온 중요한 버팀목이기도 하다. 그러나 K-석유가 앞으로도 같은 위치를 유지할 수 있으리라는 보장은 없다. 중국과 인도 등 경쟁국의 정제설비 확장, 글

로벌 석유제품 공급과잉, 그리고 탄소중립 시대를 향한 수요 감소와 같은 구조적 도전이 한국 석유산업을 압박하고 있다. 이제 K-석유는 새로운 전환점을 마주하고 있다. 단순 정제와 수출 중심의 구조에서 벗어나, 친환경 연료, 고부가가치 제품, 탄소 저감 기술, 수소 및 바이오 기반 대체 에너지 등으로의 전략적 확장이 필요한 시점이다. 결국 K-석유의 미래는 기존의 성과에 안주하지 않고, 기술 혁신과 시장 다변화를 통해 에너지 전환 시대에 걸맞은 새로운 산업 비전을 만들어내느냐에 달려 있다. 정제 기술의 정점에서, 지속가능한 에너지 생태계 구축이 바로 K-석유가 가야 할 다음 여정이다.

"K-석유라는 브랜드의 신뢰와 품격을 구성하는 핵심 축이며, 한국 석유산업이 세계 시장에서 기술력뿐 아니라 서비스의 질로도 경쟁할 수 있음을 보여주는 가장 명확한 증거다."

2부

석유는 어떻게 문명을 바꾸었는가

― 문명을 움직인 연료, 일상을 조직한 에너지

Oil became more than fuel—it became the grammar of modern life. It mapped our cities, dictated the rhythm of our days, and embedded itself in the texture of our desires.

석유는 연료를 넘어 근대 생활의 문법이 되었다. 그것은 도시를 설계하고, 하루의 리듬을 정하며, 우리의 욕망의 결 속에 스며들었다.

등유 조명이 바꾼
생활 문화

 등유가 환경보호에 기여하고 고래 포획을 막았다는 사실을 알고 있는가? 인류의 밤은 어두웠고, 밤에 가장 밝은 곳에는 고래 살 타는 냄새가 진동했다. 촛불과 등잔불에 기대어 어두운 시간을 버티던 인류에게 석유의 발견은 고래를 살리고 포마드, 아주까리, 유채 기름을 만들려고 수많은 풀이 베어나가는 것을 막았다. 반면에, 밝아진 밤, 그나마 낮이 긴 여름을 지나 겨울에는 해지면 일을 멈출 수 있었지만, 석유는 24시간 빛을 선사하면서 장시간 노동을 가능하게 만들었고, 도시 빈민이 되어 쉬지 않고 돌아가는 방적기에 몸을 맞출 수밖에 없었다.

조용한 혁명, 등유의 탄생

19세기 중반에 인류 역사를 바꾼 조용한 혁명이 일어났다. 바로 석유에서 추출한 등유의 등장이었다. 오늘날 우리에게 등유는 단지 난방용 연료 정도로 인식되지만, 등유가 처음 세상에 나왔을 때 그 영향력은 혁명적이었다.

19세기 중반 이전까지 인류의 밤을 밝히는 주요 광원은 양초와 고래기름 램프였다. 양초는 밝기가 약했고, 고래기름은 냄새와 연기가 적고 불빛이 밝아 최고급 연료로 여겨졌지만 포경선이 먼 곳까지 가서 고래를 잡아와야 했기 때문에 매우 비쌌다. 당시 고래기름은 '바다의 검은 황금'이라 불릴 정도로 귀한 자원이었으며, 이를 얻기 위한 무분별한 고래 사냥은 생태계 파괴의 주범이었다. 이러한 어둠의 시대에 획기적인 전환점이 찾아왔다.

1795년 양초공장

1853년, 폴란드의 약사 이그나시 우카세비치가 동료 얀 제흐와 함께 석유에서 등유를 정제하는 방법을 발견했다. 그들은 원유를 증류하여 깨끗한 등유를 얻는 데 성공했고, 1853년 7월 31일 병원 수술실에서 처음으로 등유 램프를 사용했다. 이 순간이 바로 현대 조명 시대의 시작이었다. 등유 제조의 원리는 의외로 단순했다. 원유를 150~275°C 사이에서 분별 증류하여 투명한 액체를 얻는 것이었다. 19세기의 정제 과정은 원유를 가마솥에 넣고 가열하면서 온도별로 증발하는 성분들을 분리하는 방식이었다. 가솔린이 먼저 증발하고, 그다음 나프타, 마지막으로 등유가 분리되었다. 이렇게 얻은 등유는 황 화합물을 제거하는 추가 정제 과정을 거쳐 냄새를 줄이고 연소 품질을 높였다.

등유 램프가 대중적으로 확산된 이유는 단순함에 있었다. 면으로 만든 심지가 모세관 현상을 통해 등유를 빨아올려 지속적으로 연료를 공급했다. 이는 등유와 심지 섬유 사이의 부착력이 등유 분자 간의 응집력보다 깅해서 발생하는 자연스러운 물리 현상이었다. 램프의 구조 또한 정교했다. 심지는 면실을 특정 패턴으로 짜서 만든 직물로 좁고 긴 모세관을 형성했고, 유리 굴뚝은 불꽃이 바람에 꺼지는 것을 막으면서도 열 대류를 유도하여 더 많은 산소를 공급했다. 사용자는 단순히 손잡이를 돌려 심지 높이를 조절하는 것만으로 원하는 밝기를 얻을 수 있었다.

1859년 에드윈 드레이크가 펜실베니아에서 상업적 석유 시추에 성공하면서 등유 생산은 폭발적으로 증가했다. 석유에서 추출한 등유는 고래기름보다 훨씬 밝고 깨끗했으며, 무엇보다 가격이 혁명적이었다. 갤런당 60센트의 등유는 1.30~2.50달러의 고래기름에 비해 훨씬 저렴했다. 이러한 가격 차이는 조명을 소수 부유층의 사치품에서 일반 대중의 필수품으로 바꾸어 놓았다.

등유 램프의 보급은 인류의 활동 시간을 획기적으로 늘렸다. 태양이 지면 활동이 크게 제한되던 이전과 달리, 이제 인류는 24시간 활동할 수 있는 기반을 마련했다. 이는 단순한 생활 방식의 변화를 넘어 문명의 패러다임을 바꾸는 사건이었다. 교육과 지식 전파에도 큰 변화가 일어났다. 등유 램프의 밝은 빛은 야간 독서와 학습을 쉽게 했고, 문맹률 감소와 대중 교육의 확산에 기여했다. 가정생활도 크게 변화했다. 등유 램프 아래 모인 가족들은 더 많은 시간을 함께 보낼 수 있었고, 독서, 바느질, 수공예 등의 가내 활동이 늘어났다.

산업 분야에서도 등유 조명은 혁명적인 변화를 가져왔다. 공장의 24시간 가동할 수 있으면서 생산성이 크게 향상되었고, 기계의 유휴 시간이 줄어들어 고정 자본의 효율적 활용이 가능해졌다. 이는 산업혁명을 가속하는 중요한 촉매제가 되었다.

조선의 밤을 밝히다: 한국에 도달한 등유 혁명

한국에서의 등유 혁명은 그 속도와 파급력 면에서 극적이었다.

1880년대, 미국의 스탠다드 오일이 아시아 시장을 개척하며 조선에도 진출했고, 1884년부터는 일본 상인들이 본격적으로 석유를 수입해 유통하기 시작했다. 당시 등유는 단순한 조명 연료를 넘어, 기존의 생활 문화를 송두리째 바꾸는 촉매 역할을 했다.

조선 말기의 실학자 황현은 『매천야록』에서 등유의 효율성을 생생히 기록하고 있다. "석유 한 홉을 가지면 사나흘에서 길게는 열흘까지도 등잔을 밝힐 수 있다."라고 했으며, 이로 인해 "온 나라에서 석유로 등을 켜지 않는 자가 없게 되었다."라고 적었다. 이는 기존에 쓰이던 아주까리기름, 동백기름, 들깨기름, 관솔, 쇠기름 등 전통 연료들이 경제성과 밝기 면에서 등유에 압도당했음을 보여준다. 짧은 시간 내에 등유는 전통 등잔불을 밀어내고 조선의 야경을 장악했다.

등유와 함께 도입된 서양식 램프, 일명 '남포등'은 전통 등잔과는 비교할 수 없는 밝기를 제공했다. 울릉도 주민들 사이에서는 "도동 골짜기에 석유등을 들고 올라가면 산에서 목욕하던 여인들이 놀라 도망쳤다."라는 말이 회자할 정도로, 조명의 혁명은 일상의 감각을 송두리째 뒤바꾸었다.

등유의 보급은 곧 외국 자본의 시장 지배로 이어졌다. 미국인 타운센드는 1894년 인천 월미도에 대규모 석유 저장고를 설치하고, 1897년에는 스탠다드 오일의 조선 특약점으로 공식 지정되어 유통망을 장악했다. 이후 인천, 부산, 군산, 목포, 원산, 대구 등에 판매조합이 설치되면서 조선의 주요 항구도시와 내륙 시장은 사실상 외국 기업의 통제하에 들어가게 되었다.

매천야록 표지*

1897년 8월 7일 독립신문 (네이버 지식백과)**

* 출처 : https://n.news.naver.com/mnews/article/079/0003202995
** 출처 : https://terms.naver.com/entry.naver?docId=2324968&contentsParamInfo=navCategoryId%3D62340%26isList%3Dfalse&cid=62142&categoryId=62340

이 같은 상황은 조선 사회의 경제적 자주성에 심각한 경고를 던졌다. 『독립신문』은 '조선 사람이 쓰는 옷감의 2/3는 외국에서 사서 입고, 켜는 기름도 외국 기름'이라며 등유를 둘러싼 종속 구조를 비판한 바 있다. 등유는 단순히 야간을 밝히는 연료가 아니었다. 그것은 개항 이후 조선이 경험한 근대화의 상징이자, 일상 깊숙이 침투한 제국주의 자본의 흔적이었다. 그리고 그 안에는 전통의 퇴장과 함께 새로운 소비문화, 기술 수용, 경제 종속이라는 여러 겹의 사회 변화가 함께 깃들어 있었다.

빛이 이끈 전환: 환경, 전기, 문명의 문턱에서

흥미롭게도 등유는 인류 최초의 대체 에너지로서 환경 보호에도 간접적으로 기여했다. 19세기 중반 고래기름이 고급 조명 연료로 주목받던 시절, 등유의 등장은 포경업에 큰 변화를 불러왔다. 비록 1845년 이후 고래기름 생산이 이미 감소 추세에 있었고, 1859년 펜실베이니아에서 석유가 발견되기 전부터 포경업이 쇠퇴하고 있었지만, 등유는 고래기름의 대안으로 자리 잡으며 적어도 19세기 동안은 고래 남획을 완화하는 데 일조했다. 아이러니하게도 20세기에 들어서는 석유산업의 발달이 오히려 더 효율적인 포경 기술을 가능하게 했지만, 19세기 후반의 등유 보급은 분명 고래에게 일시적인 숨통을 트여주었다.

또한 등유는 전기 시대로의 전환에서도 중요한 역할을 했다. 등유 조명의 보급으로 야간 조명에 대한 사회적 수요가 증가했고, 사람들은 밝고 안정적인 인공조명의 편리함에 익숙해졌다. 이는 이후 전기 조명의 필요성과 유용성에 대한 사회적 인식을 높이는데 기여했다. 1879년 에디슨이 전구를 발명한 후에도 1925년까지 미국 가정의 절반만이 전기를 사용했다는 사실은, 등유가 얼마나 오랫동안 중요한 조명 수단이었는지를 보여준다. 등유는 전기와 수십 년간 공존하며 인류가 어둠에서 빛으로 나아가는 여정의 든든한 동반자였다.

오늘날에도 등유는 항공 연료의 기본 성분으로 글로벌 교통과 물류의 핵심을 담당하고 있다. 더 나아가 등유가 보여준 에너지 전환의 패턴은 현재 우리가 추진하는 탄소중립과 신재생에너지로의 전환에도 중요한 시사점을 제공한다. 등유 조명의 역사는 단순한 기술 발전의 이야기가 아니다. 그것은 인류가 어둠을 극복하고 시간의 제약에서 벗어나 새로운 문명을 만들어간 혁명의 역사이다. 작은 발명이 어떻게 인류의 삶을 근본적으로 바꿀 수 있는지를 보여주는 생생한 증거이기도 하다.

"등유 조명의 역사는 단순한 기술 발전의 이야기가 아니다. 그것은 인류가 어둠을 극복하고 시간의 제약에서 벗어나 새로운 문명을 만들어간 혁명의 역사이다."

수송 연료가 바꾼 교통문화

19세기 후반, 석유 정제 기술의 발전은 인류 문명의 방향을 근본적으로 뒤바꾼 전환점이었다. 원유를 열로 분리하여 얻은 등유, 휘발유, 경유는 단순한 화합물이 아닌, 근대 산업과 교통 시스템을 가능케 한 문명의 연료가 되었다.

달리기 시작한 에너지: 휘발유, 교통혁명의 서막

초기의 정제소는 주로 조명용 등유를 생산하는 데 집중했으며, 휘발유와 경유는 그저 부수적으로 나오는 부산물에 불과했다. 특히 휘발유는 인화성이 높아 위험하다는 이유로 하천에 버려지기까지 했으며, 산업적 용도도 뚜렷하지 않았다. 그러나 이 쓸모없던 액체는 1885년에 칼 벤츠가 내연기관 자동차를 발명하면서 돌연 시대의 주역으로 떠오르게 된다.

자동차의 등장은 휘발유의 가치를 근본적으로 재정의했다. 1908년 헨리 포드는 모델 T를 대량 생산하여 자동차를 상류층의 전유물에서 대중의 이동 수단으로 바꿨다. 이는 휘발유라는 고효율 연료가 있었기에 가능한 일이었다. 같은 무게의 석탄보다 두 배 이상의 에너지를 내는 휘발유는 액체 상태로 저장과 운반이 쉬워, 자동차 연료로서 이상적인 특성을 갖추고 있었다.

대량 생산은 곧 가격 하락으로 이어졌다. 모델 T의 가격이 1908년 825달러에서 1924년 290달러로 떨어진 것처럼, 정제 기술의 발전과

세계최초의 자동차 벤츠

원유 공급 확대는 휘발유 가격을 끌어내려 자동차 대중화를 더욱 가속했다. 석유는 단지 에너지원이 아니라, 생산과 소비의 패러다임을 바꾸는 근대 자본주의의 촉매가 되었다.

주유소의 등장은 자동차 시대의 진정한 시작을 알렸다. 1905년 미국 세인트루이스에 최초의 주유소가 문을 열었고, 1920년대에는 전국적인 주유소 네트워크가 형성되었다. 스탠더드 오일, 텍사코, 셸 같은 석유회사들은 브랜드화된 주유소를 통해 품질이 표준화된 연료를 공급했고, 이는 운전자들에게 어디서든 안심하고 연료를 구입할 수 있다는 신뢰를 주었다.

한국의 경우 1920년대 일제강점기에 처음으로 주유소가 등장했으며, 해방 이후 1948년 대한석유저장회사KOSCO가 설립되면서 본격적인 주유소 시대가 열렸다. 1960년대 경제개발과 함께 자동차 보급이 늘어나면서 전국적인 주유소 망이 구축되었고, 1980년대에는 셀프주유소가 도입되어 24시간 연료 공급이 가능해졌다. 주유소는 단순한 연료 공급처를 넘어 타이어 수리, 윤활유 교환, 간단한 정비 서비스를 제공하는 종합 서비스 센터로 발전했다.

디젤의 등장, 교통과 물류를 바꾸다

디젤 엔진의 발명자 루돌프 디젤이 1897년에 개발한 압축착화 엔진은 경유를 연료로 사용했고, 이는 특히 대중교통과 화물운송에 혁명을 가져왔다. 1905년 런던에서 운행을 시작한 내연기관 버스는 전차와 달리 노선 변경이 자유롭고 전력 공급 시설이 필요 없다는 장점으로 급속히 확산되었다. 경유는 휘발유보다 연비가 좋고 토크가 높아 무거운 차량에 적합했으며, 이는 버스와 트럭의 대중화를 이끌었다.

항공 분야에서 휘발유의 역할은 더욱더 혁명적이었다. 1903년 라이트 형제의 첫 비행은 12마력 가솔린 엔진 덕분에 가능했으며, 불과 12초간 36미터를 날았던 이 비행이 항공 시대의 시작이었다. 이후 항공유 기술의 발전은 비약적이었다. 1920년대에는 옥탄가*를 높인 항공 가솔린이 개발되어 엔진 출력과 효율이 크게 향상되었고, 1930년대에는 100옥탄 항공유가 상용화되면서 더 빠르고 높이 날 수 있게 되었다. 특히 제2차 세계대전은 항공유 기술의 급속한 발전을 촉진했다. 연합군이 사용한 130옥탄 고성능 항공유는 전투기의 속도와 상승 능력을 크게 향상시켜 전쟁의 승패에 중요한 역할을 했다. 실제로 독일군이 87옥탄가 연료를 쓸 때, 연합군의 130옥탄가 연료를 사용한 P-51 머스탱이나 스핏파이어는 같은 엔진을 쓰고도 30% 이상 뛰어난 성능을 발휘했다. 이는 전투에서 살고 죽는 문제였고, 결국 제공권 장악으로 이어져 전쟁의 승패에 결정적 영향을 미쳤다. 전쟁

---

* 옥탄가는 연료의 노킹knocking 저항성을 나타내는 지표이다. 노킹은 연료가 점화 플러그의 점화 전에 자연 발화하여 엔진에 손상을 주는 현상이다. 옥탄가가 높을수록 높은 압축비를 보여서 고온에서도 안정적으로 연소할 수 있다.

1950년 비행기 유아케어서비스 Skycots, 출처: 브리티쉬 에어웨이(British Airways)

이 끝난 뒤, 제트 엔진의 등장과 함께 등유 기반의 제트 연료인 JP-4과 JP-8가 개발되었고, 이는 대륙 간 여객 운송을 일상화시켰다.

한국의 경우 1948년 대한국민항공사(현 대한항공의 전신)가 설립되어 국내선 운항을 시작했고, 1969년 대한항공이 태평양 노선에 진출하면서 본격적인 국제 항공 시대를 열었다. 김포공항과 김해공항에 건설된 대형 연료 저장시설과 급유 시스템은 한국이 동북아시아의 항공 허브로 성장하는 기반이 되었다.

연료가 바꾼 문명의 속도

수송 연료의 안정적 공급은 도로 기반 시설의 대대적인 확장을 가능하게 했다. 석유 정제의 부산물인 아스팔트는 도로포장에 이상적인 재료였다. 미국의 경우 1904년 전국적으로 포장된 도로가 약 14만 마일에 불과했으나, 석유산업의 성장과 함께 도로망도 폭발적으로 확대되었다. 1932년 독일에서 시작된 아우토반 건설과 1956년 미국의 인터스테이트 고속도로 시스템은 수송 연료가 만든 고속 이동 시대의 상징이 되었다.

타이어 산업 역시 석유화학 기술의 수혜를 입었다. 1931년 듀폰사의 네오프렌과 1937년 독일의 부나-S 합성고무 개발은 천연고무에 의존하던 타이어 산업을 근본적으로 변화시켰다. 이러한 합성고무는 석유 부산물을 원료로 하여 대량 생산할 수 있었고, 자동차 대중화의 중요한 기반이 되었다.

수송 연료가 가져온 가장 심오한 변화는 도시 구조와 생활양식의 변혁이었다. 자동차는 사람들이 일터와 떨어진 곳에 살 수 있게 해주었고, 이는 교외화 현상으로 이어졌다. 1947년 건설된 미국의 레빗타운은 자동차 기반 생활의 상징이 되었으며, 이러한 교외 개발 모델은 전 세계로 확산되었다. 맨하탄 근교인 뉴욕 롱아일랜드 지방에 아스팔트를 깔고, 자동차로 도심에 쉽게 진입할 수 있으며 격자형으로 효율적 구조를 갖춘 신도시가 생겨났고, 부동산 개발업자 중에서 윌

리엄 레빗William J.Levitt이 교회 공동체를 중심으로 전후 참전용사들과 그 가족들을 중심으로 하는 계획도시를 만들어 선풍적인 인기를 끌었으며, 동시에 백인 중심의 신도시 문화를 만들어서 인종차별과 같은 보수적인 분위기를 이끌기도 했다.

한국에서도 1970년대부터 자동차 보급 확대와 함께 도시 구조가 급격히 변화했다. 서울의 강남 개발과 1980년대 시작된 분당, 일산 등 수도권 신도시 건설은 자동차 중심의 도시 계획으로 이루어졌다. 넓은 도로와 대규모 아파트 단지, 대형 쇼핑센터를 특징으로 하는 이들 신도시는 한국형 교외 도시의 모델이 되었다. 1990년대 들어서는 자동차 극장, 드라이브스루 매장, 대형마트와 아울렛 등이 등장하며 미국식 자동차 문화가 한국에도 뿌리내렸다. 특히 주말 나들이 문화와 캠핑 문화의 확산은 자동차가 단순한 이동 수단을 넘어 여가와 생활의 중심이 되었음을 보여준다.

수송 연료가 인류 문명에 가져온 변화를 숫자로 정리하면 그 규모가 더욱 명확해진다. 1900년 말이 주요 교통수단이던 시대에 평균 이동 속도는 시속 6~8km에 불과했고, 하루 이동 가능 거리는 30km를 넘기 어려웠다. 그러나 내연기관과 수송 연료의 결합으로 자동차의 평균 속도는 시속 100km를 넘어섰고, 하루 이동 가능 거리는 800km 이상으로 늘어났다. 항공기의 경우 더욱 극적인 변화를 보여주는데, 1903년 라이트 형제의 12초 비행에서 시작하여 현재는 논스톱으로 15,000km 이상을 18시간 만에 비행할 수 있게 되었다.

1990년 대우 르망 오너드라이버 광고

    화물운송 비용은 내연기관 도입 전후로 90% 이상 감소했고, 이는 글로벌 무역의 폭발적 성장을 가능하게 했다. 1900년 전 세계 자동차 보유 대수가 1만 대 미만이었던 것이 2000년에는 10억 대를 넘어섰으며, 전 세계 도로망은 100배 이상 확장되었다. 이러한 변화는 단순한 기술 발전을 넘어 인류가 공간을 인식하고 활용하는 방식을 근본적으로 바꾸었으며, 수송 연료는 이 모든 변화의 중심에서 20세기 문명의 동력이 되었다.

속도의 문명, 침묵의 대가

그러나 20세기 중반 이후, 내연기관과 화석연료가 가져온 환경적 영향이 점차 심각한 사회 문제로 떠오르기 시작했다. 그 전환점 중 하나는 1962년 미국의 해양생물학자 레이첼 카슨이 발표한 『침묵의 봄 Silent Spring』이었다. 이 책은 석유에서 파생된 화학물질, 특히 살충제 DDT가 생태계에 미치는 치명적 영향을 고발한 작품으로, 당시로서는 보기 드물게 산업사회의 그늘을 과학적이면서도 문학적으로 설파한 환경 보고서였다.

카슨은 새들이 더 이상 노래하지 않는 '침묵의 봄'이라는 은유로, 인간의 무분별한 기술 사용이 자연의 질서를 어떻게 파괴하고 있는지를 강렬하게 드러냈다. 그녀가 지적한 핵심은 단지 살충제 하나의 문제가 아니었다. 화석연료를 기반으로 성장한 산업 문명 전체가 자연의 복잡한 연결망을 인위적으로 단절시키고 있다는 경고였다. 『침묵의 봄』은 대중의 인식을 바꾸었을 뿐 아니라 미국 환경보호청(EPA)의 설립과 DDT 사용 금지라는 정책적 변화를 촉발시키며 현대 환경운동의 기념비적 출발점이 되었다. 이후 사람들은 석유가 단순한 문명의 동력이 아니라, 생태계와 인간 건강을 위협할 수 있는 양면적 존재라는 사실을 인식하기 시작했다.

이처럼 한 권의 책이 던진 질문은 석유 기반 수송 연료에 대한 시각을 근본적으로 바꾸어놓았다. 1962년 레이첼 카슨의 『침묵의 봄』은 석유에서 파생된 화학물질이 생태계를 어떻게 파괴하는지를 보여주며, 화석연료 문명의 그늘에 처음으로 대중의 시선을 모았다. 그 이후, 석유는 단순한 에너지원을 넘어 환경 위기의 핵심 변수로 인식되기 시작했다. 대기오염과 온실가스 배출, 기후변화는 이제 부차적인 문제가 아니라 화석연료 시스템 자체의 구조적 한계임을 드러낸다.

1970년대의 두 차례 석유파동은 석유 의존의 취약성을 세계적으로 각인시키며, 에너지 소비 방식 전반에 대한 재고를 촉발했다. 연비 개선과 대체 에너지 개발, 그리고 배출가스 저감 기술이 등장했지만, 그것들은 임시적 완화책에 불과했다. 촉매 변환기, 무연 휘발유, 초저황 경유 같은 기술 혁신은 배출가스를 줄였지만, 지구적 기후 위기를 막기에는 역부족이었다. 석유는 여전히 현대 문명의 혈관을 흐르고 있지만, 그 지속 가능성은 근본적인 전환 없이는 담보될 수 없다. 이제는 에너지원으로서의 유용함뿐 아니라, 생태적 책임과 기후 정의의 관점에서 석유를 다시 바라보아야 할 시점이다.

"이러한 변화는 단순한 기술 발전을 넘어 인류가 공간을 인식하고 활용하는 방식을 근본적으로 바꾸었으며, 수송 연료는 이 모든 변화의 중심에서 20세기 문명의 동력이 되었다."

아스팔트가 바꾼
도로 환경

19세기 후반, 석유 정제소에는 골칫거리가 있었다. 원유를 끓여 등유와 휘발유를 뽑아내고 나면, 끈적하고 냄새나는 검은 잔류물만이 남았고, 이는 단순한 폐기물에 불과했다.

정제소의 찌꺼기, 도시의 길이 되다

하지만 벨기에 출신의 화학자 에드먼드 데스메트^{Edmond J. Desmet}의 눈에는 이 검은 찌꺼기가 도시의 오래된 질병을 치유할 기적의 약과 같았다. 마치 플레밍이 곰팡이 속에서 세균을 죽이는 물질인 페니실

린을 발견한 것처럼, 데스메트는 먼지 날리는 자갈길과 오물로 뒤덮인 도시의 도로 문제를 해결할 혁신적인 물질을 발견한 것이다.

1870년, 그의 비전은 뉴저지 뉴어크의 한 거리에 현실이 되었다. 데스메트는 정제소에서 나온 부산물을 이용해 미국 최초의 근대적인 아스팔트 도로를 성공적으로 포장하였고, 이는 곧 거대한 파장을 일으켰다. 이 작은 시도는 불과 몇 년 후 미국 수도 워싱턴 D.C.의 펜실베이니아 애비뉴가 아스팔트로 포장되면서 전국적인 혁명으로 이어졌다. 아스팔트는 기존 도로보다 3배 이상 오래 지속되었고 유지보수 비용은 절반 이하로 줄었으며, 석유 정제 기술의 발전으로 가격 또한 지속적으로 하락하였다.

에드먼드 데스메트가 발견한 이 쓸모없는 부산물은 현대 도시 문명의 동맥을 만들었다. 효율적이고 내구성이 강하며 저렴한 아스팔트 도로는 자동차의 대중화를 이끌었고 도시와 도시를 연결하는 거대한 네트워크를 가능하게 하였다. 그의 발견은 폐기물을 가치가 있는 자원으로 탈바꿈시킨 위대한 연금술이자, 도시의 비효율과 불편함에서 벗어나게 해준 혁명적인 사건으로 기억된다.

20세기 초반 자동차 시대의 도래와 함께 아스팔트는 단순한 도로 재료에서 경제 성장의 촉매제로 변모했다. 1900년 미국 전체 도로의 93%가 흙길이었던 상황에서, 1930년에는 주요 도시 도로의 80%가 아스팔트로 포장되는 극적인 전환이 일어났다. 특히 1919년부터 1929년까지 미국의 자동차 등록 대수가 680만 대에서 2,300만 대로 폭증하면서, 아스팔트 수요는 연평균 15% 이상 증가했다. 원유 정제량의 3~5%에 불과했던 아스팔트가 석유산업의 핵심 수익원으로 부상한 것이다.

한국도 1960년대 경제개발계획과 함께 아스팔트가 국가 발전의 기반이 되었다. 1968년 경인고속도로 개통 당시 29.5km에 불과했던 고속도로가 2023년 현재 4,848km로 확장되었고*, 전체 도로 포장률은 1970년 10%에서 현재 95.4%로 급증했다.** 이 과정에서 국내 정유사들의 아스팔트 생산량은 1970년 20만 톤에서 2022년 320만 톤으로 16배 증가했으며***, 이는 연간 8만km 이상의 도로를 포장할 수 있는 양이다.

국내최초 아스팔트 도로_전주-군산도로 번영로

도시를 만든 길, 도시를 위협하다

그러나 아스팔트 도로의 급속한 확산은 도시 생태계에 심각한 환경 문제를 초래했다. 검은색 아스팔트는 태양 복사열의 90% 이상을 흡수해 표면 온도를 급격히 높이며, 도시 열섬 현상의 주요 원인이 되었다. 여름철 아스팔트 표면 온도는 70°C에 이르며, 이로 인해 도심 지역의 기온은 인근 교외보다 평균 4~7°C 더 높게 나타나는 경우가 많다. 이 같은 온도 상승은 냉방 에너지 소비를 20% 이상 증가시키는 원인이 되며, 도시의 에너지 부담과 온실가스 배출을 동시에 가중시킨다.

더 큰 문제는 아스팔트의 제조와 시공 과정에서 발생하는 환경 오염이다. 아스팔트 플랜트에서는 연간 수만 톤에 이르는 휘발성 유기화합물 VOCs과 미세먼지가 배출되며, 특히 160°C 이상의 고온에서 가열하는 과정에서는 벤조피렌 등 발암물질이 생성되기도 한다. 이러한 물질은 대기 중으로 퍼지면 근로자 건강뿐 아니라 인근 주민의 호흡기 건강에도 악영향을 끼친다. 도로포장 재료로 널리 쓰이면서

＊ 국가교통DB, '고속도로 건설 5개년 계획 수립'
https://www.ktdb.go.kr/www/selectBbsNttView.do?key=46&bbsNo=3&nttNo=3180&searchCnd=all&pageIndex=3
＊＊ 서울연구데이터서비스,
https://data.si.re.kr/data/%EC%A7%80%ED%91%9C%EB%A1%9C-%EB%B3%B8-%EC%84%9C%EC%9A%B8-%EB%B3%80%EC%B2%9C-2010/352
＊＊＊ 에너지 통계 월보 www.keei.re.kr/keei/download/MES2302.pdf

도, 그 이면에는 온난화와 공해를 동시에 유발하는 복합적 환경 리스크가 자리하고 있다.

또 하나의 중대한 문제는 아스팔트의 불투수성이다. 콘크리트와 마찬가지로 빗물을 흡수하지 못하는 아스팔트는 강우 시 물을 지표면에 머물게 하여 도시형 홍수를 유발한다. 서울의 불투수 면적 비율은 1962년 7.8%에서 2010년 47.7%까지 증가했으며, 이로 인해 시간당 30mm의 강우만으로도 침수 피해 지역이 과거보다 6배 이상 확대되었다. 물은 땅으로 스며들지 못하고 하수도로 몰리며, 동시에 지하수는 보충되지 않아 도시의 수문 균형이 무너지고 있다.

더 나아가, 도로 위에서 발생하는 오염 물질은 수질 생태계에도 타격을 입히고 있다. 타이어 마모로 발생한 미세 고무 입자, 자동차 브레이크에서 나온 구리·납 등의 중금속, 그리고 엔진오일 잔여물은 강우 시 아스팔트를 타고 하천과 바다로 흘러 들어간다. 이는 수생 생물의 생존 환경을 악화시키고, 미세 플라스틱과 중금속이 해양 먹이사슬로 편입되는 또 다른 오염 루트를 만든다. 아스팔트 도로는 분명 현대 도시의 핵심 기반 시설이지만, 그 이면에는 기후변화, 대기 오염, 수질 오염, 생태계 교란이라는 복합적인 환경 리스크가 겹겹이 숨어 있다.

도시의 온도를 낮추는 법

21세기 들어 이러한 환경 문제를 해결하기 위한 혁신적인 기술들이 속속 개발되고 있다. 가장 주목받는 것은 재생 아스팔트 기술로, 폐아스팔트를 95%까지 재활용하여 신규 원유 사용량을 획기적으로 줄이고 있다. 2020년 기준 미국은 연간 1억 톤, 유럽은 4,700만 톤의 아스팔트를 재활용했으며, 이는 CO_2 배출량을 연간 300만 톤 이상 감축하는 효과를 가져왔다. 한국도 2025년까지 재생 아스팔트 사용률을 40%로 높이는 목표를 세웠다.

중온화 기술은 아스팔트 생산 온도를 30~40°C 낮춰 에너지 소비를 25% 절감하고 유해가스 배출을 50% 이상 줄였다. 특히 왁스나 제올라이트를 첨가한 중온 아스팔트는 작업자의 건강 위험도 크게 낮췄다. 수밀성 아스팔트는 도시 물순환 체계를 복원하는 해법으로 주목받고 있는데, 시간당 200mm 이상의 빗물을 투과시켜 도시 홍수를 예방하고 지하수를 함양한다. 네덜란드는 2030년까지 도시 도로의 30%를 투수성 포장으로 전환할 계획이다.*

더욱 혁신적인 기술도 상용화 단계에 접어들었다. 이산화타이타

---

* katra 해외시장뉴스, 기후변화 도시화에 대응..네덜란드의 혁신적인 물관리 기술
https://dream.kotra.or.kr/kotranews/cms/news/actionKotraBoardDetail.do?SITE_NO=3&MENU_ID=180&CONTENTS_NO=1&bbsGbn=243&bbsSn=243&pNttSn=216366

뉴^{TiO2} 광촉매를 코팅한 아스팔트는 자외선과 반응하여 대기 중 질소 산화물을 분해하는데, 1km의 광촉매 도로가 연간 20톤의 NOx를 제거하는 효과가 있다. 일본과 이탈리아에서는 이미 수백 km의 광촉매 도로가 운영 중이다. 바이오 아스팔트는 소나무 수지, 조류 기름, 폐식용유 등을 원료로 사용하여 석유 의존도를 70%까지 줄일 수 있으며, 프랑스와 노르웨이에서 시범 사업이 진행 중이다.

자가 치유 아스팔트는 철분을 함유한 특수 골재를 사용하여 전자기 유도로 균열을 스스로 메우는 첨단 기술이다. 네덜란드 델프트 공대에서 개발한 이 기술은 도로 수명을 2배 이상 연장하고 유지보수 비용을 60% 절감할 수 있다. 또한 탄소 포집 아스팔트는 생산 과정에서 발생하는 CO_2를 골재에 영구 저장하는 기술로, 캐나다 기업이 개발한 이 기술은 1톤의 아스팔트당 20kg의 CO_2를 격리할 수 있다.

한국도 그린 아스팔트 기술개발에 2025년까지 3,000억 원을 투자하고 있다. 특히 폐플라스틱을 아스팔트에 혼합하는 기술은 플라스틱 쓰레기 문제와 도로 성능 향상을 동시에 해결하는 일거양득의 효과를 거두고 있다. 1km의 도로에 약 1.8톤의 폐플라스틱을 사용할 수 있으며, 이렇게 만든 도로는 일반 아스팔트보다 60% 더 강하고 수명도 3배 길어진다.

150년 전 석유 정제 부산물로 시작된 아스팔트는 현재 첨단 기술이 집약된 소재로 발전했다. 심각한 환경 문제를 일으켰던 아스팔트가 친환경 기술개발을 통해 지속 가능한 도시 기반 시설의 핵심 요소로 전환되고 있다는 사실은 기술 혁신의 중요성을 보여준다. 2050년 탄소중립 목표 달성을 위해 아스팔트 산업의 녹색 전환은 필수 과제가 되었으며, 이는 석유화학 산업 전반의 지속 가능성을 평가하는 중요한 지표가 될 것이다.

"심각한 환경 문제를 일으켰던 아스팔트가 친환경 기술개발을 통해 지속 가능한 도시 기반 시설의 핵심 요소로 전환되고 있다는 사실은 기술 혁신의 중요성을 보여준다. 2050년 탄소중립 목표 달성을 위해 아스팔트 산업의 녹색 전환은 필수 과제가 되었으며, 이는 석유화학 산업 전반의 지속 가능성을 평가하는 중요한 지표가 될 것이다."

화학 섬유가 바꾼
의류 문화

    2008년과 2009년, 수영계는 사상 초유의 충격에 빠졌다. 원인은 의외로 경기 외적인 곳, 바로 '폴리우레탄Polyurethane'이라는 석유화학 섬유에 있었다. 국내에서는 농구 코트 소재나 반도체 연마 공정용 탄성 패드로 더 익숙한 이 소재는, 탄력성과 경량성, 그리고 탁월한 수중 저항 감소 특성을 바탕으로 수영복에 적용되며 혁신을 일으켰다.

    2008년 베이징 올림픽에서는 총 32개 수영 세부 종목 중 무려 25개에서 세계 신기록이 쏟아졌고, 올림픽 기록만 해도 66개에 달했다. 그 이듬해인 2009년 로마 세계선수권대회에서는 무려 43개의 세계 신기록이 나왔다. 수영복 한 장이 만들어낸 기록의 시대였다. 결국 국제수영연맹FINA은 대회를 공정하게 유지하기 위해 이른바 고성능

분야	주요 활용 사례
섬유 및 의류	수영복: 높은 탄력성과 경량성, 수중 저항 감소 특성 기능성 의류: 신축성이 필요한 스포츠 의류, 속옷 등
전자 및 반도체	CMP 패드: 반도체 웨이퍼 표면을 평탄하게 연마하는 공정의 핵심 소재 전기 부품 절연재: 전기 부품의 충격 완화 및 절연 목적으로 사용
건축 및 건설	단열재: 발포 폴리우레탄 폼 형태로 건물 단열재로 사용 접착제 및 실링재: 창호, 문틀 등의 틈새를 메우는 용도로 사용
자동차	내장재: 시트 쿠션, 헤드레스트 등 외장 부품: 범퍼, 스포일러 등 충격 흡수가 필요한 부품
스포츠 및 레저	운동화 밑창: 가볍고 충격 흡수력이 뛰어나 운동화 밑창 소재로 사용 농구 코트 바닥재: 탄성이 뛰어나 충격 흡수 및 선수 보호 효과
생활용품	스펀지: 소파, 침대 매트리스, 베개 등의 충전재로 사용 가전제품 부품: 냉장고, 세탁기 등의 단열 및 방진 부품

폴리우레탄 사용 범위

수영복을 금지하고, 직물로 된 수영복만을 허용하는 규정을 도입했다. 그러나 그 시절 세워진 수많은 기록은 여전히 깨지지 않은 채 수영계의 벽으로 남아 있다.

이런 기술의 혜택은 엘리트 선수만의 것이 아니다. 폐타이어를 재활용해 만든 러닝 트랙에서 달리는 생활 스포츠인들도 마찬가지다. 기록 단축과 체력 증진을 위해 선택하는 러닝화 역시 석유화학 기술의 산물이다. 처음에는 가볍고 충격을 흡수하는 폴리우레탄 중창이 중심이었지만, 이제는 탄소섬유로 만든 '카본 플레이트'가 삽입된 하이엔드 러닝화가 대세다. 가볍고 반발력이 뛰어난 이 러닝화는 마치 바운스를 더해주는 장치처럼, 평범한 러너의 일상까지도 조용히 바꿔놓고 있다.

당신이 지금 입고 있는 옷의 70%는 석유에서 만들어졌을 가능성이 높다. 아침에 운동복을 입고, 직장에서 정장을 입고, 저녁에 캐주얼 의류로 갈아입는 일상에서 우리는 자연스럽게 석유화학 산업의 결과물을 몸에 걸치고 있다. 나일론, 폴리에스터, 아크릴, 스판덱스 같은 합성 섬유는 현대 한국인의 옷장을 채우는 주요 소재가 되었다.

삼베와 모시의 기억, 석유 이전의 옷

인류는 수천 년 동안 면, 모, 마, 실크 같은 천연섬유에 의존해 옷을 지어 입었다. 우리나라 역시 삼베, 모시, 명주 같은 섬유를 계절과 용도에 맞게 활용해 왔다. 조선시대의 일반 백성은 무명옷 몇 벌로 사계절을 견뎌야 했고, 광택 있는 비단옷은 오직 양반층의 상징이었다. 직물은 가내 수공업에 의존했으며, 물레와 베틀이 각 가정의 노동 현장이자 문화의 일부였다.

근대화의 파고는 섬유산업에도 영향을 주었다. 일제강점기인 1917년, 일본 자본으로 조선방직이 부산에 설립되었고, 1919년에는 민족 자본에 의해 경성방직(현 경방)이 세워지며 한국 근대 섬유산업의 기틀이 형성되기 시작했다. 그러나 해방 이후까지도 직물은 여전히 귀했고, 서민들이 새 옷을 장만하는 일은 명절이나 특별한 날에

한정될 만큼 의류는 사치에 가까운 품목이었다.

나일론의 시대, 석유가 만든 옷

그런데 20세기 중반, 석유화학의 눈부신 발전은 인류의 섬유 역사를 근본적으로 뒤바꿔 놓았다. 1935년, 미국 듀폰사의 화학자 월러스 캐러더스Wallace Carothers는 세계 최초의 완전 합성 섬유인 '나일론'을 발명했다. 이는 실크를 대체할 수 있는 값싸고 강한 실로서 처음에는 여성용 스타킹에서 군용 낙하산에 이르기까지 다양한 용도로 사용되었다. 이어 1941년, 영국의 ICI사가 개발한 '폴리에스터'는 주름이 덜 가고 물에 강하며 염색도 잘되는 특성을 바탕으로 패션 산업의 새 지평을 열었다.

합성 섬유의 등장은 단순한 기술의 진보가 아니라, 인간의 의생활을 근본적으로 바꿔놓은 '입는 혁명'이었다. 더 이상 의복은 귀하고 희소한 자원이 아니었으며, 산업화는 의류를 대량 생산과 소비의 영역으로 끌어올렸다. 석유로부터 추출된 고분자 화합물은 실처럼 길게 뽑아져 다양한 의복에 활용되었고, 이는 패션의 대중화와 국제화, 나아가 오늘날 패스트패션 산업의 기반이 되었다.

나일론의 등장은 의류 산업의 지형을 획기적으로 바꾸었다. 1940년 5월 15일, 미국 전역의 백화점에서 처음으로 나일론 스타킹이 판

나일론 스타킹, 출처: 사진가 Dale Rooks

매되자, 무려 400만 켤레가 단 4일 만에 완판되었다. 실크보다 강하고 저렴하며 생산 효율까지 뛰어난 이 새로운 합성 섬유는 곧 '기적의 실'로 불리며 일상의 섬유를 대체하기 시작했다.

한국에서 나일론이 본격적으로 알려진 계기는 6·25 전쟁이었다. 미군이 착용하고 사용하던 나일론 제품들이 처음으로 일반 대중의 눈앞에 등장한 것이다. PX(군납용 판매소)에서 흘러나온 나일론 스타킹을 사기 위해 여성들이 길게 줄을 서는 진풍경이 펼쳐졌고, 나일론이라는 단어는 희망과 동경의 상징처럼 여겨졌다.

1963년, 대구에 한국 나일론 주식회사가 설립되면서 마침내 나일론사의 국산화가 이루어졌다. 이는 한국 화학 섬유 산업의 시작을 알리는 역사적 전환점이었으며, 국산 나일론 양말은 당시 최고의 선물로 간주하였다. 값비싼 수입 옷감 대신, 한국에서 직접 생산한 실로 짠 따뜻하고 튼튼한 섬유 제품이 대중에게 보급되기 시작한 것이다.

이후 1950년대부터 전 세계적으로 확산되기 시작한 또 다른 합성 섬유, 폴리에스터는 한국에서도 빠르게 보급되었다. 주름이 잘 가지 않고 형태 유지력이 뛰어난 이 소재는 '영구 프레스'라는 혁신적 특성 덕분에 바쁜 현대인의 생활과도 잘 맞았다. 한국에서는 1968년, 울산에 설립된 대한화섬이 폴리에스터 생산을 시작하면서 테트론 바지와 테트론 셔츠가 대중화되었다.

1970년대에 이르러 폴리에스터 양복은 대한민국 직장인들의 필수품이 되었고, "빨아도 구김이 가지 않는 마법의 옷감"이라는 말이 유행처럼 퍼졌다. 이는 의복의 일상화와 실용화를 촉진했으며, 나아가 한국 섬유산업의 수출 경쟁력 강화에도 결정적인 역할을 했다. 특히 마산의 한일합섬은 1973년 수출 1억 달러 탑을 수상했고, 1979년에는 4억 달러 탑을 수상하며 섬유 강국으로서의 입지를 굳혔다. 이처럼 석유화학 기반의 합성 섬유는 한국 산업화의 현장에서 땀의 옷이자 꿈의 직물로 기능했다.

스판덱스는 1958년, 듀폰의 조셉 시버스(Joseph Shivers)에 의해 처음 개발되었으며, 1962년부터는 '라이크라(Lycra)'라는 브랜드명으로 상업화되었다. 가볍고 뛰어난 신축성을 지닌 이 소재는 섬유 기술의 혁신이자, 착용감의 혁명이었다. 한국에서는 1980년대 에어로빅 열풍과 함께 본격적으로 대중화되었다. 반짝이는 스판덱스 운동복, 이른바 '빤짝이'는 당시 젊은 여성들의 필수 아이템이 되었고, 이는 한국 여성 운동 문화의 새로운 장을 열었다.

패션의 민주화, 석유가 직조한 스타일의 진화

합성 섬유의 등장은 한국 사회 전반에 패션의 민주화를 촉진했다. 1960~70년대, 청바지와 나일론 점퍼를 입은 젊은이들은 전통적인 옷차림에서 벗어나 자신만의 스타일을 표현하기 시작했다. 특히 명동과 충무로 일대에는 나일론 양품점이 줄지어 들어섰고, 대학생들은 미국산 나일론 점퍼를 입는 것을 하나의 문화적 자부심으로 여겼다. 1980년대에는 몽땅 스커트, 레깅스, 빤짝이 등 합성 섬유 패션이 대중문화의 상징처럼 유행했고, 대중가요, 방송, 영화 속 패션 흐름을 형성했다.

1990년대에 접어들며 한국에도 본격적인 패스트 패션의 시대가 도래했다. 동대문 패션타운은 합성 섬유를 활용한 저렴하면서도 트렌디한 의류를 빠르게 기획·생산·유통하는 시스템을 구축하며, 독자적인 '동대문 스타일'을 만들어냈다. 새벽시장을 중심으로 한 도매 유통망, 보따리상들의 전국적 네트워크, 그리고 하루 만에 샘플을 제작·납품하는 초고속 제작 방식은 한국 패션 산업의 역동성을 대변하는 장면이 되었다. 2000년대 이후에는 두타, 밀리오레 등 대형 쇼핑몰이 들어서며 동대문은 세계 바이어들이 찾는 글로벌 패션 허브로 자리매김했다.

이러한 합성 섬유 기반의 산업은 단순한 일상복을 넘어 기능성 의류 개발로도 진화했다. 1990년대 후반, 국내에 등산 열풍이 불면서 코오롱스포츠, 블랙야크, K2 등 아웃도어 브랜드들이 고어텍스와 같은 고기능성 소재를 적극적으로 채택했다. 그 결과 '등산복 패션'이라는 고유한 라이프스타일이 등장했으며, 기능성과 일상성이 결합된 옷차림은 새로운 사회적 미학으로 자리를 잡았다.

한편, 섬유산업의 고도화는 국제 경쟁력으로 이어졌다. 효성티앤씨는 세계 1위의 스판덱스 생산 기업으로 성장하며, 첨단 기능성 섬유 분야에서 독보적인 위치를 차지하고 있다. 탄소섬유 등 고성능 소재 분야에서도 기술력을 축적하며, 석유화학 기반 섬유산업의 미래를 확장하고 있다.

섬유의 역설: 편리함 뒤에 남은 흔적들

하지만 합성 섬유의 광범위한 사용은 한국에서도 심각한 환경 문제를 야기하고 있다. 한국은 1인당 의류 폐기물 배출량이 연간 약 14kg으로 세계 최고 수준이며, 이 중 대부분이 합성 섬유로 이루어져 있다. 특히 한국인들이 즐겨 입는 기능성 의류와 패스트 패션 제품들은 대부분 폴리에스터로 만들어져 있어, 폐기 시 심각한 환경 오염을 일으킨다. 한강과 낙동강에서도 미세 플라스틱이 검출되고 있으며, 이는 우리가 매일 세탁하는 합성 섬유 의류에서 나온 것이다.

이에 한국 기업들도 친환경 섬유 개발에 적극적으로 나서고 있다. 효성티앤씨는 제주도 해안에서 수거한 폐페트병과 폐어망을 재활용한 '리젠 제주' 폴리에스터를 개발했고, 휴비스는 옥수수 전분에서 추출한 원료로 만든 생분해성 섬유 '에코엔'을 생산하고 있다. 코오롱인더스트리는 해조류에서 추출한 원료로 친환경 섬유를 개발하는 등 한국 석유산업의 친환경 전환을 위해 노력하고 있다.

한국의 패션 산업도 디지털 전환에 발 빠르게 대응하고 있다. 무신사, 지그재그, 에이블리 같은 온라인 패션 플랫폼들은 AI 기반 개인화 추천과 가상 피팅 서비스를 도입하여 새로운 쇼핑 경험을 제공하고 있다. 또한 동대문 디자이너들은 3D 프린팅과 디지털 패턴 기술을 활용하여 소량 맞춤 생산 시스템을 구축하고 있으며, 이는 재고 부담을 줄이고 환경친화적인 생산 방식으로 주목받고 있다.

석유화학 기술이 한국을 섬유 강국으로 만들었고, 이제 한국 기업들은 친환경 섬유 기술과 디지털 혁신으로 새로운 전환을 시도하고 있다. 폐페트병 재활용 섬유, 식물 기반 섬유 개발은 기존 석유화학 인프라와 기술력을 바탕으로 한 진화이다. 우리가 동대문이나 온라인에서 구매하는 옷 대부분이 석유에서 만들어진 제품이다. 석유가 만든 합성 섬유는 저렴하고 다양한 의류를 가능하게 했고, 한국을 패션 강국으로 성장시켰다. 이러한 석유화학의 유산과 축적된 기술력이 한국 패션 산업의 미래를 더욱 밝게 만들 것이다.

"석유가 만든 합성 섬유는 저렴하고 다양한 의류를
가능하게 했고, 한국을 패션 강국으로 성장시켰다.
이러한 석유화학의 유산과 축적된 기술력이 한국
패션 산업의 미래를 더욱 밝게 만들 것이다."

석유화학 비료가 바꾼 농업 생산성

　우리가 매일 먹는 음식 한 점 한 점에는 석유의 흔적이 배어 있다. 이것은 우리가 석유를 직접 섭취한다는 뜻이 아니다. 다만, 오늘날의 농업이 석유에서 유래한 화학비료와 에너지 자원에 깊이 의존하고 있다는 사실을 의미한다. 현대 농업의 생산성과 효율성은 트랙터와 농기계, 관개 시설, 그리고 무엇보다 석유화학 비료와 농약을 통해 비약적으로 향상되었다. 특히 질소, 인, 칼륨을 주성분으로 하는 화학비료는 식물의 생장을 극적으로 가속시키며, 인류가 수천 년 동안 이뤄온 자연적 재배 방식을 근본적으로 바꾸어놓았다.

　이러한 변화는 단순한 기술적 진보를 넘어, 인류 역사상 가장 급진적인 농업 혁명 중 하나로 평가된다. 화학비료의 보급은 세계 식량 생산량을 비약적으로 증가시켰고, 수십억 인구를 먹여 살릴 수 있는 현대 식량 체계의 토대를 마련했다. 오늘날 우리가 슈퍼마켓에서 손쉽게 구입하는 곡물, 채소, 과일 대부분은 이러한 석유 기반 농업 시스템의 산물이다.

한국은 이러한 변화의 흐름 속에서 극적인 전환을 이룬 대표적인 사례이다. 불과 반세기 전까지만 해도 한국은 만성적인 식량 부족에 시달렸고, 보릿고개는 매년 반복되는 생존의 계절이었다. 그러나 정부 주도의 농업 기술 확산과 석유화학 비료의 전국적 보급, 그리고 근대적 농기계의 투입을 통해 한국은 빠르게 농업 생산성을 끌어올렸다. 그 결과 1970년대 후반, 마침내 쌀 자급을 달성하며 식량 안보의 기초를 확립할 수 있었다. 이는 단순한 식량 확보를 넘어, 석유화학이 한국의 생존과 번영에 얼마나 결정적인 기여를 했는지를 상징적으로 보여주는 장면이다.

보릿고개를 넘다: 석유화학 비료가 만든 전환점

1960년대 초반, 한국의 농업 생산성은 세계 평균에도 미치지 못하는 수준이었다. 헥타르당 쌀 생산량은 2.5톤에 불과했고, 해마다 봄이면 어김없이 찾아오는 보릿고개는 많은 이들에게 생존을 위협하는 실존적 공포였다. 인구는 해마다 2.9%씩 증가했지만, 식량 생산 증가율은 2.1%에 그쳤고, 식량 수급은 갈수록 불안정해졌다. 당시

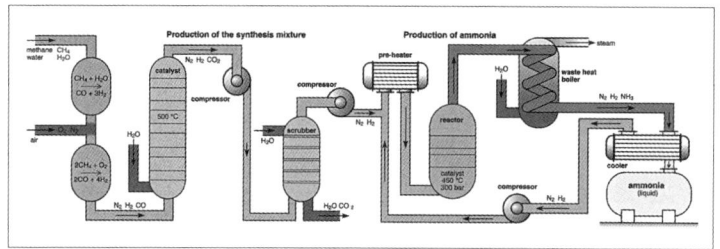

하버-보슈 공정, 출처: 스탠포드대학교

한국 사회는 맬서스가 경고한 인구-식량 불균형의 악몽을 현실로 겪고 있었다.

이 절박한 위기를 돌파하는 데 결정적인 전환점이 된 것은 바로 석유화학 비료의 도입이었다. 그 과학적 출발은 1909년으로 거슬러 올라간다. 독일의 화학자 프리츠 하버Fritz Haber는 대기 중의 질소N_2를 수소H_2와 결합시켜 암모니아NH_3를 합성하는 데 성공했고, 이를 산업화한 기술이 바로 카를 보슈Carl Bosch의 '보슈 공정'이다. 하버-보슈 공정은 인류 역사상 처음으로 대기 중 질소를 인공적으로 고정하여 비료로 사용할 수 있게 만든 기술이었다.

이 기술은 제2차 세계대전 중에는 화약과 폭발물 제조에 활용되며 군수산업의 핵심으로 기능했지만, 전쟁이 끝난 뒤에는 민간 산업으로 전환되었다. 특히, 전시 동안 구축된 질소 관련 설비들이 농업용 비료 생산으로 빠르게 전환되면서, 질소 비료를 대량 공급할 수 있게 됐고 가격 또한 급격히 낮아졌다.

이처럼 전쟁의 폐허 위에서 재편된 과학기술은, 한국을 비롯한 전 세계 농업국가에 새로운 생존의 길을 열어주었다. 석유 기반의 화학비료는 토양의 질을 빠르게 개선했고, 적은 노동력으로도 높은 수확량을 올릴 수 있는 가능성을 열어주었다. 한국 역시 이 기술을 바탕으로 농업 생산성의 비약적인 향상을 이뤄내며, 보릿고개의 시대를 역사 속으로 밀어 넣기 시작했다.

한국도 이러한 흐름을 따라 1962년 충주 비료공장을 시작으로 본격적인 비료 국산화에 착수했다. 이어 1967년 진해 화학, 1968년 한국비료가 가동되면서 1970년대에는 비료 자급률 100%를 달성하게 된다. 당시 농민들은 수확량을 획기적으로 늘려주는 화학비료를 '금비'라 부르며 기꺼이 수용했다. 실제로 비료 사용량은 1970년 헥타르당 150kg에서 1990년 458kg으로 20년 만에 3배 이상 증가했고, 이는 세계 최고 수준의 투입량이었다.

이러한 비약적 생산성 향상은 '녹색혁명 Green Revolution'으로 이어졌다. 고수확 품종의 개발과 석유 기반 화학비료의 대량 보급, 농약과 관개 기술의 결합은 농업 생산을 획기적으로 끌어올렸다. 한국에서는 1972년 개발된 '통일벼'가 이 혁명의 상징이 되었다. 통일벼는 병충해에 강하고 기계 수확할 수 있어 기존 품종보다 30% 이상 수확량을 높일 수 있었다. 그 결과, 1977년 한국의 쌀 생산량은 600만 톤을 돌파했고, 단위 면적당 수확량은 1970년 헥타르당 3.5톤에서 1990년 4.9톤으로 크게 증가했다.

이러한 변화는 한국만의 특수한 경험이 아니었다. 인도 역시 1960

년대 초반 심각한 기근 위기에 처해 있었지만, 녹색혁명을 통해 1970년대 말에는 밀 생산에서 자급을 이루게 된다. 인도의 밀 생산량은 1965년 1,200만 톤에서 1980년 3,600만 톤으로 3배 증가했으며, 이는 단일국가 농업 역사에서 가장 급격한 생산성 향상 중 하나로 평가된다.

세계 전체로 보아도 석유화학 비료의 영향은 압도적이다. 1950년 전 세계 비료 소비량은 1,400만 톤에 불과했지만, 2000년에는 1억 4,100만 톤을 넘어섰다. 같은 기간 세계 곡물 생산량은 6억 8,000만 톤에서 28억 톤으로 4배 이상 증가했다. 이는 인류가 기근과 식량 부족이라는 고질적 문제를 해결하는 데 있어, 석유가 단순한 에너지원이 아니라 생존을 위한 기술적 기반이었음을 보여준다.

고투입 농업의 이면: 생산성 혁신과 환경의 대가

그러나 한국의 사례를 자세히 들여다보면, 석유화학 비료의 도입이 단순한 생산성 향상을 넘어 농업의 구조와 방식 전반을 근본적으로 바꿔놓았음을 확인할 수 있다. 무엇보다 한국은 좁은 경지면적과 소농 중심의 농업 구조 탓에 단위 면적당 생산성을 극대화하는 전략이 필수적이었다.

그 결과, 1990년 기준 한국의 헥타르당 비료 사용량은 458kg에 달해, 일본(365kg)과 중국(261kg)을 훨씬 웃도는 수준이었다. 이처럼 높은 비료 투입은 집약적 농업이라는 한국 농업의 특징을 단적으로 보여준다. 실제로 쌀 생산성도 같은 경향을 보였다. 1970년 한국의 쌀 단수는 헥타르당 3.3톤으로 아시아 평균(2.1톤)을 크게 앞섰고, 1990년에는 4.5톤으로 아시아 평균(3.5톤)을 여전히 웃돌았다.

이러한 고투입·고수확 체계는 농사의 방식 자체를 구조적으로 전환시켰다. 화학비료의 사용으로 인해 전통적인 윤작 체계는 점차 사라졌고, 동일한 작물을 반복해 재배하는 연작이 가능해지면서 토지 이용률이 비약적으로 향상되었다. 여기에 새마을운동과 맞물려 농로가 정비되고, 비료와 농약의 공급망이 촘촘해지면서 농업의 기계화와 집약화도 빠르게 진전되었다. 이 같은 변화는 농업 생산성의 획기적 도약을 이끌어내, 1970년부터 1980년까지 10년간 농가 소득이 3배 이상 증가하며 한국 사회는 절대빈곤에서 탈출하고 산업화의 발판을 마련할 수 있었다.

하지만 이 기적에는 환경적 비용이 뒤따랐다. 과도한 비료 사용은 토양의 산성화를 유발했고, 하천과 호수로 흘러 들어간 질소와 인은 부영양화를 일으켜 녹조 현상을 빈발하게 만들었다. 특히 4대강 유역의 수질 악화는 국민적 우려를 자아내는 심각한 사회 문제로 떠올랐다. 더욱이 질소 비료의 생산 및 사용 과정에서 발생하는 아산화질소^{N_2O}는 이산화탄소^{CO_2}보다 300배 강력한 온실가스로, 기후변화에 미치는 영향 또한 작지 않다.

현재 한국의 쌀 단수는 헥타르당 약 5톤 수준에서 정체 상태이다.

2000년대 이후 친환경 농업에 대한 인식이 높아지면서, 헥타르당 비료 사용량은 감소세를 보인다. 실제로 1990년 약 458kg/ha였던 비료 투입량은 2020년 약 268kg/ha로, 약 40% 감소했다. 이러한 변화는 정부의 통합양분 관리제도INM: Intergrated Nutrient Management 도입, 스마트팜 혁신밸리 구축 등의 정책적·기술적 전환 덕분이다. INM은 토양 분석을 기반으로 작물별 적정 비료량을 계산하고, 과잉 시비를 방지하는 시스템이다. 김제 스마트팜 혁신밸리와 같은 정밀농업 시설은 센서, 자동화 장비, 데이터 분석을 활용해 비료와 물 사용의 효율성을 극대화하고 있다.

또한, 완효성 비료*의 개발과 보급이 확대되며, 동일한 농업적 효과를 유지하면서 환경 부담은 줄이는 추세다. 이는 비료 사용량의 감소라는 수치적 변화뿐 아니라, 농업의 질적 전환으로도 연결되고 있다.

기아에서 정밀농업으로: 석유화학 비료의 과거와 미래

석유화학 비료는 인류를 기아에서 구출한 20세기 최대의 발명품 중 하나이다. 한국이 보릿고개라는 집단적 결핍의 시기를 지나, 쌀

---

* 완효성 비료는 한 번 시비하면 비료 성분이 수주~수개월에 걸쳐 천천히 방출되며 작물에 지속적으로 영양분을 공급하는 비료로, 비료의 유실과 환경 오염을 줄이고, 작물 생육에 효율적인 비료이다.

자급을 달성하기까지 불과 15년밖에 걸리지 않았다는 사실은 석유화학 비료가 가진 힘을 보여주는 대표적 사례이다.

오늘날 전 세계 식량 생산량의 약 40%는 석유화학 비료에 기반한 농업을 통해 이루어지고 있으며, 이는 약 30억 명의 인구가 이 기술 덕분에 생존하고 있다는 의미이기도 하다. 다시 말해, 석유화학 비료 없이는 현재의 인구를 먹여 살릴 수 있는 식량 체계를 유지하기 어렵다.

1997년 외환위기 당시에 수많은 정부 보조금이 대폭 삭감되었음에도 불구하고 농업 부문에서 비료 보조금만큼은 끝내 포기하지 않았던 것도 이 때문이다. 석유화학 비료는 단순한 농자재가 아니라, 국가의 식량 안보와 직결된 전략 자산이었다.

이러한 비료 산업은 이제 환경 문제에 대응하는 방향으로 진화하고 있다. 비료의 과잉 사용으로 인한 토양 산성화와 수질 오염, 온실가스 배출 등 부작용이 부각되면서, 석유화학 산업은 지속 가능한 해법을 모색하고 있다. 완효성 비료와 피복 비료는 시비 횟수를 줄이고 영양 성분의 유실을 최소화하는 방향으로 개발되고 있으며, 질산화 억제제와 요소분해효소 억제제의 첨가를 통해 토양 내 질소 손실과 아산화질소 배출량을 줄이는 기술도 상용화 단계에 이르렀다.

더 나아가 나노기술을 활용한 차세대 비료는 식물의 영양 흡수율을 비약적으로 높이는 방식으로 진화 중이다. 이는 비료 사용량 자체를 줄이면서도 생산성을 유지하거나 오히려 높일 수 있는 가능성을 제시한다. 이런 기술들은 정밀농업과 결합되어, 비료를 넣는 기술에서 '필요한 곳에 필요한 만큼만 정확히 공급하는 시스템'으로 변모시키고 있다.

　세계 인구가 계속해서 증가하는 상황에서, 석유화학 비료 없이 식량 안보를 실현한다는 것은 현실적으로 불가능하다. 그러나 그것은 과거의 방식 그대로를 의미하지 않는다. 석유화학 비료는 여전히 인류의 식탁을 지탱하는 핵심 기술이지만, 이제는 더 적게, 더 똑똑하게, 더 지속 가능하게 진화하는 중이다. 석유화학 산업의 미래는 환경과의 공존을 통해 다시 한번 인류의 생존을 뒷받침할 것이다.

"증가하는 세계 인구를 고려할 때, 석유화학 비료 없이 식량 안보를 달성하는 것은 현실적으로 불가능하며, 앞으로도 석유화학 산업은 더 효율적이고 환경친화적인 비료 개발을 통해 인류의 식탁을 책임질 것이다."

플라스틱이 바꾼
일상생활

 오늘 아침, 당신은 플라스틱 칫솔로 양치하고, 샴푸 용기에서 짜낸 샴푸로 머리를 감았을 것이다. 외출하며 손에 든 스마트폰, 점심으로 먹은 김밥을 감싼 포장재, 아파트 분리수거함에 넣은 페트병까지 우리는 하루에도 수십, 어쩌면 수백 개의 플라스틱 제품과 마주하며 살아간다. 불과 70년 전만 해도 이 모든 것들은 유리, 금속, 나무, 천, 도자기로 만들어졌거나 아예 존재하지 않았던 것들이다. 그렇다면 석유에서 비롯된 화학물질들이 어떻게 우리의 삶과 감각, 풍경까지 바꿔놓은 걸까?

플라스틱, 문명의 새로운 얼굴

플라스틱 혁명의 서막은 1907년, 벨기에 출신의 미국 화학자 레오 베이클랜드Leo Baekeland가 세계 최초의 완전 합성수지 '베이클라이트Bakelite'를 발명하면서 열렸다. 원래는 전기 절연체를 개발하던 중 우연히 발견된 이 신소재는, 열에 강하고 전기를 통하지 않으며, 성형이 가능하고 가격까지 저렴했다. 그야말로 기존의 재료들을 대체할 수 있는 가공할 만한 대체재였다.

베이클라이트는 곧바로 전화기, 라디오, 전등 스위치 등 각종 전기 제품에 채택되며 제1세대 플라스틱 시대를 열었다. 한국에서도 일제 강점기 말기부터 베이클라이트 제품이 수입되기 시작했고, 해방 이후에는 전등 소켓, 손잡이, 주방 기구 등에 사용되면서 문명의 향기를 알리는 소재로 자리 잡았다.

1930~40년대에는 오늘날에도 널리 사용되는 주요 플라스틱들이 잇따라 개발되었다. 폴리스티렌PS, 폴리에틸렌PE, 폴리염화비닐PVC 등은 각각의 특성과 용도에 따라 다양한 산업 분야에서 잠재력을 보여주었으나, 이들의 대규모 상용화는 제2차 세계대전을 계기로 본격화되었다.

군용 낙하산, 헬멧, 방수포, 전선 피복, 수통과 탄약통 등 전쟁 물자 생산에 필요한 소재로서 플라스틱은 폭발적인 성장을 경험했다. 이 시기 플라스틱은 '강철보다 가볍고, 유리보다 유연하며, 나무보다 값싼' 전략 자원으로 주목받았고, 전쟁에서 축적된 기술과 생산 역량은

국내최초 PVC 파이프 1956년 출처: LG

전후 곧바로 민간 시장으로 전환되었다.

한국에서는 6·25 전쟁 이후, 미군 PX를 통해 다양한 플라스틱 제품들이 소개되기 시작했다. 1950년대 말, 서울 명동과 충무로 일대에는 '양키 물건'이라 불리던 플라스틱 빗, 비누갑, 물통 등을 파는 가게들이 생겨났고, 이는 한국 사회에서 현대적 생활을 상징하는 문화적 아이콘으로 자리를 잡았다.

주방의 역사를 바꾼 밀폐 용기, 타파웨어에서 락앤락까지

주방 혁명의 서막은 1946년, 미국의 한 발명가로부터 조용히 시작되었다. 발명가 얼 튜퍼 Earl Tupper는 고분자 플라스틱 가공 기술을 바탕으로 세계 최초의 혁신적 밀폐 용기를 개발했는데, 이것이 바로 오늘날까지도 세계 곳곳의 주방을 지키고 있는 '타파웨어Tupperware'이다.

당시 이 플라스틱 용기는 주부들 사이에서 선망의 대상이었다. 공기를 완전히 차단하는 버튼식 밀폐 뚜껑은 신선도 유지라는 관점에서 획기적인 기능을 선보였고, 타파웨어는 단순한 주방 도구를 넘어 생활의 질을 끌어올리는 상징이 되었다. 1950년대 미국에서는 '타파웨어 파티Tupperware Party'라는 가정 방문 판매 방식이 유행하면서, 이 밀폐 용기는 하나의 사회적 현상으로까지 번져나갔다. 여성 소비자들은 그 제품을 통해 현대적이고 위생적인 주방 문화를 경험했고, 나아가 여성의 소비 주체화와 사회적 네트워크 형성에도 적잖은 영향을 미쳤다.

이 혁신은 1970년대 중반 한국에도 상륙했다. '타파웨어'라는 이

플라스틱의 종류 및 원료물질

름은 단박에 고급 주방용품의 대명사가 되었고, 플라스틱 용기 하나만으로도 부의 상징처럼 여겨졌다. 샘플 몇 개만 있어도 자랑거리가 되었고, 시집갈 때 혼수품으로 챙기는 경우도 드물지 않았다. 반짝이는 플라스틱과 똑딱 닫히는 뚜껑의 소리는 당시 주부들에게 현대성과 풍요로움의 소리로 들렸다.

그러나 1980년대에 들어 국내 기업들의 기술력이 빠르게 축적되면서 상황은 변하기 시작했다. 락앤락Lock&Lock, 글라스락Glasslock 등 한국 제품들은 뛰어난 밀폐력, 내열성과 냉동 보관 가능성, 디자인 감각까지 갖추며 세계적 수준으로 도약하여 오히려 해외로 역수출하는 단계에 이르렀다. 특히 김치 보관을 위한 전문 밀폐 용기 분야에서 한국의 기술은 독보적인 경쟁력을 확보하게 되었다. 발효와 저장이 핵심인 한국의 음식 문화는 플라스틱 기술의 진화와 만나, 특유의 탈취 기능, 이중 밀폐 구조, 발효 가스를 배출하는 특수 밸브 등은 세계적인 주방 기술로 주목받고 있다.

욕실의 진화, 청결을 넘은 문화의 혁명

주방의 변화도 눈부셨지만, 욕실의 변화는 그보다 더 극적이었다. 1960년대까지만 해도 한국 가정의 욕실은 말 그대로 삶의 고단함이 응축된 공간이었다. 양은 대야, 나무바가지, 천연 수세미가 욕실의 주요 도구였고, 따뜻한 물을 얻기 위해서는 구리솥을 걸고 연탄보일러에 불을 지펴야 했다. 욕실은 위생을 위한 공간이었지만, 그 청결은 늘 노동과 수고를 동반했다.

그러나 1970~80년대, 경제개발의 가속화와 플라스틱 대중화가 맞물리며 욕실의 풍경은 급변하기 시작했다. 가볍고 잘 깨지지 않는 플라스틱 제품들이 욕실 깊숙이 침투해 들어왔다. 형형색색의 세숫대야와 비누갑, 샴푸통, 칫솔 등이 등장하면서 욕실은 점점 더 밝고 위생적인 공간으로 탈바꿈했다. 비누는 알갱이 가루에서 단단한 고체로 변했고, 칫솔은 대나무 손잡이에서 곡선형 플라스틱으로 진화했다. 해초 섬유로 만든 수세미는 어느새 합성 망사로 대체되었고, 수세미의 질감조차 청결과 각질 제거의 과학으로 재정의되었다.

이 가운데 한국 고유의 욕실 문화와 결합해 탄생한 '때밀이 타올'은 플라스틱 섬유가 만든 대표적 혁신 사례다. 1960년대 후반, 이탈리아에서 수입된 원사를 바탕으로 국내에서 재가공되어 개발된 이 타올은, 한국의 공중목욕탕 문화와 절묘하게 어우러지며 목욕의 필수품으로 자리매김했다. 초록색 또는 노란색의 격자무늬 때밀이 타올은 단순한 세정 도구를 넘어, 한국인의 몸 씻는 예절을 상징하는 문화 코드가 되었다.

이제 이 '때밀이 문화'는 한국을 넘어 세계로 퍼져나가고 있다. 미국, 일본, 캐나다, 호주 등지의 한인타운에서도 이 타올은 쉽게 구할 수 있으며, 한국목욕 문화의 대표 아이템으로 자리 잡고 있다. 플라스틱 섬유는 단지 욕실용품의 재료를 바꾼 것이 아니라, 한국인의 욕실 문화를 재구성하고, 그것을 세계적 상품으로 재탄생시킨 도구였다.

세제를 바꾼 혁명, 여성의 시간을 되찾다

합성세제의 등장은 단순한 세정 기술의 진보를 넘어, 한국 여성들의 일상과 노동을 근본적으로 변화시킨 생활 혁명이었다. 1946년, 미국의 P&G사가 출시한 '타이드Tide'는 세계 최초의 대중용 합성세제로 기록된다. 이 제품은 찬물에서도 잘 녹고, 천연 비누보다 월등한 세척력을 지녀 기존 비누 세탁의 패러다임을 완전히 뒤집었다. 이는 단순한 제품을 넘어 새로운 생활 방식을 제안한 발명이었다.

한국에는 1960년대 말 '한국 타이드'라는 이름으로 도입되었으며, 곧이어 트리오, 하이타이, 부라보 등 국산 합성세제가 잇따라 출시되면서, 세제 시장은 급속도로 대중화되었다. 이는 단지 새로운 세탁 방법의 도입이 아니라, 가사 노동에 시달리던 주부들에게 시간을 돌려주는 사건이었다.

이 변화는 가전제품의 보급과 맞물려 더욱 가속화되었다. 1969년, 금성사(현 LG전자)가 내놓은 백조세탁기는 국내 최초의 플라스틱 부품 대량 사용 모델로, 저렴한 가격과 안정적인 품질을 앞세워 국민 세탁기로 불리게 되었다. 중산층 가정부터 하나둘씩 세탁기를 들이기 시작했고, 이는 곧 주부들의 빨래 시간 단축으로 이어졌다. 실제로 1970년대에 들어서며 빨래 시간은 1960년대의 절반 이하로 줄어들었다.

이것은 단지 가정 내 편의 향상 차원의 문제가 아니었다. 빨래라는 반복적이고 힘든 노동에서 해방된 시간은, 여성의 자기 계발과 사회

진출 가능성으로 이어질 수 있는 새로운 여백이었다. 합성세제와 세탁기의 결합은 산업기술이 가정의 구조와 성별 역할까지 변화시킬 수 있음을 보여준 상징적 사례였다.

피부 위의 석유, 얼굴 위의 근대성

한국의 화장품 산업 역시 석유화학의 발전과 함께 성장해 왔다. 과거 한국 여성들은 쌀뜨물, 녹두 가루, 동백기름 같은 천연 재료를 활용해 피부를 가꿨다. 이는 자연에서 얻은 재료로 삶을 지탱하던 전통의 연장이었다. 그러나 1960년대 이후, 서구식 화장품이 본격적으로 국내에 도입되면서 피부 관리의 풍경은 점차 달라지기 시작했다.

이 변화의 선두에는 태평양화학(현 아모레퍼시픽)과 동양화학 같은 기업들이 있었다. 태평양화학의 'ABC 포마드', 동양화학의 '미향 크림' 등 초기 국산 화장품은 미네랄 오일, 파라핀, 바셀린 등 석유계 화합물을 핵심 성분으로 삼았다. 이들은 피부 보습과 윤기 부여에 효과적이었고, 무엇보다 대량 생산할 수 있었기에 화장품의 대중화를 견인할 수 있었다.

특히 1973년 출시된 '아이오페'는 국내 최초로 플라스틱 콤팩트 케이스를 채택한 제품으로 기록된다. 단순한 외형의 변화가 아니라, 휴대성과 실용성을 강조한 이 제품은 당시 사회에 진출하던 여성들의 필수품으로 떠올랐다. 손안에 들어오는 조그만 케이스 속에 담긴

1947년 럭키 크림, 출처: LG

파우더는 더 이상 단순한 화장도구가 아니라, 근대 여성의 주체성과 이동성을 상징하는 매개체가 되었다.

이처럼 석유화학은 화장품을 통해 여성의 얼굴 위에 새로운 사회적 의미를 입혔다. 아름다움은 더 이상 사적인 치장이 아닌, 공적인 자리를 위한 준비였고, 그 기저에는 석유에서 비롯된 화학의 힘이 자리하고 있었다.

치유의 화학, 생명을 감싼 플라스틱

의약품 분야에서 석유화학의 영향은 실로 결정적이었다. 20세기 초, 독일의 파울 에를리히가 매독 치료제로 개발한 살바르산은 최초의 현대 의약품으로 평가받는다. 그를 시작으로 아스피린, 타이레놀 등 수많은 합성의약품이 등장했고, 이들은 대부분 석유화학에서 유래한 유기화합물을 기반으로 만들어졌다. 인류는 자연에서 얻던 약재를 떠나, 이제는 석유라는 보이지 않는 자원을 통해 분자 단위로 질병을 공략할 수 있게 된 것이다.

한국에서도 1960년대부터 항생제와 진통제가 점차 보급되면서, 의료서비스의 기초가 본격적으로 형성되기 시작했다. 감기약과 해열제, 진통제와 위장약은 가정의 필수품이 되었고, 약국은 일상의 안심 구역으로 자리 잡았다.

하지만 석유화학이 한국 의료 현장에 가져온 가장 뚜렷한 변화는 의료용 플라스틱의 도입이었다. 일회용 주사기, 수액팩, 멸균 튜브 같은 플라스틱 제품들은 병원의 위생 수준과 치료 효율성을 비약적으로 향상시켰다. 무겁고 소독이 번거로운 유리 제품을 대체한 이 혁신은, 환자의 생명을 더 안전하게 보호할 수 있는 기반이 되었다.

특히 1988년 서울올림픽은 한국 의료 산업의 전환점이었다. 대회를 앞두고 전국 병원의 현대화가 본격 추진되었고, 일회용 의료기기의 사용이 표준으로 자리 잡았다. 이와 동시에 감염 예방과 의료 폐기물 처리에 대한 제도적 기준도 정비되었으며, 병원은 점차 공공보건의 전문 기관으로서의 위상을 갖추기 시작했다.

석유화학은 치료의 물질을 제공하는 데 그치지 않았다. 생명을 다루는 의료 공간의 위생, 효율, 신뢰를 가능케 한 조용한 조력자였다. 생명을 돌보는 손끝, 그 너머에도 석유가 있었다.

이처럼 합성세제, 화장품, 의약품은 단지 일상 속 제품의 변화에 그치지 않고, 노동의 재구성, 성역할의 전환, 의료 안전의 향상이라는 사회적 전환의 동인이 되었다. 석유화학은 인간의 삶을 더 편리하게 만들었지만, 동시에 새로운 물질문명의 윤리적 고민도 함께 제기하게 되는 전환점이기도 했다.

보이지 않는 첨단, 디지털 시대의 플라스틱

한편, 디지털 시대로 접어들며 플라스틱은 단순한 생활용품의 범주를 넘어섰다. 이제 그것은 첨단 기술을 실질적으로 지탱하는 산업적 핵심 소재로 자리매김하고 있다. 우리가 매일 손에 쥐는 스마트폰과 노트북, 태블릿의 외장 케이스는 물론, 내부의 회로기판, 커넥터, 절연체에 이르기까지 수많은 부품이 바로 플라스틱 중에서도 고도의 정밀 가공이 가능한 엔지니어링 플라스틱으로 제작된다. 내열성, 내충격성, 가벼운 무게, 정밀 가공이 가능한 이 고기능성 플라스틱이 없었다면, 지금처럼 얇고 가볍고 빠른 전자기기의 시대는 가능하지 않았을 것이다. 디지털 문명의 촘촘한 속살을 구성하고 있는 것이 바로 석유에서 유래한 이 보이지 않는 물질이다.

한국이 세계적인 IT 강국으로 도약한 배경에도, 이 소재의 진화가 조용하지만, 결정적인 역할을 해왔다. 삼성전자와 LG전자는 스마트폰과 노트북의 경량화 및 내구성 향상을 위해 PC(폴리카보네이트),

ABS(아크릴로니트릴-부타디엔-스티렌), PPS(폴리페닐렌 설파이드) 등의 고성능 열가소성 수지를 적극 도입했다. 그 결과, 기술적 완성도와 더불어 혁신적인 디자인을 구현할 수 있게 됐으며, 이는 한국 전자 산업의 국제 경쟁력을 뒷받침하는 핵심 기반이 되었다.

특히 디스플레이 산업에서는 한국의 고기능성 플라스틱 필름 기술이 LCD, OLED, 그리고 최근의 접이식 디스플레이 개발까지 이끌고 있다. 얇고 유연하면서도 고투명도와 내구성을 갖춘 이 플라스틱 필름은, 더 이상 단순한 부품이 아닌 디지털 혁신의 물리적 전제 조건으로 기능하고 있다.

이처럼 플라스틱은 더 이상 일회용이나 저가 재료라는 오래된 인식에 갇히지 않는다. 오늘날의 플라스틱은 전자, 의료, 항공, 우주 산업까지 그 활용 영역을 넓혀가며, 기술 진화의 보이지 않는 동력으로 자리를 잡고 있다. 석유화학에서 태어난 이 물질은 이제, 디지털 문명의 구조적 일부로 완전히 편입되었다. 그것은 기술이 형태를 갖추는 방식, 곧 물질의 진화 그 자체를 대변한다.

보이지 않는 대가, 플라스틱 문명의 그림자

플라스틱이 가져온 편리함 뒤에는 결코 가볍지 않은 환경적 대가가 존재한다. 현대 문명의 상징이자 석유화학의 정점에 선 이 소재는 역설적으로 지구 생태계에 깊은 상처를 남기고 있다. 현재 전 세계적으로 해마다 약 4억 톤의 플라스틱이 생산되며, 이 중 3억 톤 이상이 폐기물로 버려진다. 그러나 그 대부분은 제대로 처리되지 못한 채 매립되거나 소각되거나, 혹은 강과 바다로 유입되어 생물권 전반에 장기적 부담을 주고 있다.

한국은 1인당 연간 플라스틱 사용량 약 150kg으로, 세계 최고 수준을 기록하고 있다. 이 수치는 단순한 생활 습관의 반영을 넘어, 일회용품 사용 증가, 과대포장, 택배 및 배달 문화의 일상화 등 구조적 요인의 결과이기도 하다. 특히 2018년, 중국이 폐플라스틱 수입을 전면 중단하면서 한국은 이른바 재활용 쓰레기 대란을 겪었다. 아파트 단지에서 재활용품 수거가 거부되었고, 전국이 혼란에 빠졌다. 이

노르웨이해안, 출처: 사진가 Bo Edie

사건은 우리 사회에 "우리는 플라스틱을 어떻게 소비하고, 어디로 보내고 있는가?"라는 근본적 질문을 던지는 계기가 되었다.

하지만 진짜 위협은 보이지 않는 곳에서, 그리고 보이지 않는 형태로 다가오고 있다. 그것은 바로 미세 플라스틱이다. 한국해양과학기술원의 조사에 따르면, 한국 연안의 미세 플라스틱 농도는 세계 평균을 크게 웃돈다. 특히 낙동강 하구, 마산만, 인천 연안 등지에서는 고농도의 축적이 확인되고 있다. 플라스틱이 자연 속에서 분해되며 발생하는 이 미세 입자들은 가장 작은 생물인 플랑크톤에서 시작해 어류, 조개류, 그리고 결국 인간의 식탁으로 이어지는 생태계 순환 고리에 깊이 스며들고 있다.

2022년, 인천대학교 연구팀은 한국인의 대변에서 평균 7개의 미세 플라스틱 입자가 검출되었다는 충격적인 연구 결과를 발표했다. 이는 플라스틱이 단순히 환경을 오염시키는 외부의 문제가 아니라, 이제는 인체 내부로까지 침투한 일상적 위협이라는 사실을 명백히 보여준다. 석유화학이 만들어낸 이 인공 물질은 이제 우리의 호흡, 식사, 삶의 리듬 속에까지 깊숙이 자리 잡은 것이다.

지속 가능한 전환을 향한 움직임:
플라스틱 이후의 사회를 위하여

이러한 문제의식 속에서 한국 사회도 점차 변화를 모색하고 있다.

《Plastic, Remaking Our World》전, Vista Design Museum

2019년부터는 대형마트와 슈퍼마켓에서 일회용 비닐봉지 사용이 금지되었고, 2022년부터는 카페·식음료 매장에서 일회용 컵 사용 제한 정책이 시행되었다. 「다회용 컵 보증금제」, 「매장 내 머그잔 제공 의무화」 등 다양한 정책이 제도화되면서, 과거에는 무심히 소비되던 일회용 플라스틱에 대한 사회적 감수성이 눈에 띄게 높아지고 있다.

기업들도 이에 발맞추어 적극적인 대응에 나서고 있다. CJ제일제당은 해조류 추출물을 기반으로 한 생분해성 플라스틱을 개발 중이며, SK케미칼은 재활용 PET를 원료로 한 친환경 소재 '에코트리아'의 생산을 확대하고 있다. 이외에도 효성, 롯데케미칼 등 주요 석유화학 기업들이 화학적 재활용 기술개발과 플라스틱 순환 체계 구축에 속도를 내고 있다. 이제 산업계 역시 '제조-소비-폐기'의 선형 구조에서 '순환과 회복'이라는 새로운 패러다임으로 이행하고 있다.

한편, 한국의 분리배출 시스템은 세계적으로도 높은 참여율을 자랑하지만, 실제 재활용률은 여전히 60% 미만으로 개선의 여지가 크다. 특히 음료병, 복합재질포장재, 다층 필름 등은 기존의 물리적 재활용 공정으로는 처리에 한계가 있어, 상당 부분이 소각되거나 매립되는 현실이다. 이에 따라 화학적 재활용Advanced Recycling, 업사이클링, 열분해 기술* 등 차세대 폐기물 처리 기술이 새로운 해결책으로 주목받고 있다.

정부도 이러한 변화에 정책적 방향성을 제시하고 있다. 2020년 발표된 「자원 순환 정책 대전환 로드맵」은 2030년까지 플라스틱 폐기물 50% 감축, 재활용률 70% 달성이라는 목표를 설정하고, 전 사회적 실천을 유도하고 있다. 그 결과, 전국 각지에서 제로 웨이스트 상점, 리필 스테이션, 용기 내 장보기 등 새로운 소비문화가 확산하고

---

* • 화학적 재활용Advanced Recycling : 폐플라스틱을 화학적 공정을 통해 분자 단위로 분해하여 원료 물질로 재생산하는 기술이다. 기존 물리적 재활용과 달리 품질 저하 없이 원료급 수준으로 복원 가능하며, 혼합 플라스틱이나 오염된 폐기물도 처리할 수 있어 순환경제 실현의 핵심 기술로 주목받는다.

*업사이클링Upcycling : 폐기물이나 부산물을 원래보다 더 높은 가치와 품질의 제품으로 재가공하는 과정이다. 단순한 재활용을 넘어 창의적 설계와 기술을 통해 새로운 기능과 가치를 부여하여 자원 순환성을 극대화하고 환경 부담을 줄이는 지속 가능한 제조 방식이다.

*열분해 기술Pyrolysis : 폐플라스틱을 무산소 또는 저산소 환경에서 고온(400~800℃)으로 가열하여 화학적으로 분해하는 기술이다. 분해 과정에서 연료유, 가스, 탄소 등의 유용한 부산물을 생산할 수 있으며, 매립이나 소각이 어려운 복합 플라스틱 처리에 효과적인 화학적 재활용 방법의 하나이다.

있으며, 특히 MZ세대를 중심으로 '플라스틱 프리' 라이프스타일이 일상 속 실천으로 자리 잡고 있다.

　이제 플라스틱이 우리에게 가져다준 편리함과 문명의 혜택을 무조건 포기할 것이냐의 문제가 아니다. 오히려 기술, 정책, 문화가 함께 진화하는 방식으로 지속 가능성을 추구하는 것, 그것이야말로 우리 세대가 책임져야 할 새로운 문명의 전환 과제이다. 우리는 지금, 플라스틱 이후의 사회를 꿈꾸며 또 하나의 전환점 위에 서 있다.

"플라스틱이 우리에게 가져다준 편리함을 포기하지 않으면서도 지속 가능한 미래를 만들어가는 것, 그것이 우리 세대가 해결해야 할 과제이다."

석유산업이 바꾼 산업생태계

한국은 단 한 방울의 원유도 생산하지 않는다. 그러나 오늘날 한국은 세계 5위의 정유 능력을 보유한 국가이며, 석유화학 산업은 반도체와 함께 수출산업의 양대 축을 이루고 있다. 지하에 자원이 없는 나라가, 지구 반대편에서 들여온 원유로 세계적인 석유산업을 일군 이 역설적 현실은, 석유가 더 이상 단순한 천연자원이 아니라, 현대 산업 문명을 움직이는 핵심 인프라임을 명확히 보여준다.

보이지 않는 손, 석유의 문명 설계력

석유는 지난 150년 동안 세계 경제의 지형을 근본적으로 재편해 왔다. 19세기 중반, 현대 석유산업이 태동한 이래 석유는 단순한 연료나 원자재를 넘어, 세계 경제의 혈류이자 국제 정치의 핵심 변수로 자리매김해 왔다.

현대 석유산업의 시발점은 1859년, 미국 펜실베이니아에서 에드윈 드레이크Edwin Drake가 세계 최초로 상업적 유정 시추에 성공하면서 열렸다. 당시 석유는 주로 조명용 등유kerosene를 얻기 위한 자원으로 주목받았고, 산업 초기에는 수많은 소규모 생산자가 난립하는 치열한 자유경쟁 시장의 양상을 띠었다.

그러나 이 혼돈의 시장 질서는 곧 한 인물에 의해 급변하게 된다. 1870년, 존 D. 록펠러John D. Rockefeller는 '스탠더드 오일Standard Oil'을 설립하며 석유산업의 판도를 바꾸기 시작했다. 그는 정유 공정의 효율화, 철도 운송 계약의 독점, 공세적 인수합병 전략을 통해 산업 전반을 장악해 갔다. 그 결과, 1880년대 중반에는 미국 정유 산업의 90% 이상을 통제하는 전례 없는 독점 기업으로 성장했다.

하지만 지나친 독점은 결국 반발을 불러왔다. 1911년, 미국 연방대법원은 반독점법인 「셔먼법」 위반을 이유로 스탠더드 오일을 34개 독립 기업으로 강제 분할했다. 그러나 이 분할은 새로운 거인들을 낳는 계기가 되었다. 엑손모빌ExxonMobil, 셰브론Chevron 등 오늘날 세계 최대의 석유기업들 상당수가 바로 이 스탠더드 오일의 분신들이다.

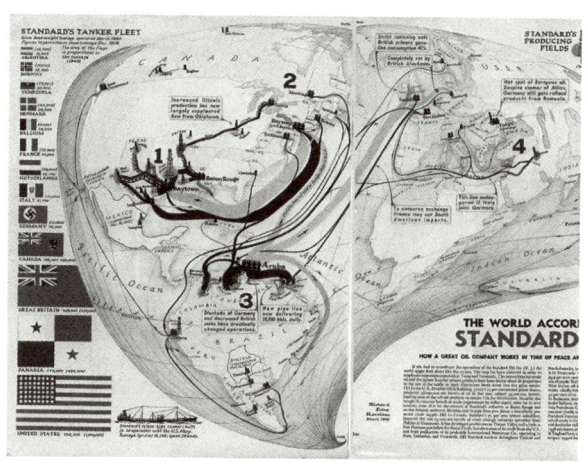
1938년 스탠다드 오일의 석유 생산 및 유통망

 록펠러가 창안한 수직 통합형 석유기업 모델은 이후 글로벌 석유산업의 표준이 되었다. 이 모델은 원유 탐사부터 생산, 수송, 정제, 판매까지 전 과정을 한 회사가 통제하는 구조로, 오늘날 메이저 석유회사들의 조직과 전략의 근간이 되었다.

중동과 석유파동, 석유의 지정학적 반전

 석유산업의 중심축은 점차 미국에서 중동으로 이동하게 된다.
 1908년, 현재의 이란지역인 페르시아에서 대규모 유전이 발견되며 변화의 서막이 열렸다. 이후 1930년대에 접어들면서 사우디아라비아, 쿠웨이트, 이라크 등지에서도 초대형 유전이 잇따라 개발되었다. 특히 미국과 영국, 프랑스 등 서방 강대국들이 중동 지역 석유 개발에 본격적으로 진출하면서, 이 지역은 세계 에너지 안보의 핵심 거점으로 떠오르게 된다.

1960년, 이러한 외세의 영향력에 맞서 산유국들은 자원 주권을 회복하기 위한 정치적 연합체를 출범시킨다. '석유수출국기구OPEC'의 창설이다. OPEC은 회원국들이 석유 생산량과 가격을 공동으로 조정할 수 있는 협의체로, 산유국의 이해를 대변하는 동시에 석유의 정치적 무기화 가능성을 현실로 만든 기구였다. 석유는 더 이상 단순한 산업 원료가 아닌, 국가 권력의 지렛대로 작동하기 시작했다.

이러한 석유의 지정학적 위상은 1973년, 제4차 중동전쟁인 욤키푸르 전쟁*을 계기로 전면에 부상한다. OPEC은 이스라엘을 지지한 미국과 서방 국가를 대상으로 석유 수출을 제한하는 전례 없는 조처를 했고, 이에 따라 이른바 제1차 석유파동이 전 세계를 강타했다. 국제 유가는 배럴당 3달러에서 12달러로 4배 이상 폭등했고, 선진국들은 공급망 붕괴와 함께 인플레이션과 경기 침체를 동시에 겪는 스태그플레이션에 직면하게 된다. 각국은 에너지 자립과 효율성 제고를

---

* 1973년 10월 6일 이집트와 시리아가 유대교 최대 명절인 욤키푸르(속죄일)에 이스라엘을 기습 공격하며 시작된 전쟁이다. 아랍 산유국들이 이스라엘 지지국에 대한 석유 수출 중단을 선언하여 제1차 석유파동을 촉발했으며, 국제 유가가 급등하고 세계 경제에 큰 충격을 가져온 사건이다. 전쟁 자체는 약 3주간 지속되었으나 석유를 무기화한 최초 사례로 에너지 안보의 중요성을 부각시켰다.

국가적 과제로 삼기 시작했고, 석유는 경제 성장과 안보를 함께 좌우하는 자원으로 자리를 잡았다.

그러나 위기는 또다시 반복되었다. 불과 6년 뒤인 1979년, 이란 혁명으로 인한 정치 불안과 이라크의 석유 생산 차질이 겹치며 제2차 석유파동이 발생한다. 유가는 배럴당 40달러를 넘어서며, 세계 경제는 다시 한번 깊은 충격에 빠진다. 두 차례의 석유파동은 단순한 에너지 가격의 급등을 넘어, 석유가 한 국가의 산업정책은 물론, 세계 질서의 축을 흔드는 전략 자원임을 전 지구적으로 각인시킨 사건이었다.

중동에서 돈을 벌어 석유를 사들이다

1970년대, 한국은 두 차례 석유파동을 세계 어느 나라보다도 극적으로 경험한 국가였다. 1960년대 경제개발 5개년 계획을 통해 본격적인 산업화의 궤도에 오른 한국은, 1970년대 들어 중화학공업 중심의 성장 전략을 채택하며 에너지 수요가 급격히 증가하고 있었다. 바로 이 시점에 터진 1973년 제1차 석유파동은 한국 경제에 치명적인 타격을 안겼다. 국제 유가는 불과 몇 달 만에 네 배 이상 급등했고, 한국의 소비자물가는 42%까지 치솟았다. 경제성장률은 14.9%에서 9.1%로 급락하며, 에너지 대부분을 수입에 의존하던 한국에게 이 충격은 단순한 경기 후퇴가 아니라 국가 시스템 자체를 흔드는 위기였다.

그러나 한국은 이 위기를 좌절로 받아들이지 않았다. 정부와 기업은 중동 건설시장 진출이라는 새로운 해법을 선택했고, 이는 곧 외화 획득의 새로운 통로가 되었다. 1975년부터 1985년까지 10년 동안, 한국 건설사들은 약 850억 달러 규모의 해외 수주를 달성했다. 이 시기의 건설 붐은 단순한 해외 진출을 넘어, '오일달러'를 한국 산업화의 자금원으로 전환시킨 국가적 프로젝트였다. 쿠웨이트, 사우디아라비아, 이란, 리비아 등지에서 고층 빌딩, 항만, 도로, 발전소를 건설한 수많은 한국 노동자와 기술자들의 땀은 단순한 외화 획득을 넘어, 한국 산업화의 기틀을 닦는 기반이 되었다. 그들은 석유를 가진 나라에 기술과 노동력을 팔아, 석유 한 방울 나지 않는 나라의 생존 기반을 만들어낸 것이다.

석유 한 방울 없이 세계 5위 정유국으로

한국은 원유 한 방울 나지 않는다는 한계를 오히려 기회로 전환했다. 1964년 대한석유공사(현 SK이노베이션)가 울산에 첫 정유공장을 세운 것을 시작으로, 한국은 정유 산업의 전략적 기반을 차근차근 구축해 나갔다. 이후 여수에 호남정유(현 GS칼텍스), 울산 온산에 쌍용정유(현 S-Oil), 충남 대산에 현대정유(현 현대오일뱅크)까지 주요 정유시설이 연이어 들어섰다. 이들 정유사는 단순히 원유를 가공하는 연료 공급처를 넘어 아시아 석유 시장의 주도권을 겨냥한 경쟁적 기술 투자를 단행했다.

특히 고도화 설비에 대한 과감한 투자는 한국 정유 산업의 품질과 생산성을 한 단계 끌어올리는 핵심이 되었다. 중질유 분해, 탈황 설비 등 고급 제품 생산을 위한 설비 투자는 빠르게 이루어졌고, 이는 고부가가치 석유제품의 대량 생산을 가능하게 했다. 그 결과, 복잡한 정제 공정을 수행할 수 있는 고도화 비율은 세계 최고 수준이 되었으며, 이를 기반으로 한국은 고품질 항공유, 경유, 나프타 등은 이제 안정적인 수출 품목으로 자리 잡았다.

한국은 이제 자원을 수입하는 소비국이 아니라, 정제 기술과 품질 경쟁력을 앞세운 에너지 가공국으로서 독자적 위상을 구축한 것이다.

정유에서 석유화학까지, 하나의 흐름으로

한국 석유산업의 가장 두드러진 특징은 정유와 석유화학 부문 간의 높은 수직계열화이다. 정유공장에서 생산된 나프타를 곧바로 인접한 석유화학 공장으로 공급해, 에틸렌, 프로필렌 등 기초 유분 olefin 을 생산하고, 다시 이를 바탕으로 합성수지, 합성고무, 합성 섬유 등 고부가가치 제품으로 이어지는 일괄생산 체계가 구축되어 있다. 이처럼 '정유-석유화학-완제품'으로 이어지는 연계 구조는 울산, 여수, 대산 등지의 석유화학 단지에서 완성되었으며, 세계적으로도 드물 정도로 밀도 높은 산업 클러스터를 형성하고 있다.

이 체계는 단지 원가 절감이나 에너지 효율에 머물지 않는다. 이곳에서 생산된 각종 화학소재는 자동차, 전자, 건설, 섬유 등 한국 주력산업에 핵심 원재료로 공급되며, 한국 제조업 경쟁력의 숨은 인프라 역할을 해왔다. 특히 이처럼 고도로 통합된 공급망은 글로벌 공급망 위기에도 생산 차질을 최소화할 수 있는 유연성을 제공하며, 한국이 아시아 석유화학 허브로 자리 잡는데 결정적인 밑거름이 되었다.

풍요의 원천이자 불안의 씨앗

석유 수출을 통한 막대한 수익은 중동 산유국들의 경제 지형을 급속도로 변화시켰다.

쿠웨이트, 사우디아라비아, 아랍에미리트 등 주요 산유국들은 석유에서 벌어들인 수익을 바탕으로 국부펀드Sovereign Wealth Fund를 설립하였고, 이를 통해 글로벌 금융시장으로 투자 영역을 확장해 나갔다.

쿠웨이트 투자청KIA, 아부다비투자청ADIA, 사우디아라비아 공공투자 펀드PIF 등은 현재 세계 최대 규모의 국부펀드로 성장했으며, 첨단산업, 인프라, 금융, 문화 콘텐츠 등 다양한 분야에 전략적 투자를 단행하고 있다.

한편, 석유는 이제 단순한 실물 자원을 넘어 금융 상품으로 진화하고 있다. 세계에서 가장 활발히 거래되는 원자재 중 하나인 석유는, 하루 약 1억 배럴이 소비되며, 20세기 후반부터 선물시장과 파생금

융상품을 중심으로 시장 금융화financialization*가 본격화되었다. 브렌트유와 서부텍사스산원유WTI는 투자 대상이자 경제 전망의 지표로 기능하게 되었고, 원유 가격은 단순 수급뿐 아니라 지정학, 투자 심리, 환율, 금리 등 복합 변수에 따라 실시간으로 요동치고 있다.

그러나 이러한 번영의 이면에는 구조적 취약성이 깊게 뿌리내리고 있다. 우선, 석유 중심의 경제 구조는 국제 유가 변동에 대한 과도한 민감성을 안고 있다. 유가 하락은 정부 재정의 급속한 악화를 초래하고, 국가 신용도와 사회 안정성마저 흔들 수 있다. 더불어, 이른바 '자원의 저주resource curse'* 또는 '네덜란드병Dutch disease'**이라 불

---

* 경제에서 금융 부문의 역할과 영향력이 확대되면서 금융 논리가 실물경제를 지배하게 되는 현상이다. 비금융 기업들이 본업보다 금융 투자를 통한 수익 창출에 집중하고, 다양한 금융 파생상품이 등장하며, 단기 수익 추구와 투기적 거래가 증가하는 특징을 보인다. 이로 인해 금융시장 변동성이 실물경제에 미치는 영향이 커지고 경제 불안정성이 증대될 수 있다.

** 자원의 저주resource curse 또는 풍요의 역설paradox of plenty 혹은 풍요 속의 빈곤은 천연자원(화석연료와 특정 광물 등)이 풍부한 국가가 천연자원이 더 적은 국가들보다 낮은 수준의 경제 성장, 낮은 수준의 민주주의, 그리고 악화된 발전 산출을 가지는 역설을 가리킨다. 이유, 예측, 부정적인 결과에 관한 학술적 논의와 이론이 다수 있다. 대부분의 전문가는 자원의 저주가 보편적이거나 피할 수 없는 것은 아니지만 특정한 조건에서는 특정한 유형의 국가나 지역에 영향을 미친다고 생각한다.

*** 네덜란드병Dutch Disease은 경제학 용어 중 하나로서 주로 자원 부국이 자원의 수출로 인해 일시적으로 경제 호황을 누리지만 결국 물가와 통화 가치상승으로 인해 국내 제조업이 쇠퇴해 결국 경제 침체를 겪는 현상을 의미한다. 1959년 네덜란드는 북해 유전의 발견으로 인한 석유 수출로 일시적인 경제 호황을 누리게 된다. 그러나 통화가치의 상승 및 물가 급등으로 인해 국내의 제조업 기반이 무너지면서 결국 1960~1970년대에 극심한 경제 침체를 겪게 된다.

리는 현상은 석유 부국에게 역설적 비극을 안겨주었다. 석유 수출 수익으로 인해 자국 통화가 강세를 띠고 제조업 경쟁력이 약화되며, 기술 발전은 더뎌지고 임금 등 비용은 상승하여 전체 산업 구조가 왜곡되는 것이다. 베네수엘라, 나이지리아, 알제리 등은 풍부한 석유 자원을 보유했음에도 경제 다각화에 실패하고 장기적 경기 침체와 정치 불안을 겪고 있다.

무엇보다 석유 개발과 소비가 초래하는 환경적 대가는 점점 더 뚜렷해지고 있다. 채굴·운송·정제·소비 전 과정에서 발생하는 대기오염, 수질 오염, 생태계 파괴는 심각한 환경 부담을 낳고 있으며, 특히 석유 연소로 인한 이산화탄소 배출은 기후 위기의 주범으로 지목되고 있다.

이제 기후변화 대응과 에너지 전환은 단순한 윤리적 과제가 아니라, 석유 중심 경제 모델 자체를 위협하는 구조적 도전으로 자리를 잡고 있다. 재생에너지 확대, 탈탄소 정책, 탄소국경세 등 새로운 규범과 기술이 부상하는 가운데, 석유산업은 지속 가능성과 생존 가능성이라는 이중의 과제를 동시에 껴안게 되었다.

석유의 시대는 끝나고 있는가

재생에너지 기술의 발전과 비용의 급격한 하락, 그리고 전기차 보급의 가속화는 글로벌 에너지 전환의 흐름에 결정적인 불씨를 지피고 있다. 불과 몇 년 전만 해도 미래의 가능성에 불과하던 대안 에너지원과 기술들이 이제는 현실적인 선택지로 자리를 잡았다.

국제에너지기구(IEA)가 제시한 「2050 넷제로 시나리오」에 따르면, 지구 평균기온 상승을 1.5도 이내로 억제하고 탄소중립을 달성하기 위해서는 2050년까지 전 세계 석유 수요를 2020년 대비 최소 75% 이상 줄여야 한다. 이 목표는 추상적인 비전이 아니라, 이미 진행 중인 변화의 수치로 드러나고 있다. 2023년 세계 전기차 판매는 1,400만 대를 돌파, 전년 대비 35% 증가했다. 기술 진보와 각국의 친환경 차량 정책이 맞물리며, 전기차는 내연기관차를 빠르게 대체해 나가고 있다. 일부 국가는 이미 신차 판매의 절반 이상이 전기차로 구성되며, 자동차 산업의 패러다임 전환은 현실이 되었다.

한편, 태양광 및 풍력 발전 역시 급속한 보급과 함께 전통 에너지원과의 경제성 격차를 좁히고 있다. 특히 발전 단가의 하락은 눈에 띄는 변화다. 과거에는 정부 보조금 없이는 수익성을 담보하기 어려웠던 재생에너지가 이제는 석탄이나 천연가스보다도 저렴한 전력원으로 자리매김하고 있다. 이는 기술 효율의 비약적 향상, 대규모 설비 투자, 글로벌 공급망의 안정화 등 복합적 요인이 작용한 결과이다.

결국, 에너지 전환은 이제 더 이상 환경운동가의 구호나 정책 보고서 속 슬로건이 아니라, 산업과 시장, 소비자들이 주도하는 실제 경제 행위의 일부로 자리를 잡고 있다. 석유는 여전히 세계 에너지의 근간이지만, 그 절대성은 서서히 흔들리고 있으며 다음 세대를 위한 새로운 에너지 질서가 형성되고 있다.

전쟁이 불붙인 전환의 가속도

한편, 2022년 러시아의 우크라이나 침공은 에너지 전환의 속도를 더욱 끌어올리는 지정학적 분기점이 되었다. 오랜 기간 러시아산 천연가스에 의존해 온 유럽 국가들은 이번 사태를 통해 에너지 안보의 구조적 취약성을 절감했고, 이를 계기로 에너지 체계의 대전환은 피할 수 없는 과제가 되었다. 특히 독일, 프랑스, 영국 등은 재생에너지 투자 확대와 전력 저장 인프라ESS*의 확충에 전례 없는 속도로 나서고 있다.

과거의 화석연료 중심 공급망에서 벗어나, 자국 내 에너지 자립도를 높이고 장기적으로는 에너지 독립을 추구하는 전략이 주요국의 국가 정책으로 자리 잡고 있다. 이러한 세계적 흐름 속에서 한국 또한 2050 탄소중립 목표를 천명하며 전환에 박차를 가하고 있다.

정부와 기업은 태양광, 해상 풍력, 수소, 에너지저장 장치ESS 등 차세대 에너지 기술에 대한 연구개발과 상용화를 적극 추진 중이며, 산업계 전반에서도 탈탄소 기술의 도입과 전환 에너지 중심의 재편 전략이 빠르게 확산되고 있다. 전기차와 수소차의 보급 확대, 그린수소 생산 기반 시설 구축, 친환경 공정 전환 등은 단순한 환경 대응을 넘

---

* 전력 저장 인프라ESS, Energy Storage System : 전기에너지를 저장했다가 필요할 때 공급하는 시설로, 배터리, 양수발전, 압축공기 등 다양한 저장 기술을 활용한다. 재생에너지의 간헐성 문제 해결, 전력 수급 안정화, 피크 시간대 전력 공급, 정전 시 비상 전원 제공 등의 역할을 담당하며, 스마트 그리드와 재생에너지 확산에 필수적인 핵심 인프라로 주목받는다.

어, 산업 경쟁력의 핵심 요소로 인식되고 있다.

이는 기후 위기와 지정학적 불안정성, 기술 주도권 경쟁이 동시에 작동하는 복합 위기 시대의 전략적 생존 방식이기도 하다.

정유 산업에서 탈탄소 미래로

한국의 주요 정유 및 석유화학 기업들은 에너지 전환이라는 전 지구적 흐름에 대응하며, 기존의 석유 중심 포트폴리오를 탈피하는 과감한 전략 전환에 나서고 있다.

SK이노베이션은 배터리 사업을 핵심 미래 성장 동력으로 규정하고, 글로벌 생산 거점 확대에 속도를 내고 있다. 리사이클링 기술개발과 배터리 소재의 내재화를 통해 생산부터 재사용까지 아우르는 수직계열화 체계를 구축하며 경쟁력 제고에 집중하고 있다.

GS칼텍스는 바이오연료 및 화이트바이오 산업을 미래 성장축으로 삼고 있다. 특히 식물성 원료 기반의 바이오화학 제품 개발에 주력하며, 친환경 소재 시장에서 선도적 입지를 확보하려는 전략을 구체화하고 있다.

S-Oil과 현대오일뱅크 또한 수소 생산, 재활용 플라스틱, 탄소 포집 및 활용CCU 등으로 포트폴리오를 다각화하며, 기존 정유 산업의 한계를 넘는 지속 가능한 성장 기반을 마련하고 있다.

특히 한국은 수소경제 선도 국가로의 도약을 국가 전략 과제로 천명하고, 수소의 '생산-저장-운송-활용' 전 영역에 걸쳐 민관 협력 기반의 대규모 투자를 진행 중이다. 블루수소와 그린수소를 아우르는 청정수소 체계 구축, 수소충전소 등 기반 시설 확대, 수소 연료전지 기술의 상용화는 모두 한국형 수소경제 모델을 구체화하는 핵심 과제이다.

이처럼 한국의 에너지 기업들은 석유 기반 산업을 토대로 축적된 기술력과 기반 시설을 바탕으로, 탈탄소 전환의 최전선에서 새로운 산업생태계를 형성해 나가고 있다. 이는 단순한 산업의 변화가 아니라, 미래 에너지 주권을 둘러싼 글로벌 경쟁에서 생존을 위한 전략적 진화라 할 수 있다.

에너지 산업은 지금, AI와 디지털 기술이라는 또 하나의 대전환을 맞이하고 있다. 스마트그리드, 디지털 트윈, 에너지 관리 시스템^{EMS}, 예측 정비*와 같은 첨단 기술은 단순한 자동화 수준을 넘어, 정유 및 발전 설비의 운영 효율을 최적화하며, 신재생에너지의 변동성 문제를 보완하는 데에도 기여하고 있다. 특히 신재생에너지의 불안정성과 간헐성을 보완하는 데에도 이 기술들이 핵심적 역할을 수행하고 있다. 한국의 정유사들도 디지털 트윈, IoT 센서**, 예측 정비 등의 기술을 활용해 생산 효율성을 높이고 있으며, AI 기반 수요 예측과 최적화를 통해 운영 효율을 개선하고 있다.

그러나 에너지 전환의 핵심은 단순히 석유에서 신재생에너지로의 대체에 그치지 않는다. 기존 석유산업이 보유한 인프라와 기술 역량을 어떻게 전환 경제의 요구에 맞춰 재구성하느냐가 관건이다.

한국은 이미 세계 최고 수준의 정유·석유화학 공정 기술력, 자동화 및 통합 운영 시스템, 글로벌 유통망을 확보하고 있으며, 이는 수소 생산, 탄소 포집·저장·활용CCUS, 바이오연료 및 화학제품 등 차세대 에너지 산업에서도 경쟁우위를 선점할 수 있는 강력한 기반이 된다. 특히 석유화학 공정에서 축적된 고온·고압 반응 제어 기술은 폐

---

* • 스마트그리드Smart Grid : 정보통신기술ICT을 전력망에 접목하여 전력 공급자와 소비자가 양방향으로 실시간 정보를 교환하는 지능형 전력망이다. 전력 수요 예측, 분산전원 통합 관리, 정전 자동 복구 등을 통해 전력 공급의 효율성과 안정성을 향상시키며, 재생에너지 확산과 탄소중립 실현을 지원하는 차세대 전력 인프라이다.
• 디지털 트윈Digital Twin : 현실 세계의 물리적 자산, 프로세스, 시스템을 디지털 공간에 동일하게 구현한 가상 모델이다. 실시간 데이터와 시뮬레이션을 통해 현실과 동일한 상태를 유지하며, 성능 최적화, 고장 예측, 운영 효율성 향상 등에 활용됨. 제조업, 에너지, 스마트시티 등 다양한 분야에서 디지털 전환의 핵심 기술로 활용한다.
• 에너지 관리 시스템EMS, Energy Management System : 건물, 공장, 지역 등의 에너지 사용량을 실시간 모니터링하고 제어하여 에너지 효율을 최적화하는 통합 관리 시스템이다. 전력 수요 예측, 피크 부하 관리, 에너지 비용 절감, 탄소 배출량 감축 등을 자동화된 제어를 통해 달성하며, 에너지 절약과 운영비 절감에 기여한다.
• 예측 정비Predictive Maintenance : IoT 센서와 AI 기술을 활용하여 설비의 상태 데이터를 실시간 수집·분석함으로써 고장이나 성능 저하를 사전에 예측하여 정비하는 기법이다. 기존 정기 정비와 달리 실제 필요 시점에만 정비를 실시하여 가동 중단 시간 최소화, 정비 비용 절감, 설비 수명 연장 효과를 제공한다.
** IoT 센서Internet of Things Sensor : 인터넷에 연결되어 온도, 습도, 압력, 진동, 움직임 등 물리적 환경 데이터를 실시간으로 수집하고 무선 통신을 통해 클라우드나 중앙 시스템으로 전송하는 지능형 센서이다. 수집된 데이터는 빅데이터 분석, AI 학습, 자동 제어 등에 활용되며, 스마트 팩토리, 스마트홈, 예측 정비, 환경 모니터링 등 다양한 IoT 서비스의 핵심 구성 요소이다.

플라스틱 화학적 재활용, 바이오 기반 화학제품 생산 기술에 직접 응용될 수 있다.

앞으로의 에너지 경제는 더 이상 하나의 에너지원에 의존하지 않는 다중 에너지 체계로 이행하고 있다. 석유는 여전히 일정한 역할을 유지하겠지만, 태양광, 풍력, 수소, 배터리, 바이오에너지가 상호 보완하며 작동하는 유연하고 분산된 에너지 네트워크가 주도권을 쥐게 될 것이다.

이 새로운 질서는 자원이 아니라 기술과 연결, 그리고 응용력의 경쟁이다. 한국은 비록 자원 빈국이지만, 그동안 기술력과 산업화 역량으로 수많은 한계를 돌파해 온 경험이 있다. 이 경험은 에너지 전환 시대에도 새로운 기회를 창출할 수 있는 결정적 토대가 된다. 기존의 에너지 시스템을 넘어서는 새로운 질서 속에서, 한국은 다시 한번 산업 강국으로 도약할 잠재력을 갖추고 있다.

"석유는 여전히 중요한 역할을 하겠지만,
재생에너지, 수소, 배터리 등 다양한 에너지원이 경쟁하고
보완하는 복합적인 에너지 시스템이 구축될 것이다."

전환의 시대,
기술이 이끄는 산업 혁신

    한국 석유산업은 원유 한 방울 나지 않는 나라에서 시작하여, 반세기 만에 세계적 에너지 강국의 반열에 올라섰다. 1960년대 울산 정유공장에서 타오른 첫 불꽃은 단지 석유를 정제하기 위한 것이 아니었다. 그것은 한국 산업 전체에 혁신의 불씨를 댕긴 신호탄이었다. 석유는 더 이상 연료에 머무르지 않았고, 그 안에 담긴 화학적, 공학적, 시스템적 가능성은 전자, 조선, 환경, 에너지 저장 등 한국 산업 전반을 움직이는 핵심 자산으로 확장되어 갔다.

    오늘날, 한국은 석유화학 산업에서 축적된 기술과 인프라를 바탕으로 배터리, 수소, LNG, 탈탄소 기술로 이어지는 에너지 전환 시대의 주도적 플레이어로 자리 잡고 있다. LG화학은 탄소나노튜브^{CNT}

기술을 통해 차세대 배터리 성능을 혁신하고 있으며, 한화솔루션은 석유화학 공정에서 생성되는 부생수소를 활용해 친환경 에너지 시장의 선점을 시도하고 있다. 조선 산업에서는 한국의 조선업체들이 부유식 LNG 생산설비FLNG: Floating Liquefied Natural Gas를 건조하며, 바다 위의 정유공장을 현실화하고 있다. 이는 기술력, 에너지 운영 역량, 글로벌 공급망을 동시에 요구하는 초고난도 사업이며, 한국은 이 분야에서 세계적 경쟁력을 확보해 가고 있다.

이러한 사례들은 석유산업이 더 이상 과거의 유물이나, 환경 위기의 주범으로만 머무르지 않음을 보여준다. 오히려 기존 석유산업에서 축적된 과학기술 자산과 복잡계 운영 능력은 새로운 시대의 자원이 되고 있다. K-석유는 이제 연료의 대명사가 아닌, 전환과 연결, 그리고 지속 가능한 성장 전략의 상징어로 다시 쓰이고 있다.

한국 석유산업의 다음 장은 화석의 끝이 아니라 기술과 가치의 융합이 빚어낸 미래 산업의 출발점일지도 모른다.

석유화학에서 전자 소재로: LG화학의 기술 전환 전략

LG화학은 석유화학 기반 기업이 미래 기술로 전환한 대표적 성공 사례로 주목받고 있다. 1947년, '락희화학공업사'라는 이름으로 출범한 이 기업은 반세기 이상 석유화학 기초소재 생산에 집중해 오며 촉매 기술과 고분자 과학 분야에서 세계적인 기술력을 축적해 왔다.

이러한 전통 산업의 기반 위에서, LG화학은 21세기 들어 배터리 소재 중심의 전자화학 기업으로 대전환을 시도하고 있으며, 이는 단순한 포트폴리오 다각화를 넘어 산업 정체성 자체의 재편이라 할 수 있다.

그 전환의 결정적 전환점은 바로 탄소나노튜브 Carbon Nanotube, CNT 기술의 상용화다. CNT는 기존 탄소 도전재 대비 10% 이상 전기 전도도를 향상할 수 있는 첨단소재로, 리튬이온 배터리의 용량과 수명 향상에 핵심적인 역할을 한다. 특히 CNT는 배터리의 양극 도전재로 사용될 때 충·방전 효율과 안전성을 동시에 개선할 수 있어, 전기차 배터리 성능 경쟁에서 가장 주목받는 신소재 중 하나로 떠오르고 있다.

LG화학은 이 기술에 대한 선제적 투자와 연구개발을 통해, 2022년에는 국내 최대 규모의 CNT 전용 공장을 증설했다. 이 공장은 연간 600톤에 달하는 생산 능력을 갖추고 있으며, 이는 글로벌 배터리 소재 시장에서도 상당한 생산 경쟁력을 의미한다. 단순한 생산 능력의 확대만이 아니라, LG화학의 소재 내재화 전략은 수직계열화된 공급망 안정성 측면에서도 큰 의미를 갖는다.

더 나아가 CNT는 배터리 산업에 국한되지 않는다. 이 소재는 반도체 공정용 트레이, 도로 결빙 방지용 면상발열체, 항공우주용 경량 전도 소재 등 다양한 고부가가치 분야로의 확장성이 매우 높다. 이러한 응용은 LG화학이 기존의 석유화학 기술 기반을 단지 탈탄소의 언어로 치환하는 것이 아니라, 그 기술을 새로운 산업적 요구에 맞춰

재해석하고 진화시키고 있음을 보여준다.

이처럼 LG화학의 사례는 전통적인 석유화학 기업이 기초소재 중심의 산업 구조에서 벗어나, 미래 전자 소재, 에너지 소재, 첨단소재 기업으로 진화해 가는 과정을 입체적으로 보여준다. 나아가 이는 단순한 기술 이전이나 투자의 문제가 아니라, 기존 역량의 구조적 재배치와 산업 정체성의 전환이라는 점에서 K-석유의 의미를 새롭게 정의하는 실천적 모델이라 할 수 있다.

부생수소에서 미래로: 한화솔루션의 수소경제 전략

한화솔루션의 변신은 석유화학 기반 기업이 어떻게 미래 에너지 산업으로 전환할 수 있는지를 보여주는 대표적인 사례이다. 1965년, 국내 최초로 PVC(폴리염화비닐) 생산에 성공하며 한국 석유화학 산업의 초석을 다졌던 한화케미칼은 반세기 넘는 세월 동안 축적한 기술력을 바탕으로 태양광과 수소에너지 분야의 선도 기업으로 탈바꿈했다.

특히 주목할 지점은 석유화학 공정에서 발생하는 부생수소를 에너지 자원으로 전환한 기술 전략이다. 일반적으로 부생수소는 석유화학 과정에서 부산물로 발생해 별다른 활용 없이 소각되거나 폐기되곤 했다. 하지만 한화솔루션은 이 부생수소를 친환경 전력원으로 활용하는 데 성공했고, 충청남도 대산산업단지에 세계 최초이자 최대규모인 50MW급 부생수소 연료전지 발전소를 건설했다.

이 설비는 전통적인 석유화학 산업의 탄소 발자국을 줄이는 동시에, 잉여 에너지를 고부가가치 전력으로 전환하는 혁신적 모델로 평가받고 있다. 수소가 그동안 버려지는 자원이었다면, 이제는 생산 가능한 청정에너지로의 위상을 갖게 된 것이다. 이는 단순한 기술 도입이 아닌, 기존 산업 공정의 에너지 구조를 근본적으로 재구성하는 작업이라 할 수 있다.

또한 한화솔루션은 플라스틱 복합 소재 기술을 수소 산업에 접목해 고압 수소 저장탱크 개발에도 나서고 있다. 수소는 가장 가벼운 분자이면서도 높은 에너지 밀도를 지녀 효율적인 저장과 운송이 핵심 기술 과제로 꼽히는데, 한화솔루션은 고강도·고내구성 복합 소재 기술을 바탕으로, 수소 모빌리티 인프라 구축의 핵심 요소인 수소 저장탱크를 상용화하고 있다. 이는 수소차, 수소 트럭, 수소 열차 등 다양한 수소 교통수단의 확산을 뒷받침할 수 있는 기술력이다.

이처럼 한화솔루션은 전통 석유화학 기업의 경계를 넘어, 수소경제와 재생에너지라는 미래 산업의 중심으로 이동하고 있다. 단순한 사업 다각화가 아니라, 축적된 공정 기술과 소재 역량을 기반으로 신에너지 기술로의 전환을 이뤄내고 있다는 점에서 이 기업의 변화는 한국 석유산업이 선택할 수 있는 유력한 전략적 경로 중 하나를 보여준다.

다중 원료 전략과 재활용 기술로 미래를 여는 롯데케미칼

롯데케미칼은 석유화학 기술 기반을 바탕으로, 기존 산업의 틀을 넘어 미래형 소재 기업으로의 전환을 적극적으로 추진하고 있다. 특히 국내 주요 정유사들이 올레핀 생산 경쟁에 본격적으로 돌입한 가운데, 롯데케미칼은 2조 원을 투입해 MFC$^{Mixed\ Feed\ Cracker}$ 설비를 건설 중이다. 이 설비는 기존 나프타^{naphtha}뿐 아니라 정유 공정에서 나오는 LPG, 부생가스 등 다양한 유분을 혼합 원료로 사용할 수 있는 고도화 시설로 원료 선택의 유연성을 통해 원가경쟁력을 크게 확보할 수 있다는 점에서 주목된다.

이는 단순한 생산 능력 확대를 넘어 시장 변동성에 대응할 수 있는 구조적 유연성 확보를 의미한다. 유가 변동이나 특정 원료의 수급 문제에 휘둘리지 않고도 안정적인 운영이 가능한 시스템을 갖추게 되는 것이다. 롯데케미칼은 이를 통해 글로벌 올레핀 시장에서 가격 경쟁력과 공급 안정성이라는 두 가지 장점을 모두 확보하고자 한다.

뿐만 아니라, 롯데케미칼은 순환 경제 시대에 발맞추어 화학적 재활용 기술개발에도 속도를 내고 있다. 2030년까지 리사이클 플라스틱 100만 톤 이상 판매라는 명확한 목표를 세우고, 폐플라스틱을 분해하여 다시 원료로 되돌리는 공정 기술 확보에 주력하고 있다. 이 방식은 기존의 기계적 재활용을 넘어 불순물 제거와 품질 유지가 가능한 고부가가치 화학제품 생산이 가능하다는 점에서 차세대 리사이클 기술로 평가받는다.

화학적 재활용은 탄소 배출 저감과 자원 효율성 제고라는 ESG Environment Safety Governance 시대의 핵심 과제에 직결된다. 롯데케미칼은 이러한 기술 혁신을 통해 환경 규제 강화와 친환경 소재 수요 증가라는 이중의 시장 압력에 능동적으로 대응하고 있으며, 동시에 재생 가능 소재 분야에서의 경쟁력 확보를 노리고 있다.

롯데케미칼의 이러한 행보는 전통 석유화학 산업의 구조적 한계를 극복하고, 미래 에너지 및 소재 시장에서 지속 가능성과 경제성을 동시에 확보하려는 전략적 전환이라 할 수 있다. 기존 석유 기반 소재 기술 위에 친환경성과 기술 유연성을 덧입혀 새로운 산업 생태계의 주역으로 자리매김하려는 노력인 것이다.

바다 위 정유공장, 조선·해양 산업의 새로운 진화

한국의 조선·해양 산업은 이제 단순한 선박 제조를 넘어, 석유 기술과의 융합을 통해 새로운 성장 동력을 창출하고 있다. 특히 삼성중공업은 바다 위의 액화천연가스 공장이라 불리는 FLNG 분야에서 세계적 경쟁력을 보유하고 있다. 지금까지 전 세계에서 발주된 FLNG 9척 중 무려 5척을 삼성중공업이 수주했으며, 최근에는 2조 6천억 원 규모의 세계 최대 해양가스처리설비 계약을 따내며 독보적인 기술력을 다시금 입증했다.

이러한 성과는 단순한 조선 기술의 진보를 넘어, 석유 시추·정제 기술과 해양 엔지니어링이 결합한 복합 산업의 산물이다. 조선은 더이상 육상 기반 산업의 후방 수요에 기대는 보조 산업이 아니라, 에너지 생산의 전초기지로 재정의되고 있다.

HD현대중공업과 한화오션도 해양플랜트 분야에서 적극적인 행보를 보인다. 이들은 심해 유전 개발, 해양 가스전 프로젝트에 필수적인 고난도 설비를 제작하며, 고부가가치 해양 장비 시장에서 한국의 입지를 확대해 나가고 있다. 부유식 원유 생산 저장 하역설비 FPSO: Flpating Production Storage and Offloading, 드릴십(시추선), 심해 파이프라인 등 에너지 개발에 필수적인 기반 시설을 공급함으로써, 한국 조선소는 에너지 생산의 중심지로 부상하고 있다.

오늘날의 조선소는 더 이상 배를 만드는 곳에 머물지 않는다. 정유공장, LNG 터미널, 석유 시추 기지가 하나로 융합된 복합 산업시설이 되었고, 이 융합의 중심에 한국이 있다. 조선, 석유, 에너지 기술이 만나는 교차점에서 한국 조선·해양 산업은 새로운 세계 시장을 개척하고 있으며, 이는 K-석유가 의미하는 산업적 진화를 상징적으로 보여주는 단면이기도 하다.

동해에서 시작된 자립의 꿈, 기술로 확장된 에너지 주권

한국석유공사의 동해 가스전 개발은 한국 자원개발사에 있어 상징적인 이정표였다. 1998년, 동해 울진 앞바다에서 경제성이 있는 천연가스층이 발견되었고, 약 6년간의 탐사와 개발 과정을 거쳐 2004년 한국은 사상 처음으로 산유국 지위에 진입하게 된다. 비록 생산량 자체는 자급자족을 논하기엔 제한적이었지만, 양보다 더 중요한 전환은 질적 도약이었다. 한국은 이 프로젝트에서 단순한 원유·가스 생산을 넘어 탐사에서 시추, 생산, 운영, 그리고 철거에 이르는 석유 개발 전 과정의 기술을 독자적으로 수행한 첫 경험을 얻게 된다.

특히 이 과정에서 활용된 정밀 3D 지진파 탐사 기술은 한국이 자체적으로 지하자원을 식별하고 개발할 수 있는 기술 역량을 확보했음을 입증했다. 이는 단순한 자원 개발을 넘어 기술 주권의 시작을 알리는 신호탄이기도 했다.

이러한 탐사 기술은 에너지 산업에만 머물지 않았다. 의료 영상 기술과의 융합을 통해 초음파 진단 장비 개발에 기여했고, 최근에는 지열 에너지 탐사와 탄소 포집·저장CCS 분야로까지 활용이 확장되고 있다. 특히 이산화탄소를 땅속에 주입·봉인하는 기술은 탄소중립을 실현하기 위한 핵심 기술로 떠오르며, 기후 위기 대응의 전략 자산으로 주목받고 있다.

결국 동해 가스전의 경험은, 단지 한국이 산유국이 되었다는 사실 그 자체보다도 기술 축적과 융합을 통해 자원 빈국의 한계를 극복하려는 전략적 선택이자, 그 성과를 증명한 국가적 프로젝트였다. 이 프로젝트에서 비롯된 기술과 노하우는 에너지 전환의 시대에도 다양한 방식으로 진화 중이며, 여전히 '한국형 에너지 독립'의 상징으로 남아 있다.

석유에서 플랫폼으로:
K-석유산업의 기술 전환과 미래 전략

한국 석유 산업은 지금, 환경 기술과 디지털 기술을 축으로 한 전환기를 맞이하고 있다. 과거 정유소와 석유화학 공장에서 축적된 환경 관리 기술은 이제 석유산업의 경계를 넘어, 다양한 산업 분야로 확장되고 있다. 황 화합물, 휘발성 유기화합물VOCs, 질소산화물NOx 등 대기오염 물질을 처리하기 위해 개발된 스크러버scrubber, 촉매 산화기, 열 산화기 등의 고도화된 시스템은 그 정밀도와 효율성을 인정받아, 반도체, 철강, 폐기물 처리 산업 등에서 환경 정화의 핵심 장비로 활용되고 있다.

SK이노베이션, GS칼텍스, S-OIL, HD현대오일뱅크 등 국내 주요 정유사들은 이러한 기술을 지속적으로 고도화하며, 에너지 공급자에서 친환경 기술 기업으로의 전환을 적극적으로 추진하고 있다.

디지털 기술의 융합은 석유산업의 패러다임 자체를 바꾸고 있다. 빅데이터와 인공지능AI은 저류층 모델링, 생산 최적화, 장비 예지 정비 등 핵심 공정에 적용되고 있으며, 디지털 트윈 기술은 석유 생산 플랫폼과 정유공장의 운영 효율성 및 안전성을 크게 끌어올리고 있다. 이러한 디지털 전환은 에너지 산업 내부를 넘어, 제조업, 건설, 도시 계획 등 타 산업에도 벤치마킹 대상이 되며, 한국 석유화학 산업을 디지털 산업 전환의 모범 사례로 부각시키고 있다.

한국 석유 산업이 직면한 에너지 전환과 탄소중립 과제는 단지 위협이 아니라 또 다른 기술 혁신의 기폭제로 작동하고 있다. 이산화탄소 포집 및 저장^{CCS}, 청정수소 생산, 지열 에너지, 화학적 재활용 등 다양한 탄소 저감 기술들이 기존의 정유 인프라와 접목되어, 실증 단계를 넘어 산업화 단계로 전환되고 있다. 이 흐름은 정부의「그린뉴딜 정책」과 긴밀히 연계되어 2050 탄소중립 달성의 핵심 동력으로 자리매김 중이다.

이러한 변화는 더 이상 미래의 비전이 아닌, 이미 시작된 현재의 현실이다. 국내 4대 정유사들은 단순한 정제 기업을 넘어, '종합 에너지 솔루션 기업'으로의 진화를 빠르게 추진하고 있다.

- SK이노베이션은 2024년 SK E&S와의 합병을 통해 아시아·태평양 최대 민간 종합 에너지 기업으로 재편되었으며, 배터리(SK온)와 석유개발(SK어스온)을 각각 분사하여 전문화된 사업구조를 완성했다.
- GS칼텍스는 2024년 한 해에만 1,000억 원 이상을 수소, 탄소 포집^{CCUS}, 전기차^{EV} 충전, 재생에너지 분야에 투자하며 저탄소 포트폴리오를 공격적으로 확장하고 있다.

- S-OIL은 지속 가능성 및 저탄소 제품에 대한 국제 인증인 ISCC 3종*을 동시에 취득하며, 바이오연료 및 청정수소 분야로 사업 영역을 넓혔다.
- HD현대오일뱅크는 2030년까지 정유사업 매출 비중을 45% 이하로 줄이고, 신사업 비중을 70%까지 확대하는 구조 재편을 본격화하고 있으며, 블루수소와 화이트바이오 중심의 친환경 에너지 플랫폼 전략을 핵심 비전으로 삼고 있다.

이들 기업은 AI 기반 스마트 에너지 관리 시스템, 탄소 포집·활용 기술^{CCUS}, 순환 경제 실현 전략 등을 적극적으로 추진하며, 기존의 정유 인프라와 기술 자산을 기반으로 미래 에너지 시대의 핵심 플레이어로 자리 잡고 있다. 이제 한국 석유산업은 단순히 석유를 연료로 생산·가공하는 산업이 아니다. 탄소중립 시대의 기술 혁신 플랫폼이자, 지속 가능한 성장의 전략 거점으로 탈바꿈하고 있으며, 이는 한

---

* • ISCC EU$^{International\ Sustainability\ and\ Carbon\ Certification\ -\ EU}$: 유럽연합 재생에너지 지침^{RED}에 따른 바이오연료 및 바이오매스의 지속가능성 인증 체계이다. 원료 생산부터 최종 제품까지 전 과정의 온실가스 감축, 생물다양성 보호, 토지 이용 변화 등을 검증하여 EU 시장 내 재생에너지 의무 혼합 기준 충족을 보장한다.
- ISCC PLUS : 글로벌 시장을 대상으로 한 자발적 지속가능성 인증 체계이다. 바이오연료뿐만 아니라 화학제품, 플라스틱, 식품 등 다양한 제품군의 지속가능성을 인증하며, 순환경제와 탄소 발자국 감축을 목표로 공급망 전반의 투명성과 추적가능성을 보장한다.
- ISCC CORSIA : 국제민간항공기구^{ICAO}의 국제항공 탄소상쇄 및 감축체계^{CORSIA}에 따른 항공 지속가능연료^{SAF} 인증 체계이다. 항공업계의 탄소중립 목표 달성을 위해 지속가능한 항공연료의 생산과 공급망 전반의 온실가스 감축 효과를 검증하고 인증한다.

국이 미래 에너지 전환 시대에도 주도권을 가질 수 있는 토대가 되고 있다.

"이제 한국 석유산업은 단순히 석유를 연료로 생산·
가공하는 산업이 아니다. 탄소중립 시대의 기술 혁신
플랫폼이자, 지속 가능한 성장의 전략 거점으로
탈바꿈하고 있으며, 이는 한국이 미래 에너지 전환
시대에도 주도권을 가질 수 있는 토대가 되고 있다."

3부

석유의 시대는 어디로 향하는가

– 위기의 파고, 기술의 응전, 그리고 지속 가능성의 모색

The future of oil is not a conclusion but a threshold. Between the twilight of one age and the dawn of another, we stand, compelled to imagine what lies beyond the world we have built upon it.

석유의 미래는 끝이 아니라 문턱이다. 한 시대의 황혼과 또 다른 시대의 여명 사이에 서서, 우리는 그것 위에 세운 세계 너머를 상상할 수밖에 없다.

1장

석유 패권의 미래를 가르는 여섯 개의 시나리오

석유 패권의 균열, 전환의 갈림길에 선 세계

2022년 러시아의 우크라이나 침공은 단지 한 지역에서 벌어진 전쟁이 아니었다. 그것은 20세기 이후 세계 질서를 지탱해 온 석유 패권의 구조 자체에 균열을 가한 사건이었다. 국제에너지기구 IEA의 파티 비롤 사무총장이 "1970년대는 석유 위기였지만, 지금은 석유, 가스, 전기 등 에너지 전반의 위기를 동시에 마주하고 있다."라고 진단했듯, 이 전쟁은 기존의 에너지 질서에 거대한 충격을 불러왔다.

러시아는 세계 원유 생산량의 12.1%를 차지하며, 국가 수입의 절반을 에너지 수출에 의존하고 있다. 이런 상황에서 러시아와 중국이

4,000억 달러 규모의 천연가스 계약을 체결한 것은 단순한 경제 협력을 넘어, 서방 중심의 에너지 질서에 구조적 균열을 일으키는 사건이었다. 여기에 더해, AI 시대의 도래로 인한 전력 수요의 폭발적 증가라는 새로운 변수가 겹치면서 석유를 중심으로 한 기존 에너지 패권은 더욱 불확실한 미래를 맞이하고 있다. 이제 우리는 전례 없는 에너지 격동기 앞에 서 있다.

세 가지 관점으로 읽는 에너지의 미래

다가오는 에너지의 미래를 조망하기 위해 우리는 세 가지 핵심 관점을 설정했다. 전환의 속도, 지정학적 변수, 그리고 에너지 패권의 재편이 그것이다. 이 각각의 키워드는 단순히 경제, 기술, 정치라는 개별 영역을 넘어서 상호 얽히고 충돌하며 입체적으로 작동한다. 그렇기에 우리는 이들을 독립적인 변수로 다루기보다는 상호 교차하는 중심축으로 삼아 분석하고자 한다.

이제부터 이 세 축을 기준으로 오늘날의 에너지 전환을 진단하고, 각 관점에서 두 가지 상반된 시나리오를 제시한다. 이를 통해 독자들은 단선적인 예측을 넘어 현재 펼쳐지는 다양한 가능성의 지형을 입체적으로 탐색할 수 있을 것이다. 이는 단지 에너지의 미래를 예측하는 작업이 아니라, 우리가 어디에 서 있고 어디로 나아가야 할지를 모색하는 좌표 설정의 시도이다.

관점 1: 속도의 문제-가속과 관성 사이에서

첫 번째 관점은 에너지 전환의 속도이다. 기후 위기의 심화와 탈탄소 정책의 확산은 인류에게 "우리는 정말 화석연료 이후의 시대로 넘어갈 수 있는가?"라는 중대한 질문을 던지고 있다. 오늘날, 이 질문은 더 이상 먼 미래의 담론이 아니다. 탄소중립은 선언이 아니라 국가와 기업의 생존 전략이 되었고, 에너지 시스템의 재편은 거스를 수 없는 시대적 흐름이 되고 있다.

그러나 이러한 전환이 얼마나 빠르게, 얼마나 근본적으로 이루어질지는 여전히 불확실하다. 기술의 성숙도, 정책의 실행력, 경제적 유인과 산업 이해관계 등 수많은 변수가 복합적으로 얽혀 있기 때문이다. 우리는 지금 가속과 관성 사이에 놓여 있다. 배터리, 전기차, 재생에너지, 인공지능과 같은 기술적 혁신은 전환을 밀어붙이지만, 기존 화석연료 산업의 구조와 시장의 관성은 그 속도를 제어한다. 어느 한쪽이 지배적인 것은 아니다. 바로 이 점에서 에너지 전환은 시작보다는 속도가 더 중요한 문제로 부상하고 있다.

시나리오 1: 급진적 탈석유 혁명 – 2030년대 중반, 석유 패권의 종말

이 시나리오는 화석연료의 몰락이 예상보다 빠르게 진행될 가능성을 상정한다. 전 세계적으로 기후변화에 대한 위기감이 고조되면서, 각국 정부와 글로벌 기업들은 탄소중립을 실현하기 위한 대전환에 착수하고 있다. 유럽연합의 탄소국경조정제도CBAM: Carbon Border

Adjustment Mechanism 같은 강력한 정책 수단은 이제 탄소 배출이 곧 경제적 리스크로 작동하는 시대를 열었다. 기술의 진보도 이를 뒷받침하고 있다. 전기차 보급 확대와 배터리 가격 하락, 태양광·풍력의 발전 단가 하락은 전통적 에너지 시장의 구조를 급속히 흔들고 있다. 특히, AI와 초대형 데이터센터의 급증하는 전력 수요는 청정에너지 투자에 불을 붙이고 있다.

이 시나리오에서 주목할 만한 사례는 독일이다. 독일은 난방·열에너지 부문의 탈탄소화를 선도하고 있으며, 이를 통해 에너지 전환은 가능하다는 전례를 보여주고 있다. 이 모델이 유럽 전역과 북미, 일부 아시아 국가로 확산되면, 2030~35년 사이에 운송·산업 부문 전체가 전기화로 재편될 가능성도 결코 과장이 아니다.

이 모든 흐름이 맞물릴 경우, 2035년 전후에는 석유가 더 이상 세계 에너지 시스템의 중심축이 아니다. 가격 안정의 기준점, 전략 무기의 역할, 지정학적 판을 흔드는 요소로서의 석유는 기능적 종말을 맞게 된다. OPEC의 결정에 따라 국제 유가가 출렁이던 시대는 막을 내리고, 주요 산업계는 '탈석유 기준선Net-zero baseline'*을 중심으로 전략을 수립하게 될 것이다.

＊ 탈석유 기준선Net-zero Baseline : 탄소중립(넷제로) 목표 달성을 위해 온실가스 배출량 감축 계획을 수립할 때 기준이 되는 특정 연도의 배출량 수준을 지칭한다. 일반적으로 1990년이나 2005년을 기준선으로 설정하며, 이를 토대로 석유 등 화석연료 사용량 감축 목표와 재생에너지 전환 계획을 수립한다. 국가나 기업이 탄소중립 로드맵을 작성할 때 진행 상황을 측정하고 평가하는 기준점 역할을 담당한다.

단, 이 시나리오가 현실화되기 위해선 결정적 두가지 전제조건이 충족되어야 한다. 우선, 항공·해운·석유화학 분야에서 실질적 대체 기술이 상용화되어야 한다. 그리고 중국과 인도를 포함한 신흥국들이 경제 성장과 탈탄소 사이의 긴장 속에서 화석연료 의존도를 구조적으로 반전시켜야 한다.

이 과제가 실패할 경우에는 탈석유 전환은 지체되거나 극단적으로 불균형하게 전개되어 선진국-개도국 간 에너지 양극화를 심화시킬 수 있다. 다시 말하면, 탈석유는 누구나 가는 길이 아니라 갈 수 있는 자만이 가는 길이 될 수도 있다.

시나리오 2: 점진적 전환과 석유 패권의 잔존 – 2040~2050년까지 유지되는 석유 중심 체제

이 시나리오는 현실적인 기술 발전 속도와 정책 추진력의 한계를 전제로 한 보수적 전망이다. 기후 위기 대응이 중요한 과제인 것은 분명하지만, 기술적 돌파구의 지연과 글로벌 정책의 온도차는 에너지 전환의 속도를 제한할 수 있다. 핵융합 발전은 여전히 실험실 안에 머물러 있고, 그린수소의 대량 생산은 경제성과 인프라 부족이라는 이중의 장벽에 가로막혀 있다. 태양광과 풍력은 빠르게 확산되고 있지만, 간헐성 문제를 해소할 에너지 저장 기술은 여전히 초기 단계에 머물러 있다.

한편, 전기차 보급률은 꾸준히 오르고, 배터리 기술도 개선되고 있지만, 혁명적 전환이라기보다는 점진적 진화에 가깝다. 자동차 공유 서비스와 자율주행 기술이 운송 부문의 석유 수요를 서서히 낮추고 있으나, 산유국들이 석유 수요 감소라는 전례 없는 위협을 실감하기까지는 아직 시간이 필요하다.

이 시나리오에서 석유 패권의 미래는 급격한 붕괴가 아니라 서서히 가라앉는 침전이다. 석유는 하루아침에 사라지지 않는다. 대신 전력·운송·산업 부문에서 점진적으로 밀려나면서도, 2040~2050년까지는 여전히 에너지 시장의 중심 축을 지킬 가능성이 크다. 이 변화는 20세기 초 석탄이 석유에 자리를 내준 역사적 경로와 유사하다. 당시에도 석탄은 어느 날 갑자기 사라지지 않았다. 수십 년에 걸쳐 석유에게 조금씩 자리를 내어주며 기술 변화에 따라 주변부로 밀려났다. 석유 또한 점진적인 역할 축소와 기능 재정의를 겪을 것이며, 특히 석유화학, 항공, 해운 분야에서는 오랫동안 핵심 연료로 남아 있을 가능성이 있다.

하지만 이 점진적 전환 시나리오에는 하나의 심각한 함정이 존재한다. 선진국과 개도국 사이의 에너지 전환 속도 차이, 기술 격차, 정책 이행 능력은 탄소 양극화라는 새로운 국제 질서를 형성할 수 있다. 일부 국가는 친환경 인프라와 기술로 전환을 가속하는 반면에 다수 국가는 화석연료 의존 상태에 머무를 수 있다. 이로 인해 기후 정의와 에너지 정의의 충돌이 격화되고, 국제적 분쟁의 새로운 뇌관으로 작용할 가능성도 배제할 수 없다.

관점 2: 지정학적 변수-기술보다 현실이 앞서는 순간들

두 번째 관점은 지정학적 변수이다. 에너지의 미래를 전망하는 데 기술의 진보나 정책의 이상론만으로는 충분하지 않다. 현실의 국제 정치, 지정학적 충돌, 에너지 안보, 전쟁과 제재, 국가 간 신뢰의 부재 같은 요인들은 그 어떤 청사진보다 강력한 변수가 된다. 전쟁, 공급망 붕괴, 글로벌 식량·물가 위기 등은 국가의 탈탄소 우선순위를 후순위로 미루게 만든다. 러시아-우크라이나 전쟁 이후 유럽이 석탄을 다시 가동한 사례는 기술이 아닌 현실이 전환 속도를 결정함을 보여준다. 에너지 자립이 우선되는 위기 상황에서는, 지속 가능성보다 즉각적인 공급 안정성이 우위에 놓일 수밖에 없다.

그리고 여전히 많은 국가는 자국의 전략적 이익을 위해 화석연료 확보를 외교·군사 전략의 핵심 수단으로 삼고 있다. 산유국들은 석유를 단순한 자원으로 보지 않는다. 무기이자 지렛대이며, 권력의 도구이다. 따라서 석유가 국제 정세에서 사라지려면 단순한 기술의 문제가 아니라 국제 정치 질서의 근본적 재편이 전제되어야 한다.

시나리오 3: 지정학적 혼돈 속 석유 패권의 연장-안보가 탈탄소를 덮을 때

이 시나리오는 기술과 정책의 이상론을 넘어서, 현실 정치와 지정학이 에너지 전환의 속도를 결정짓는다는 인식을 바탕으로 한다. 즉, 기후 위기 대응이나 기술 진보보다 지금 여기의 안보 위기와 권력 투쟁이 더 우선되는 상황이 점차 현실화되고 있다는 것이다.

2022년 러시아의 우크라이나 침공은 에너지 안보라는 개념을 재소환시켰다. 러시아 가스 공급이 중단되자, 유럽 각국은 즉시 석탄과 가스에 다시 의존할 수밖에 없었고, 친환경 에너지가 현실의 위기 앞에서 얼마나 취약한지를 드러냈다. 독일의 사례는 상징적이다. 기독교 민주 연합CDU과 기독교 사회연합CSU은 친환경 에너지를 '이념적 에너지'라 규정하며, 현실적 생존을 위한 전력 자립 및 공급 다변화를 우선시하는 방향으로 정책 기조를 전환했다.

이 시나리오에서는 지정학적 긴장이 전방위적으로 확산된다. 중동에서의 무력 충돌과 내전, 대만해협을 둘러싼 미·중 군사적 긴장 고조, 남중국해 해상 통제권 분쟁, 글로벌 공급망의 무력화 가능성. 이 모든 변수가 맞물리면서 전 세계 에너지 공급망은 지속적 불안정 상태에 놓이게 된다.

각국은 더 이상 '지속 가능성'보다 '즉각적 안정성'을 우선시하게 되며, 정책 결정은 에너지 자립과 전략비축, 공급 다변화를 중심으로 재편된다. 중국과 인도, 그리고 대부분의 신흥 개도국은 경제 성장과 정치적 안정 유지를 위해 화석연료 의존을 유지하며, 선진국들조차 가스 화력 발전소를 일정 수준 유지하거나 재가동하는 현실적 선택 하게 된다. 우리나라를 비롯한 OECD 국가들은 석유비축 기지 확장, 해외 자원 확보, 전략비축량 확대에 대대적으로 투자하게 되며, 이는 석유의 전략적 가치 회복을 의미한다.

이 시나리오에서 석유는 단지 에너지원이 아닌 국가 생존의 도구로 재정의된다. 그 결과, 석유 패권은 2040년대 중반까지 연장될 가능성이 높으며, 경쟁은 더 치열하고, 분쟁 가능성은 더 높아진다. 중동과 미·중 간의 에너지 봉쇄전이나 신흥국 대 선진국 간의 자원 쟁탈, 혹은 탈탄소 국제 규범을 무력화시키는 자원 민족주의라고 하는 흐름 속에서 석유는 오히려 탈탄소 시대의 역풍을 타고 지정학적 고지를 다시 점령할 수 있다. 결국 기술과 정책이 아무리 진보하더라도, 그것을 실행할 수 있는 정치적 공간이 불안정하다면 에너지 전환은 지체된다.

이 시나리오는 우리에게 탄소중립은 과연 전시 상황에서도 지켜질 수 있는가를 묻는다. 그런데 그 질문에 대한 답이 "아니요."라고 한다면, 미래의 에너지 질서는 친환경이 아니라 지정학적으로 안전한 자원이 다시 중심이 될 가능성을 배제할 수 없다.

시나리오 4: 탈탄소 정책의 역풍과 석유 르네상스―기술 낙관을 넘은 현실의 반격

이 시나리오는 현재의 탈탄소 전환 흐름이 오히려 역풍을 맞고, 석유가 다시 중심 에너지원으로 부상하는 가능성을 조명한다. 즉, 기후위기 대응의 필요성을 인정하면서도, 그 전환 과정이 초래하는 경제적 충격, 기술적 난제, 정치적 반발이 중첩되며 화석연료 회귀 현상을 일으킬 수 있다는 시각이다.

탈탄소 정책은 그 자체로 경제 구조의 전면적 재편을 요구한다. 그러나 이러한 전환은 결코 무상이 아니며, 특히 산업 구조가 화석연료 중심인 국가일수록 고용·물가·산업 경쟁력에 심대한 영향을 미친다. 2025년 미국 트럼프 행정부가 재집권하며 파리 기후변화협약에서 탈퇴한 사건은 국가의 에너지 정책이 언제든 정치적 파고에 따라 반전될 수 있음을 여실히 보여주는 사례이다. 독일 역시 열에너지 탈탄소화라는 구조적 난제에 직면해 있다. 산업용 열, 주거 난방 부문에서 재생에너지 전환이 현실적으로 어렵고 비용이 높다는 문제는 정책 지속성에 대한 의문을 낳고 있다.

기술 진보는 분명 전환의 핵심 동력이지만, 기술만으로는 모든 문제가 해결되지 않는다. 대표적 한계는 재생에너지의 간헐성이다. 태양과 바람은 원하는 시간과 원하는 장소에서 항상 공급되지 않는다. 에너지 저장 기술ESS이 발전하고는 있지만, 국가 전력망 차원의 안정성을 책임지기에는 역부족인 상황이다. 특히 겨울철과 여름철의 극단적인 기후나 생활 수준의 향상으로 전력 수요가 급등하는 현실에서 재생에너지만으로 수요를 충족하는 데 한계가 있다는 점은 2024년의 경험이 말해준다. 추운 동절기, 전력 수요가 급증하면서 국제 천연가스 가격은 다시 상승했고, 이는 화석연료에 대한 수요가 여전히 강고하게 존재하고 있음을 증명한다.

AI의 확산은 많은 이들이 무형 자산의 시대를 연다고 말하지만, 역설적으로 그 기반은 전례 없는 전력 수요의 증가이다. 초대형 AI 모델, 데이터센터, 자율주행, 클라우드 서비스, 암호화폐 등 모든 디지털 인프라는 막대한 에너지 소비를 전제로 한다. 하지만 이 에너지 수요를 재생에너지로만 감당할 수 있을까? 현실은 다르다. 많은 국가가 안정적이고 즉시 사용 가능한 전력을 확보하기 위해 천연가스, 석탄, 석유 기반 발전을 다시 검토하고 있으며, 특히 천연가스와 석유는 재생에너지의 간헐성을 보완하는 백업 에너지로서의 전략적 위치를 다시 얻고 있다.

중국, 인도, 인도네시아, 베트남, 아프리카 대륙 등 이른바 에너지 수요 성장국들은 이미 화석연료 중심의 성장을 지속하고 있다. 이 국가들에 있어 탄소중립은 생존의 우선순위가 아니다. 인프라, 고용, 안정적 전력 확보가 더 시급하며, 따라서 석유·가스 소비는 앞으로도 계속 증가할 가능성이 높다. 선진국조차도 이러한 상황은 유사하다. 에너지 가격의 급등과 전력망 불안정은 정치적 정당성의 위기로 직결된다. 결국 화석연료는 오염을 유발하는 에너지가 아니라 '의외로 믿을 만한 에너지'로 재조명될 수 있다.

이러한 조건이 중첩될 경우, 2030년대는 오히려 석유의 르네상스로 기록될 수 있다. 환경적 이념보다 경제적 효율성과 에너지의 안정성이 강조되는 전환기 국면에서 석유는 다시 부상할 수 있다. 정치 불확실성이 높은 지역에서의 안정적 에너지원이 될 수 있고, AI · 데이터 중심 사회의 전력 수요에 대한 신속 대응 자원이 될 수 있다. 또한 에너지 저장 장치가 완전하지 않은 구조 속에서의 핵심 백업 에너지로의 역할을 할 수 있고, 지구 온난화에 따른 하절기 냉방 수요 증가를 감당할 연료도 될 수 있다. 결국, 석유는 단지 과거의 유물이 아닌, 미래를 지탱할 또 하나의 현실적 기둥으로 귀환할 수 있다.

탈탄소는 방향이자 도덕이지만, 현실은 언제나 이상보다 복잡하다. 기술과 정책, 그리고 시장이 감당해야 할 부담이 명확해질수록, 우리는 "과연 석유는 끝났는가, 아니면 끝났다고 믿고 싶은 것인가?"를 다시 묻게 된다. '시나리오 4'는 석유가 결코 과거의 에너지가 아니며, 역설적으로 탈탄소 시대가 석유를 다시 불러올 수 있다는 경고를 담고 있다. 그것은 기후 위기 너머의 두 번째 위기일지도 모른다.

관점 3: 에너지 패권의 재편
—단극 체제의 종말, 새로운 권력의 탄생

세 번째 관점은 에너지 패권의 재편이다. 이 관점은 단순히 석유의 미래를 넘어서, 에너지라는 자원을 통해 세계 질서가 어떻게 구성되고, 누가 어떤 방식으로 힘을 행사할지를 조망하는 시선을 제공한다. 20세기 후반부터 이어져 온 에너지 체제는 석유라는 단일 자원과 미국 중심의 달러 질서, 그리고 중동 산유국들의 정치적 동맹이라는 삼각 구도 위에 서 있었다. 이 구조는 오랫동안 단극 에너지 패권 체제로 작동하며, 국제 정치와 경제의 핵심 동력으로 기능했다. 그러나 지금 우리는 그 구조의 해체와 전환의 임계점에 도달하고 있다. 에너지원의 다양화, 기술 주도권의 분산, 무역·금융 질서의 재조정 등은 모두 기존 질서를 기반으로 한 패권 구조가 완전히 새로운 형태로 재구성될 수 있음을 예고한다.

이 관점은 향후 수십 년간 미국은 셰일과 원자력 기술을, 중국은 태양광과 배터리 공급망을, 러시아는 천연가스와 고속 원자로를, 중동은 석유와 그린수소를 무기로 각기 다른 방식으로 에너지 외교를 펼치는 다극화된 권력 지도를 상정한다. 패권은 하나의 나라가 독점하지 않지만, 모든 나라가 패권국가가 될 수 있는 것도 아니다. 패권의 재편은 질서의 혼돈이자, 기회의 재분배이기도 하다. 다음으로 이어질 '시나리오 5'는 바로 이러한 관점에서, 미래의 에너지원별 권력 구조가 어떻게 배열될지를 구체적으로 상상해 보려고 한다.

시나리오 5: 다극화된 에너지 패권 체제-단일 패권에서 복합 균형으로

에너지 패권의 미래를 전망하는데 있어 가장 주목할 지점은 석유가 중심이던 20세기 단극 체제가 해체되고 있다는 사실이다. 이 시나리오는 석유 중심의 단일 에너지 질서가 붕괴되고, 다양한 에너지원이 각각 다른 주체에 의해 통제되는 복합 다극 체제로 이행될 가능성을 탐색한다.

20세기 에너지 질서는 석유라는 단일 자원과 달러라는 단일 화폐, 그리고 중동-서방이라는 정치동맹에 기반한 구조였다. 그러나 이제 그 전제는 하나씩 해체되고 있다. 석유가 에너지 시장의 유일한 주연이던 시대는 저물고 있으며, 전 세계적으로 에너지원의 다양화와 지역화가 급속도로 진행 중이다. 그 결과 패권의 중심이 아니라 주변에 새로운 중심들이 생겨나는 다극 에너지 체제가 도래하고 있다.

21세기의 에너지 패권은 하나의 국가가 모든 자원을 지배하는 방식이 아니라, 에너지원별로 서로 다른 국가들이 각기 다른 방식으로 영향력을 행사하는 다극 구조로 재편되고 있다. 미국은 셰일가스 혁명과 고도화된 원자력 기술을 바탕으로, 에너지 자립도를 확보하는 동시에 기술 수출을 통한 국제적 주도권을 강화하고 있다. 중국은 태양광 패널과 배터리 제조 분야에서 압도적인 공급망을 구축함으로써, 세계 청정에너지 시장의 중추 국가로 자리매김하고 있다. 러시아는 천연가스와 원자력 분야에서의 공급 지배력을 무기로, 유럽과 중앙아시아, 동북아를 잇는 유라시아 에너지 연결망의 중심축을 형성하고 있다. 중동 국가들은 여전히 석유 생산에서의 절대적 우위를 유지하면서도, 그린수소와 같은 차세대 청정에너지 분야에 선제적 투자를 진행하며 에너지 패권을 연장하려는 전략을 취하고 있다.

이처럼 각국은 자신이 강점이 있는 에너지원에 특화된 전략을 통해 단일한 지배가 아닌 분화된 권력의 균형 상태를 만들어내고 있다. 이 구조 속에서 패권은 더 이상 하나의 중심이 아닌 다수의 권력 노드가 공존하는 새로운 질서로 이행 중이다. 이 구조에서 절대적인 단일 패권은 사라지고, 분야별로 상대적 영향력을 지닌 국가들이 균형을 이루는 에너지 지정학이 전개된다. 이는 곧 탈석유 시대의 신에너지 다자주의로의 이행을 의미한다.

이러한 다극화 흐름은 에너지 거래 방식에도 변화를 초래하고 있다. 러시아와 중국은 자국 통화인 루블화와 위안화 기반의 에너지 거래 시스템을 확장하며, 기존의 석유-달러 체제Petrodollar system에 균열을 가하고 있다. 이는 단순한 경제적 수단을 넘어서 에너지 주도권을 매개로 한 국제 질서의 재편을 시도하는 것으로 해석할 수 있으며, 중동 산유국들 또한 그린수소나 블루 암모니아와 같은 차세대 연료 기술을 확보하며 단순한 원유 공급자에서 에너지 기술 플랫폼 국가로의 변신을 모색 중이다.

이 시나리오가 갖는 가장 현실적인 측면은 에너지 전환이 단일한 순간에 이루어지지 않는다는 점이다. 기존의 화석연료 기반 질서와 청정에너지를 중심으로 한 새로운 질서는 당분간 병존할 수밖에 없는 과도기적 혼성 체제 속에서 공존하게 될 것이다. 실제로 2023년을 기준으로 전 세계의 이산화탄소 CO_2 배출량은 여전히 증가세를 보이고 있으며, G20 국가들조차 에너지 소비를 경제 성장과 분리하는 데 실패한 상태이다.

이는 탈탄소 전환의 이상적 담론과 현실 간의 괴리를 여실히 드러내는 지점이다. 이러한 맥락에서 볼 때, 2035년에서 2040년 사이에도 석유, 천연가스, 석탄 등 화석연료는 여전히 중요한 에너지원으로 기능할 가능성이 높다.

동시에 청정에너지의 비중은 점진적으로 확대되며, 복합적이고 다층적인 전환 구조가 지속될 것으로 전망된다. 전환은 대체가 아니라 재배치의 과정이 될 것이며, 이는 곧 새로운 에너지 질서의 형태가 더욱 복잡하고 다원적인 방식으로 형성될 것임을 시사한다.

에너지 시장은 이제 무대가 분할된 지정학적 전장이 되었으며, 기존의 세계 질서 중심이라는 개념은 무의미해지고 있다. 앞으로의 패권은 '어떤 자원을 가지느냐.'보다, '그 자원을 어떻게 기술·금융·외교와 결합하느냐.'에 달려 있다. 다극화는 새로운 안정성일 수도 있지만, 각자의 이익이 충돌하는 불안정성의 시작일 수도 있다.

시나리오 6: 에너지 전쟁의 새로운 차원 – 통제 불가능한 변수의 시대

이 시나리오는 기존의 정치·기술·시장 논리를 넘어, 통제 불가능한 외부 요인이 에너지 패권의 양상을 근본적으로 뒤흔들 수 있다는 가설을 전제로 한다. 이른바 에너지 전쟁이 더 이상 전통적인 자원 확보나 수출입 통제의 수준에 머무르지 않고, 사이버 보안, 핵심 광물, 기후 재난, 정보전 등 복합적 리스크가 교차하는 전장으로 확장될 수 있다는 것이다.

오늘날 에너지 안보는 단지 석유 수송로를 확보하거나 비축량을 늘리는 문제에 그치지 않는다. 오히려 사이버 공격으로 태양광·풍력 기반의 스마트 그리드가 마비되고, 리튬, 코발트, 희토류 등의 핵심 광물 공급망이 지정학적 긴장 속에 차단되며, 기후변화로 인한 폭염·한파·산불·홍수 등 극한 기상이 주요 에너지 인프라를 파괴하는 것과 같은 예상 밖의 사태가 에너지 질서 전반을 마비시킬 수 있는 핵심 위협으로 부상하고 있다. 이러한 복합적 위기는 기존의 예측 모델을 무력화시키며 에너지 패권의 중심축을 비선형적으로 흔들 가능성을 제시한다.

실제 가능성은 이미 현실에서 감지되고 있다. 중국은 현재 전 세계 리튬 공급망의 70% 이상을 통제하고 있다. 만약 중국이 지정학적 갈등을 이유로 리튬 수출을 전격 중단할 경우에는 전기차 산업뿐 아니라 청정에너지 전환의 전제가 무너지는 구조적 충격이 발생할 수 있다. 또한, 고도화된 스마트 전력망이 사이버 공격에 얼마나 취약한지를 보여주는 해킹 사례도 전 세계 곳곳에서 보고되고 있다. 이러한 사태는 송전망이 더 이상 인프라가 아니라 전장의 최전선이 될 수 있음을 경고한다.

이러한 시나리오의 핵심은 전통적 변수와 비전통적 변수의 경계가 무너지는 시대라는 점이다. 기후, 기술, 지정학, 환경, 인공지능, 보안과 같은 모든 요소가 동시다발적으로 작동하며, 누적 효과를 일으키는 복합 충격의 시대로 진입하고 있다. 이는 전문가가 아무리 정교한 시나리오를 설계해도 비선형적 사건 하나로 전체 에너지 전략이 무력화될 수 있음을 의미한다. 이제 에너지 안보의 개념 자체가 재정의되어야 하며, 전환의 속도나 방향을 예측하는 것이 아니라 "무엇이 전환 자체를 중단시킬 수 있는가?"를 묻는 방식으로 질문이 바뀌고 있음을 알 수 있다.

이 시나리오가 현실화될 경우에는 예상치 못한 외부 충격으로 청정에너지 전환이 좌초되거나 지연될 수 있으며, 역설적으로 석유와 가스 같은 기존의 에너지원이 위기 상황에서의 안정적 자산으로 재평가될 가능성이 높아진다.

복원할 수 있는 인프라, 즉시 투입 가능한 발전 수단, 국제 거래 경험이 축적된 시장구조 등은 예측 불가능성이 커질수록 화석연료의 잔존 가치를 상승시키는 요인이 될 수 있다. 다시 말하면, 석유는 사라지는 에너지가 아니라, 비상시에 돌아갈 수 있는 가장 효율적인 수단으로 작동할 가능성이 있다는 것이다. 그럴 경우에 에너지 패권은 기술 혁신의 방향이 아니라 복원력과 회복력을 중심으로 재편될 수 있다.

이제 에너지 질서의 재편은 직선형 경로를 따르지 않을 수 있으며, 예측할 수 있는 범위 바깥에서 진짜 전쟁의 형식으로 등장할 수 있다. 패권은 에너지원의 보유만으로는 유지되지 않는다. 진정한 패권국은 위기에 빠르게 회복하고, 외부 충격에도 시스템을 유지할 수 있는 복원력을 갖춘 국가일 것이다. 그것은 곧 '누가 미래를 설계하는가.'가 아니라, '누가 미래의 충격을 견뎌내는가'의 문제이다.

이 여섯 가지 시나리오 중 어떤 것이 현실이 될까? 아니면 이들이 복합적으로 작용하면서 완전히 다른 모습의 미래가 펼쳐질까? 2025년 현재 러시아-우크라이나 전쟁, AI 혁명, 기후 위기 심화, 지정학적 경쟁 격화 등 우리가 목격하고 있는 변화들은 어떤 시나리오로 귀결될까? 더 중요한 것은 우리가 어떤 선택을 하느냐에 따라 이 시나리오들의 개연성이 달라진다는 점이다. 정책 결정자들의 선택, 기업들의 투자 방향, 소비자들의 행동 변화, 그리고 기술 혁신의 속도가 모두 석유 패권의 미래를 좌우하는 변수들이다. 석유 패권 전쟁의 종료 시점을 묻는 것은 결국 우리가 어떤 미래를 원하고, 그 미래를 위해 무엇을 할 준비가 되어 있는지를 묻는 것과 같다. 답은 아직 정해지지 않았다. 그리고 그것이야말로 가장 흥미로운 지점이다.

시나리오 분석의 틀: 에너지 미래를 가르는 네 개의 축

3부에서는 앞서 설정한 전환의 속도, 지정학적 변수, 그리고 에너지 패권의 재편이라는 세 가지 관점을 바탕으로 에너지 전환의 미래를 예측하는 여섯 개의 시나리오를 분석하려고 한다. 그런데 개별 시나리오의 나열만으로는 전체 그림을 이해하기 쉽지 않기 때문에 복잡한 전환의 양상을 정치적 안정성과 에너지 산업 변화의 속도라는 두 개의 축을 기준으로 설정한 매트릭스(2×2)에 위치시켜 전체 지형을 한눈에 조망할 수 있도록 구성했다.

이 매트릭스는 크게 두 가지 기준으로 구성된다.
첫째는 정치적 안정 대 불안정이라는 국제 질서의 상태이고, 둘째는 에너지 산업의 전환 속도 즉, 화석연료 기반에서 얼마나 빠르게 변화가 일어나는가의 문제이다. 이 두 축이 교차하면서, 총 네 개의 사분면이 형성되며 각 사분면에는 서로 다른 에너지 전환의 시나리오가 대응된다.

구분	정치적 안정	정치적 불안정
빠른 변화	1. 급진적 탈석유 혁명	6. 에너지 전쟁의 새로운 차원
느린 변화	4. 기술적 돌파구와 점진적 전환	2. 지정학적 혼동, 석유 패권연장 3. 다극화된 에너지 패권 체제 5. 탈탄소 역풍과 석유 르네상스

① 정치적 안정 + 빠른 전환: 급진적 탈석유 혁명 (시나리오 1)

이 시나리오는 국제 정세가 비교적 안정적인 가운데 환경을 중시하는 글로벌 합의와 기술 진보가 맞물리며 급진적인 에너지 전환이 실현되는 경우이다. 재생에너지, 전기차, 수소 등 신에너지원의 보급이 빠르게 확산되고, 화석연료는 급속히 퇴출된다. 이는 이상적이며, 가장 낙관적인 전환 시나리오에 해당한다.

② 정치적 불안정 + 빠른 전환: 새로운 에너지 전쟁의 시대 (시나리오 6)

정치적 불안정 속에서도 에너지 산업이 빠르게 변화할 경우에는 전환 그 자체가 새로운 갈등과 충돌의 기제가 된다. 탈탄소를 둘러싼 경쟁, 희귀 자원 확보를 둘러싼 지정학적 충돌, AI 기반 에너지 주권 다툼 등은 기존의 석유 전쟁을 능가하는 복합적 에너지 분쟁으로 이어질 수 있다. '녹색이 새로운 전장이다.'라는 말이 어울리는 시나리오이다.

③ 정치적 안정 + 느린 전환: 석유의 연착륙과 기술 보완형 지속 (시나리오 4)

정치적으로는 비교적 안정적이지만, 에너지 전환 속도가 느린 경우에는 기존의 석유·가스 체계를 개량하고 보완하는 전략이 주를 이룬다. 탄소 포집·저감 기술, 석유화학 고도화, 시추 기술의 정밀화 등을 통해 석유는 환경적으로 덜 나쁜 자원으로 살아남는다. 완전한 탈석유는 아니지만, 현실적인 전환의 과도기에 해당하는 시나리오이다.

④ 정치적 불안정 + 느린 전환: 석유 패권의 지속과 새로운 불안정 (시나리오 2, 3, 5)

정치적으로 불안정하며 에너지 전환도 지체되는 상황은 가장 고전적인 석유 질서가 장기화되는 가능성을 보여준다. 시나리오 2에서 전통적인 산유국과 초강대국의 석유 패권 질서가 유지되고, 시나리오 3에서는 지역 분쟁과 제재, 자원 무기화가 빈번해지며, 시나리오 5에서는 세계는 다극화된 생산·공급 체계 속에서 혼란을 겪는다. 이 경우, 석유는 여전히 가장 전략적인 자원이자 위험의 불씨가 된다. 이는 과거의 반복이자, 미래의 정체라 할 수 있다.

⑤ 탈탄소 역풍과 석유 르네상스: 가장 보수적인 회귀 시나리오

정치적 불안정이 극단으로 치닫고, 에너지 전환이 사실상 중단되는 시나리오다. 극우적 에너지 민족주의, 기후변화 대응의 좌절, 그리고 신기술의 실패가 겹치면서 세계는 다시 석유의 시대인 탄소의 르네상스로 회귀한다. 이는 기후 위기 대응에 있어 역사적 퇴보로 기록될 것이다.

전환은 하나가 아니다: 다층적 가능성의 지형

이러한 시나리오들은 단일한 미래의 예측이 아니라 우리가 마주한 가능성의 지형도를 그린 것이다. 정치적 안정성과 기술 전환 속도라는 두 축은 서로 긴장하고 교차하며 복합적인 결과들을 낳는다. 우리는 지금 그 어느 축 위에 서 있는가? 그리고, 앞으로 어떤 축 위를 선택할 것인가? 그 판단이 우리의 에너지, 나아가 세계의 질서를 결정할 것이다.

"석유 패권 전쟁의 종료 시점을 묻는 것은 결국 우리가
어떤 미래를 원하고, 그 미래를 위해 무엇을 할 준비가
되어 있는지를 묻는 것과 같다.
답은 아직 정해지지 않았다. 그리고 그것이야말로
가장 흥미로운 지점이다."

기후 위기 시대,
석유는 퇴장할 것인가 공존할 것인가

이 질문은 지구 온난화와 기름유출로 환경파괴가 일어났을 때부터 등장한 질문이다. 이는 위의 구분에서 보자면, 빠른 변화라는 측면으로 볼 수 있다. 석유로 인한 환경 문제가 언뜻 생각하면 단순해 보이지만, 실제로는 수많은 이해관계자의 복잡한 이익 구조와 양립하기 어려운 가치들이 얽혀 있는 극도로 복잡한 문제이다. 이 문제를 제대로 이해하기 위해서는 먼저 석유와 환경 문제를 둘러싼 다양한 이해관계자들의 입장을 파악하고, 그들이 직면한 딜레마를 분석한 후, 현실적으로 가능한 해결 방안을 단계별로 모색하는 것이 필요하다.

석유와 환경 문제를 둘러싼 이해관계자들의 지형을 살펴보면 그 복잡성이 드러난다. 대표적인 이해당사자는 시민사회, 소비자, 정부가 있고 역설적으로도 기업도 기존의 석유 유관 기업과 재생에너지 기업의 시각차가 뚜렷하다.

기업: 석유산업의 생존 논리 vs 기술 전환의 부담

정유회사와 석유화학 기업들은 기존 투자비 회수와 고용 유지라는 현실적 압박에 직면해 있다. 이들은 급격한 탈석유 정책이 좌초자산을 대량 발생시키고 수십만 명의 실업을 초래할 것이라고 주장한다. 실제로 대한석유협회에서는 "탄소중립 이행 과정에서 막대한 비용이 발생할 것으로 우려되는데, 이에 대한 구체적인 비용과 국민 부담 등이 제시되지 않았다."라고 지적했다. 반면 이들도 변화의 필요성은 인정하며 CCUS 기술개발과 바이오연료 전환에 투자하고 있지만, 기술적 불확실성과 경제성 문제로 인해 신중한 접근을 원한다.

환경단체: 기술 해법의 한계, 즉각적인 감축 요구

환경단체들은 이와 정반대 입장에 서 있다. 환경운동연합은 "CCUS는 기술적 측면에서나 비용의 측면에서나 상용 가능성이 충분히 검토되지 않았으며, 수소 에너지의 경우에도 대부분 해외 수입에 의존한다는데 이 계획이 실현될 수 있을 것인지 의문이다."라고 지적하면서도, 불확실한 기술적 해법에 의존하기보다는 석유 사용 자체를 급격히 줄여야 한다고 주장한다. 이들은 기후변화의 긴급성을 강조하며 경제적 비용보다 환경적 가치를 우선시해야 한다는 입장이다.

정부: 기후 공약과 경제 안정 사이의 줄타기

정부는 이 모든 이해관계를 조율해야 하는 어려운 위치에 있다. 한국 우리 정부는 2050 탄소중립을 선언했지만, 동시에 경제 성장과 고용 안정도 보장해야 하는 이중 부담을 안고 있다. 정부는 2025년부터 30년간 총 1,200만 톤의 이산화탄소 저장을 계획하고 있지만, 기술적 불확실성과 막대한 비용 때문에 실현 가능성에 대한 의문이 제기되고 있다. 정부의 고민은 자동차 업계의 반응에서도 드러난다. 한국자동차산업협회는 "2030년까지 최대한으로 보급할 수 있는 전기차가 300만 대에 그칠 것으로 내다보고 있지만, 정부는 450만 대를 목표로 하고 있어 150만 대의 간극이 수입 전기차로 모두 채워질 것이다."라고 우려를 표명했다.

소비자: 공감은 있으나 부담은 꺼리는 다중심

소비자들 역시 단일한 목소리로 정의될 수 없는 복합적인 입장을 보인다. 기후변화의 심각성과 환경 보호의 필요성에는 대체로 공감하지만, 에너지 비용의 상승이나 일상적 생활의 불편이 수반될 경우에는 이들은 탈탄소 정책에 대해 즉각적인 저항감을 표출하기도 한다. 특히 중산층 이하 가계는 전기차 구매 비용, 주택 난방·냉방에 드는 에너지 비용, 그리고 재생에너지 확대에 따른 전기요금 인상 등 생활경제에 직접적인 영향을 미치는 비용 부담에 민감하다. 친환경 전환 과정에서 발생하는 비용 전가는 이들의 생계와 소비 패턴에 실질적인 압박을 주며, 정책에 대한 신뢰와 수용성 저하로 이어질 수 있다. 이는 에너지 전환이 단지 산업정책이나 기술적 문제를 넘어, '누가 얼마나 부담할 것인가.'라는 사회적 정의의 문제임을 보여준다. 소비자들은 점점 더 이해당사자이자 평가자로서 작동하기 때문에 에너지 전환 정책이 성공하기 위해서는 단순한 규제나 장려금 이상으로 생활 수준, 계층 간 형평성, 비용의 예측 가능성에 대한 정교한 설계가 필요하다. 결국 에너지 전환은 거시경제의 과제이면서 동시에 미시적 생활경제의 문제이다. 소비자들의 신뢰와 수용성이 확보되지 않는 한 그 어떤 녹색 전략도 현실에서 뿌리내리기 어렵다.

산유국: 생존을 건 에너지 주권의 문제

산유국들은 또 다른 이해관계자이다. 러시아와 같은 산유국은 국가 경제의 구조 자체가 석유와 가스에 깊이 뿌리박혀 있다. 러시아의 경우는 원유와 천연가스 수출이 전체 수출 수입의 약 50%, 국가 재정 수입의 약 40~50%를 차지할 정도로 에너지 자원에 대한 경제 의존도가 절대적이다. 단순한 산업 분야가 아니라 국가의 외교, 안보, 통치 시스템 전반이 석유를 기반으로 작동한다고 해도 과언이 아니다. 이러한 구조 속에서 국제사회의 탈탄소 흐름이 러시아에게는 기후 정의라는 도덕적 명분을 앞세운 구조적 위협으로 다가온다. 기후위기 대응이 명분으로 포장되었을지라도, 실제로는 에너지 주도권을 빼앗기고, 외화 수입 기반을 상실하며, 정치적 영향력까지 약화되는 삼중의 위협을 초래할 수 있기 때문이다.

특히 유럽연합EU의 탄소국경조정제도CBAM*, 국제적 금융기관의 화석연료 투자 철회 움직임, 그리고 수소·원전 등 신에너지 기술을 둘러싼 새로운 표준 경쟁은 산유국들에게 기존의 룰에서 배제당하는 전략적 소외로 인식된다. 러시아는 이러한 위기에 맞서 자국 중심

---

* 탄소국경조정제도CBAM, Carbon Border Adjustment Mechanism : EU가 2023년 10월부터 시행한 제도로, 탄소 규제가 느슨한 국가에서 수입되는 제품에 대해 탄소 비용을 부과하여 EU 역내 기업과의 공정 경쟁을 보장하는 무역 정책이다. 시멘트, 철강, 알루미늄, 비료, 전력, 수소 등 탄소 집약적 산업 제품이 대상이며, 수입업체는 제품 생산 과정에서 배출된 탄소량에 상응하는 CBAM 인증서를 구매해야 한다. 탄소 누출 방지와 글로벌 탄소 감축 촉진을 목표로 한다.

의 에너지 블록 형성, 중국 및 중동 국가와의 장기 천연가스 공급 계약, BRICS 확장 등을 통해 새로운 패권 질서를 재구성하려는 시도를 가속화하고 있다. 산유국에게 탈석유는 단순한 기술적·환경적 전환이 아니다. 그것은 국가의 존립 기반을 전환하라는 요구이며, 일종의 지정학적 무장해제에 가깝게 받아들여진다. 결국 탈탄소 전환은 산유국에게 있어 환경을 둘러싼 국제적 도덕 논쟁을 넘어서, 패권과 생존, 영향력의 지형을 둘러싼 근본적인 권력 투쟁으로 전환되고 있다.

재생에너지 기업과 투자자: 기술의 가능성과 현실의 간극

재생에너지 기업들은 명백히 탈석유 흐름의 주도자이며 기후 위기 대응과 지속 가능한 에너지 전환을 지지한다. 그러나 그들 역시 어쩔 수 없는 현실의 벽 앞에 서 있다. 이들은 탈탄소 사회의 열망을 대표하지만, 동시에 그 실현 과정에서 부딪히는 기술적·경제적 한계를 누구보다 잘 알고 있다. 대표적인 문제가 바로 재생에너지의 간헐성이다. 태양은 항상 뜨지 않고, 바람은 일정하게 불지 않는다. 이러한 간헐성은 안정적인 전력 공급을 어렵게 만들며 이에 따라 에너지 저장 기술ESS의 발전과 기존 전력망과의 연계성 강화가 필수적 과제로 부상한다. 그러나 이들 기술은 아직 대규모 상용화와 비용 효율성 측면에서 미완의 영역에 머물고 있다.

또한, 재생에너지 확대는 단지 발전 설비의 문제가 아니다. 송·배

전 인프라의 근본적 개편, 지방정부와의 갈등 조정, 환경 영향과 지역 수용성 문제 등 복합적인 시스템 변화가 병행되어야 한다. 투자자들의 입장도 이중적이다. 전 세계적으로 ESG 투자 흐름이 강화되면서 친환경 기업에는 막대한 자본이 유입되고 있다. 그러나 동시에 투자자들은 수익성, 사업 안정성, 정책 리스크 등 전통적인 평가 기준을 여전히 중시한다.

즉, 윤리만으로는 투자되지 않으며 수익이 보장되는 윤리가 되어야만 자본이 움직인다. 이러한 상황에서 재생에너지 기업들은 지속가능성 담론의 상징이자, 동시에 경제성의 시험대 위에 놓인 존재가 된다. 기술의 확장 가능성과 경제적 현실, 정책 지원과 시장 신뢰 사이에서 그들은 끊임없이 '가능한 미래'와 '지속 가능한 수익 모델' 사이를 조율해야 한다.

충돌하는 가치들, 그리고 우리가 직면한 딜레마

이러한 복잡한 이해관계 속에서 우리는 여러 딜레마에 직면하게 된다. 환경과 경제, 에너지 안보와 탄소 감축, 그리고 미래와 현재 세대 어디에 짐을 지울 것인가와 기술 변화가 그 축에 있다. 환경 악화 문제는 경제학에서 말하는 외부 불경제 효과 External Diseconomy*의 대표적인 사례이다. 모두 함께 나서지 않으면 먼저 행동한 쪽이 경제적 부담을 지고 손해를 보는 구조가 되기 쉽다. 여기에 국가 간 패권 경쟁이 얽히면 상황은 더욱 복잡해진다. 에너지 전환은 단순한 기술의 문제가 아니다. 그것은 사회 전체가 감당해야 할 선택과 책임의 총합이며, 정치·경제·기술·세대를 가로지르는 복합 과제이다. 전환의 방향이 화석연료 이후의 세계로 정해졌다고 해도 그 속도와 방식은 여전히 자명하지 않다.

에너지 전환을 가르는 네 개의 전략적 갈등 축

앞서 제시한 매트릭스를 기준으로 볼 때, 에너지 전환의 속도를 결정짓는 핵심 요인은 크게 환경 보호와 경제 성장 사이의 균형, 에너지 안보와 탄소 감축 사이의 충돌, 현재 세대의 부담과 미래 세대의 안전 사이의 선택, 기술적 확실성과 시간적 긴급성 사이의 판단이라는 네 가지 갈등 축으로 나눌 수 있다.

이 네 가지 딜레마는 각각 에너지 전환의 속도와 방향을 결정짓는 핵심 변수다. 전환의 속도는 단지 기술력이나 자본 규모로만 좌우되지 않는다. 어떤 가치에 우선순위를 두고, 각 딜레마에 어떻게 대응

---

* 외부 불경제효과 External Diseconomy : 한 경제주체의 생산이나 소비 활동이 시장 거래 없이 다른 경제주체에게 의도하지 않은 부정적 영향을 미치는 현상을 일컫는 말이다. 환경오염, 소음, 교통체증 등이 대표적 사례로, 이러한 사회적 비용이 시장 가격에 반영되지 않아 시장 실패를 초래한다. 정부의 환경세, 배출권거래제, 규제 등을 통해 외부비용을 내부화하여 사회적 최적 수준으로 교정하는 정책적 개입이 필요하다.

하느냐에 따라 전환의 양상은 전혀 다른 길로 전개될 수 있다. 이번 장에서는 이러한 전략적 갈등 축을 중심으로, 우리가 마주한 에너지 전환의 현실과 선택지를 구체적으로 살펴보고자 한다.

첫 번째 딜레마는 환경 보호와 경제 성장 사이의 선택이다.

급격한 탈석유와 탄소중립 추진은 기후 위기 대응이라는 측면에서는 바람직하지만, 동시에 거대한 경제적 충격을 유발할 수 있다. 에너지 전환 비용의 급증으로 인해 2030년대 중반까지 글로벌 경제 성장률이 연평균 1~2% 포인트 하락할 수 있다는 전망도 존재한다. 기술 전환에 적응하지 못한 산업군은 구조조정에 직면하고, 일시적인 실업률 급증과 사회적 불안정이 뒤따를 수 있다. 반면에 현 상태를 유지하며 화석연료 기반의 성장 체제를 지속하는 선택은 단기적 안정성을 확보할 수 있지만, 장기적으로는 기후 재난과 그에 따른 경제적 손실이 전환 비용을 초과할 가능성이 높다. 즉, 지금의 안정을 택할수록 미래의 리스크는 커진다.

두 번째 딜레마는 에너지 안보와 탄소 감축 사이의 선택이다.

우크라이나 전쟁은 이 갈등의 본질을 가장 극명하게 드러낸 사례였다. 러시아산 천연가스의 공급이 갑작스럽게 중단되자, 유럽 각국은 탈탄소 전략보다 에너지 공급의 안정성을 우선순위로 두기 시작했다. 독일의 올라프 숄츠 총리는 기존의 친환경 중심 기조를 넘어서 안보를 핵심 축으로 하는 새로운 다차원적 에너지 포트폴리오 전략을 제시했고, 심지어 녹색당 출신의 로베르트 하베크 경제 장관마저도 원전 수명 연장을 공식 검토했다. 프랑스 역시 2050년까지 최대 14기의 신규 원전 건설 계획을 발표하면서 전통 에너지원의 전략적 활용을 강화하고 있다. 이처럼 탄소 감축은 더 이상 단일 목표로 존재하지 않는다. 이제 그것은 안보, 경제, 산업 전략과 복합적으로 얽힌 다층적 정책 대상으로 재정의되고 있다.

그렇다면 우리는 에너지 안보를 지키기 위해 탄소 감축을 포기해야만 하는가? 탄소 감축을 추진하면서도 에너지 안보를 높일 방법은 없는가? 이 딜레마는 에너지 전환 정책이 이상과 현실, 장기 목표와 단기 대응 사이에서 얼마나 정교한 균형을 요구하는지를 보여준다. 이것은 단순한 기술 문제가 아니다. 전략과 철학의 문제이다.

세 번째는 세대간 책임의 문제다.

탄소중립과 기후 위기 대응에 필요한 막대한 전환 비용을 누가 부담할 것인가? 지금 우리가 희생을 감수해야 하는가, 아니면 미래 세대가 더 큰 재앙을 떠안도록 할 것인가? 이 질문은 단순한 도덕적 문제를 넘어, 정치와 재정, 사회적 합의의 영역으로 확장된다. 당장의 전기요금 상승, 산업 부담, 세금 인상과 같은 현재 세대의 희생을 요구하는 순간에 그 전환은 심각한 사회적 저항에 부딪힌다. 그러나 그 회피가 미래 세대에게는 기후 재난이라는 더 큰 비용으로 돌아올 수 있다는 점은 분명하다.

네 번째는 기술의 선택과 시간의 압박 사이의 딜레마다.

탄소 포집·활용 및 저장CCUS, 수소, 소형모듈원자로 SMR: Small Modular Reactor 등은 미래를 이끌 차세대 기술로 기대되지만, 아직은 상용화와 경제성 면에서 불확실성이 크다. 반면 태양광, 풍력 등은 이미 시장성과 기술적 안정성을 확보한 에너지원이다.

전 세계 탄소포집·저장CCS시장은 2020년 약 4,000만 톤 수준에서 2025년 1억 톤 이상으로 성장할 것으로 전망되지만, 실질적인 감축 효과나 비용 효율성 면에서는 여전히 회의적인 시각이 존재한다. 우리는 검증된 기술에 집중해야 할까? 아니면 혁신 기술에 베팅할 용기를 가져야 할까? 그리고 그 선택을 내릴 시간이 우리에게 충분한가?

이러한 딜레마들을 해결하기 위해서는 변화 속도를 조정하고, 정치적 안정성을 심각하게 고려할 필요가 있다. 우선 2025년부터 2030년까지는 기술 실증과 인프라 구축 단계가 되어야 한다. CCUS 기술의 상용화를 본격적으로 추진하되, 동시에 재생에너지 비중을 단계적으로 확대해야 한다. 모든 주요 석유화학 시설에 탄소 포집 설비 의무화를 검토하고, 전기차 보급을 위한 충전 인프라를 대폭 확충해야 한다. 이 단계에서는 급격한 변화보다는 기술적 기반을 다지는 것이 중요하다.

2030년부터 2040년까지는 전환 가속화 단계다. 바이오연료, 합성연료 등 친환경 대체 연료의 비중을 전체 연료의 50%까지 확대하고, 석유 사용량을 연간 5%씩 체계적으로 감소시켜야 한다. 하지만 남은 석유는 CCUS 기술로 탄소 중립화하여 급격한 경제적 충격을 완화해야 한다. 이 시기에는 국제 협력이 특히 중요하다. 에너지 안보를 위해 다양한 국가와의 에너지 파트너십을 구축하고, 기술개발을 위한 국제 공동연구를 확대해야 한다.

2040년부터 2050년까지는 완성 단계이다. 석유가 주로 화학 원료로만 사용되도록 용도를 제한하고, 모든 석유 관련 시설이 탄소중립을 달성하도록 해야 한다. 포집한 이산화탄소CO_2를 활용해 새로운 부가가치를 만드는 CCU기술이 대중화되어 탄소가 새로운 자원으로 활용되는 순환 경제를 구축해야 한다. 이 단계에서는 기술적 성숙도가 높아지고 비용이 하락하여 경제성도 확보될 것으로 예상된다.

속도의 정치, 전환의 경로: 국가별 에너지 전략의 분기점

에너지 전환의 미래는 단순히 기술이나 자본의 문제에 그치지 않는다. 각국은 저마다의 정치·경제적 여건과 지정학적 조건에 따라 서로 다른 속도와 경로를 택하고 있으며, 이를 단일한 해법으로 수렴하기는 어렵다. 따라서 에너지 전환을 이해하려면, 빠른 변화인가 느린 변화인가라는 기술·시장적 축과 정치적 안정성이 높으냐 낮으냐는 제도적 축으로 구성된 이중 매트릭스를 통해 주요 국가들의 전략을 조망할 필요가 있다.

기존 석유 패권을 유지하려는 국가들: 느린 변화의 전략

미국, 러시아, 중동 산유국들처럼 석유 자원이 국가 경제의 중추를 이루는 국가들은 대체로 느린 전환 전략을 선택하고 있다. 이들에게 탈석유는 단순한 에너지 정책의 전환이 아니라, 국가 수입 구조 전체를 뒤흔드는 문제이기 때문이다.

예컨대 러시아는 국가 예산의 절반 이상을 석유·가스 수출에 의존하고 있으며, 중동 산유국들 역시 석유 수출을 통해 국부펀드를 조성하고 재정 기반을 유지하고 있다. 이들은 에너지 전환의 필요성을 인정하면서도, CCS와 같은 기술 기반의 보완책을 통해 기존 에너지 자산의 수명을 연장하려는 전략을 구사하고 있다.

미국의 경우는 조금 복합적으로 양면 전략과 산업 보호주의가 공존한다. 트럼프 행정부 2기가 출범하면서 에탄 기반 석유화학 제품의 생산 확대가 추진되고 있는 동시에, 인플레이션 감축법IRA: Inflation Reduction Act을 통해 CCS 기술에 약 70억 달러를 투자하는 등 이중 전략을 취하고 있다. 즉, 국내 석유화학산업을 보호하면서도 기후 대응을 위한 기술 투자 역시 병행하는 방식이다.

유럽연합은 기후 선도국에서 에너지 안보의 딜레마로 이동하고 있다. 유럽연합은 원래 가장 빠르고 강경한 에너지 전환 정책을 추진해 온 세력 중 하나다. 2019년 유럽 그린딜Green Deal*과 탄소국경조정제도CBAM, CCS 혁신 기금 등을 통해 탈탄소 전환을 제도적으로 견인해 왔다. 하지만 2022년 러시아의 우크라이나 침공 이후, 에너지 안보라는 현실적 과제 앞에서 균형이 흔들리기 시작했다. 독일은 녹색당 소속 경제장관 하베크의 주도로 원전 수명 연장을 검토했고, 프랑스는 2050년까지 최대 14기의 신규 원전을 건설하겠다는 계획을 발표했다. 이는 유럽이 여전히 빠른 전환을 지향하지만, 정치적 불확실성에 따라 일정 수준의 정책 속도 조절이 불가피하다는 현실을 반영한다.

중국은 에너지 자립과 실용주의적 전환을 진행하고 있다. 중국은 세계 최대 석유화학제품 수입국에서 생산국으로의 전환을 꾀하며, 에너지 자립을 핵심 국정 과제로 삼고 있다. 국가 안보의 관점에서 안정적인 에너지 수급과 공급망 통제를 중시하며, 동시에 원자력, 석유화학, 신재생에너지 등 전략 산업의 기술 자립을 강화하고 있다. 2025년부터는 산업별 수요 증가 속도가 완화되면서 공급과잉 현상도 다소 해소될 것으로 보이며, 이는 에너지 효율화와 구조 전환의 현실적 기반을 마련해 줄 전망이다. 중국은 실용주의적 접근으로 에너지 안보와 기후 대응이라는 두 축을 동시에 고려한 전략을 구사 중이다.

---

* 유럽 그린딜 European Green Deal : 2019년 12월 EU가 발표한 종합적인 기후·환경 정책으로, 2050년까지 유럽을 세계 최초의 탄소중립 대륙으로 만드는 것을 목표로 한다. 청정에너지 전환, 순환경제 구축, 생물다양성 보호, 지속가능한 교통·농업 정책 등을 포괄하며, 'Fit for 55' 패키지를 통해 2030년까지 온실가스를 1990년 대비 55% 감축하는 구체적 실행 계획을 제시한다. 경제성장과 환경보호의 동반 달성을 추구하는 EU의 핵심 정책 패러다임이다.

이러한 국가들의 상이한 전략은 에너지 전환의 미래가 단일한 해법으로 수렴되기 어렵다는 사실을 보여준다. 각국의 기술 수준, 정치 체제, 경제 구조, 사회적 합의 수준에 따라 경로는 다양하게 분기된다. 특히 우크라이나 전쟁과 같은 지정학적 충격이나 경제 위기, 기후 재난 같은 예외 상황은 정책의 속도와 우선순위를 언제든 바꿔놓을 수 있다.

한국은 기술과 목표 사이에서 고난도의 균형을 요구받고 있다. 제조업 중심의 산업 구조, 높은 수출 의존도, 에너지 집약적 생산 공정 등 복잡한 조건 위에, 2030년까지 온실가스를 40% 감축해야 하는 도전적 목표가 얹혀 있다. 이는 주요국 가운데 가장 가파른 감축률로, 연평균 4.17%의 실질적인 전환 속도를 필요로 한다. 미국이나 EU보다도 높은 수준이며, 특히 석유화학 산업은 온실가스의 주요 배출원인 동시에 국가 수출 경쟁력의 핵심 축이어서, 전환 과정에서 산업과 환경의 이해가 첨예하게 맞부딪친다.

이에 따라 한국은 '기술 실증 및 인프라 구축(2025~2030년) → 전환 가속화(2030~2040년) → 구조 완성(2040~2050년)'이라는 3단계 전략을 구상할 필요가 있다. 단계별로 필요한 제도 개편, 사회적 합의, 국제 협력이 함께 이뤄져야만 실현할 수 있는 경로다.

결국 에너지 전환은 할 것이냐 말 것이냐의 문제가 아니라, '어떻게'와 '언제'라는 문제이다. 그리고 그 속도는 기술의 진보보다 정치·

경제·사회적 조건에 의해 결정된다.

세계는 각자 다른 해법을 찾고 있지만, 공통된 과제는 분명하다. 변화는 피할 수 없다는 것, 그리고 그 변화가 누구에게 얼마나 공정하고 지속 가능한가에 따라 미래의 에너지 질서가 갈리게 된다는 점이다.

에너지 전환을 가로막는 세 개의 축: 정책, 환경, 기술

에너지 전환은 단순히 기술력이나 자본 투입만으로 이루어지지 않는다. 각국이 서로 다른 전환 경로를 택하게 되는 근본적인 이유는 정책, 환경, 기술이라는 세 가지 축에서 비롯되는 구조적 제약 때문이다. 이 세 요소는 때로는 전환의 걸림돌로, 때로는 해법의 실마리로 작용하며 서로 얽혀 복잡한 딜레마를 형성한다.

정책의 불균형: 규범은 있으나 실행은 불투명하다

전 세계적으로 기후 위기 대응의 필요성에 대한 인식은 확대되고 있지만, 정책의 강도와 실효성은 국가마다 큰 편차를 보인다. 예컨대 유럽연합은 「탄소국경조정제도^{CBAM}」를 도입해 철강, 시멘트, 알루미늄, 비료, 전력, 수소 등 탄소 집약 산업에 대해 EU 역외 수출국이 탄소 배출량에 상응하는 비용을 부담하도록 하고 있다. 이는 탄소 누출을 방지하기 위한 조치로 설명되지만, 개발도상국에는 비관세 장벽으로 작용할 수 있다.

한국은 2021년 제정된 「탄소중립·녹색성장 기본법」을 통해 2030년까지 온실가스 배출량을 2018년 대비 35% 이상 감축하겠다는 목표를 법적으로 명시했다. 그러나 이를 뒷받침할 산업별 감축 로드맵이나 사회적 비용 분담 구조는 여전히 미비한 상황이다. 즉, 규범은 정해졌지만, 정책 실행력과 지속 가능성은 과제로 남아 있다.

환경의 압박: 시간과의 전쟁

정책 못지않게 중요한 제약 요인은 환경적 시간 압박이다. 기후변화에 대한 국제 과학적 합의는 점점 더 긴박해지고 있다. IPCC*는 지구 평균기온 상승폭을 1.5℃ 이내로 제한하기 위해, 전 세계 이산화탄소 배출량을 2010년 대비 최소 45% 이상 감축하고, 2050년경 탄소중립을 달성해야 한다고 권고하고 있다. 하지만 현재의 배출 속도가 유지될 경우, 2030~2052년 사이 지구 평균기온 상승폭이 1.5℃를 초과할 가능성이 높다. 이는 단지 환경 문제에 그치지 않고, 에너지 시스템 전체에 영향을 미치는 시간과의 싸움이다.

＊ IPCC$^{Intergovernmental\ Panel\ on\ Climate\ Change}$, 기후변화에 관한 정부간 협의체: 1988년 설립된 UN 산하 국제기구로, 전 세계 과학자들이 참여하여 기후변화의 과학적 근거, 영향, 적응 및 완화 방안을 종합 평가하고 보고서를 발간하는 기관이다. 195개국이 참여하며, 약 6-7년 주기로 발간하는 평가보고서$^{Assessment\ Report}$는 기후변화 정책 수립의 과학적 기초자료로 활용된다. 2007년 노벨평화상을 수상하며 기후변화 대응의 과학적 근거 제공 역할을 인정받는다.

재생에너지 비중을 늘리면 발전 단가가 상승하고, 이는 소비자 전기요금 인상과 사회적 비용 증가로 이어진다. 기후 대응의 필요성과 현실 경제 간의 긴장 관계는 여전히 해결되지 않은 채, 시간이 가장 엄중한 제약으로 다가오고 있다.

기술의 한계: 불확실성과 속도 격차

에너지 전환의 핵심 동력으로 기대되는 여러 기술은 아직 불확실성과 상용화 지연이라는 문제를 안고 있다. 대표적인 예가 CCS(탄소 포집·저장) 기술이다. 2020년 기준으로 이 기술은 4,066만 톤의 온실가스만 처리했는데, 이는 당시 전 세계 CO_2 배출량 약 500억 톤의 0.1%에 불과하다. CCS 시장은 연평균 20% 이상 성장할 것으로 예상되지만, 경제성과 대규모 상용화 가능성은 미지수다. 재생에너지 역시 간헐성 문제로 인해 기저 전원 대체가 어려운 상태다. 태양광과 풍력은 날씨와 계절 변화에 따라 생산량이 급변하며, 이를 보완할 ESS(에너지 저장 기술)는 아직 충분히 확산되지 못했다. 전문가들은 이런 기술적 조건을 고려해, 일정 비율의 화석연료 발전 유지와 점신적 전환 전략의 병행이 필요하다고 보고 있다.

이러한 환경적 압박과 기술적 제약, 정책적 불균형은 서로 얽히며 구조적 딜레마를 형성한다. 기후 목표를 달성하려면 더욱 강력한 정책이 필요하지만, 기술적 준비가 부족한 상태에서 급격한 조처를 하면 경제 전반에 충격을 줄 수 있다. 반대로 기술 불확실성을 이유로 정책 실행을 늦추면 환경적 한계점이 더 빠르게 다가온다. 게다가 각국이 자국 중심의 정책을 고수하면 국제 공조가 약화되고, 이는 개별 국가의 정책 효과를 제한하는 악순환으로 이어진다.

한국의 현실과 글로벌 시나리오: 압축된 전환의 시험대

한국은 에너지 전환의 구조적 제약을 가장 압축적으로 보여주는 국가다. 정부는 2030년까지 온실가스를 2018년 대비 40% 감축하겠다는 야심 찬 목표를 설정했지만, 부문별 감축 비율을 보면 그 실현 가능성에는 의문이 제기된다. 예를 들어, 철강 산업은 막대한 온실가스를 배출하는 산업임에도 불구하고 감축목표는 2.3%에 불과하다. 전력 생산 구조에서도 석탄과 LNG 발전이 여전히 전체의 약 40%를 차지하고 있어, 탈화석연료 전환을 위한 실질적인 구조 개편이 시급한 상황이다.

환경적인 측면에서도 한국은 선진국보다 훨씬 더 강도 높은 노력이 필요하다. 2000년대 이후 온실가스 배출량이 지속적으로 증가하고 있으며, 이는 다른 선진국들이 배출량 감축 국면에 접어든 것과는 뚜렷이 대비된다. 이런 상황에서 한국은 훨씬 짧은 시간 안에 급격한 감축을 달성해야 하며, 이는 단순한 목표치 달성을 넘어 경제와 산업 구조 전반을 근본적으로 재편하는 과제인 것이다.

기술 측면에서는 불확실성이 가장 큰 문제다. 정부는 2029년까지

CCUS(탄소 포집·활용 및 저장) 기술개발과 실증 사업에 1조 원 이상을 투자할 계획이지만, 현재까지는 상용화 가능성과 경제성 모두 불투명하다. 전 세계적으로도 CCUS기술을 통한 온실가스 감축 수준은 아직 미미한 수준이다. 재생에너지도 아직 간헐성 문제와 에너지 저장 기술 부족이라는 한계를 안고 있으며, 이에 따라 전력망 안정성을 확보하려면 일정 비율의 화석연료 발전을 유지할 수밖에 없다. 결국, 현재로서는 미래 기술만을 믿고 전환을 추진하기보다는, 기술개발과 실용적 전략의 병행이 필요한 상황이다.

한편, 국제적으로는 국가별 이해관계에 따라 에너지 전환의 속도와 방식이 현격히 다르다. 미국은 셰일가스 생산 확대와 CCS 투자라는 이중 전략을 동시에 펼치고 있으며, 유럽연합은 탄소국경조정제를 통해 외부로부터의 탄소 유입을 억제하려는 움직임을 보인다. 그러나 우크라이나 전쟁 이후, 독일과 프랑스는 기존의 탈원전 기조를 유보하고, 원자력 발전소의 수명 연장 혹은 재확대라는 현실적 에너지 안보 전략으로 선회하고 있다. 중국과 러시아는 각각 자국 내 에너지 자급률 강화를 통해 느린 속도의 에너지 전환을 추구하고 있으며, 이를 통해 지정학적 리스크와 수입 의존도를 최소화하려는 전략을 택하고 있다.

이처럼 각국은 자국의 자원 구조, 산업 기반, 정치 체제, 외교 전략에 따라 서로 다른 전환 경로를 설계하고 있다. 한국은 이러한 국제 흐름 한가운데서, 지정학적 압박과 수출 경쟁력, 에너지 안보와 탄소중립이라는 복합적인 과제를 동시에 안고 있다. 단일한 해법은 존재하지 않으며, 한국에 필요한 것은 혼합형 전략이다. 정책적으로는 탄소국경조정제처럼 일방적 규제가 아니라 개발도상국의 기술 접근성을 높이는 국제 협력 체계를 지향해야 하며, 환경적으로는 1.5℃ 목표 달성이 어려워질 가능성을 감안하되 최소한 2℃ 이내 억제라는 현실적 타협선을 반드시 지켜야 한다. 기술적으로는 수소나 CCUS 같은 미래 기술에 대한 투자와 동시에, 태양광·풍력 등 현재 가능한 기술의 확산과 무탄소 전원인 원전과 소형모듈원전 SMR의 활용과 더불어 효율 향상을 함께 추진해야 한다.

무엇보다 중요한 것은, 지정학적 불확실성과 경제적 현실에 맞는 유연하고 다층적인 전략 설계다. 에너지 전환은 이제 더 이상 기술만의 문제가 아니다. 그것은 정책과 정치, 경제와 산업, 국제 협력과 사회적 합의가 모두 맞물려야 가능한 복합적 전환이며, 예측할 수 있는 미래가 아니라 예외의 순간들 속에서 끊임없이 조정되어야 하는 실천의 과정이다. 그리고 바로 그 지점에서, 한국은 전 지구적 에너지 전환의 가장 첨예한 시험대에 서 있다.

"무엇보다 중요한 것은, 지정학적 불확실성과 경제적
현실에 맞는 유연하고 다층적인 전략 설계다.
에너지 전환은 이제 더 이상 기술만의 문제가 아니다.
그것은 정책과 정치, 경제와 산업, 국제 협력과 사회적
합의가 모두 맞물려야 가능한 복합적 전환이며,
예측할 수 있는 미래가 아니라 예외의 순간들 속에서
끊임없이 조정되어야 하는 실천의 과정이다."

남은 매장량과 새로운 기술 : 석유 개발의 종말 혹은 재시작

석유 개발의 미래를 이야기할 때, 이제 우리는 더 이상 단순히 지하에 남아 있는 매장량의 규모나 기술적 채굴 능력만을 기준으로 삼을 수 없다. 21세기의 석유 개발은 환경 규제의 강화, 경제성 판단 기준의 변화, 정책적 전환, 그리고 '피크 오일Peak Oil'이라는 패러다임 전환과 같은 복합적 요인 속에 놓여 있다.

피크 오일의 새로운 의미와 남은 매장량의 현실

전통적으로 피크 오일Peak Oil은 석유 생산량이 최대치에 도달한 뒤

점차 감소하는, 이른바 공급의 정점을 가리키는 개념으로 이해됐다. 그러나 21세기의 상황은 오히려 그 반대 방향으로 움직이고 있다. 전 세계적으로 에너지 전환과 기후 대응이 가속화되면서 석유 수요가 먼저 정점을 찍고 감소할 가능성이 제기되고 있다. 다시 말해, 석유가 지하에서 고갈되기 전에 시장에서 먼저 외면받을 수 있다는 시나리오다. 이는 공급이 수요를 이끌던 과거와 달리, 수요가 공급을 제약하는 역설적인 국면으로 해석된다.

그렇다고 해서 석유의 지하자원이 고갈된 것은 아니다. 현재 전 세계 확인된 석유 매장량은 약 1조 7,200억 배럴로 추정된다. 국가별로 보면 베네수엘라가 3,038억 배럴로 가장 많은 매장량을 보유하고 있으며, 사우디아라비아(2,672억 배럴), 캐나다(1,678억 배럴)가 그 뒤를 잇는다. 이 수치는 현재의 소비 수준을 기준으로 약 50년 이상 사용할 수 있는 양이다. 그러나 이 50년은 단순한 숫자가 아니다. 앞으로 이 석유가 실제로 얼마나 생산되고 소비될지는, 물리적 매장량보다도 국제 에너지 정책, 친환경 규제, 탄소 가격, 기술 혁신, 그리고 소비자 인식 변화와 같은 복합적인 변수에 의해 결정될 것이다. 결국, 21세기의 석유 개발은 '있는 석유를 얼마나 빨리 캐낼 수 있느냐.'보다는 '남은 석유를 어떤 조건에서, 언제, 어떻게 사용할 것인가.'에 대한 문제로 옮겨가고 있다.

아시아 지역을 보면, 중국해양석유총공사CNOOC는 2018~2025년 간 자국 내 매장량을 2배로 확대하려는 계획을 수립했다. 인도 석유천연가스공사ONGC는 2025/26 회계연도에 하루 47만 배럴의 원유 생산을 목표로 하고 있다. 말레이시아 국영석유회사 페트로나스는 18년의 매장량 수명을 바탕으로 연간 25~28개의 시추 장비를 운용할 예정이다. 이러한 사실들은 아직도 상당한 개발 잠재력이 남아 있음을 시사한다.

공급에서 수요로 이동한 피크오일의 초점

전통적인 피크 오일 이론은 석유 공급 부족에 초점을 맞췄다. 매장량이 줄어들고 생산량이 정점을 찍은 뒤 하락한다는 공급의 정점 개념이었다. 그러나 21세기의 피크 오일은 방향이 달라졌다. 이제는 수요 측면에서 접근해야 한다.

영국 브리티시 페트롤리엄BP이 발표한 2024년 에너지 전망 보고서에 따르면, 두 가지 주요 시나리오 모두에서 2025년이 석유 수요의 정점이 될 것으로 예측됐다. 하루 약 1억 200만 배럴 수준에서 정점을 찍은 뒤, 현재 궤도 시나리오에서는 2050년까지 7,500만 배럴, 탄소중립 시나리오에서는 2,500~3,000만 배럴로 감소할 것으로 전망된다.

중국의 경우 더욱 극적인 변화가 예상된다. 중국석유천연가스집단공사CNPC는 중국의 석유 수요가 2025년에 정점에 도달할 것으로 전망했다. 전기차의 급속한 보급과 천연가스 트럭의 확산으로 가솔린과 디젤 수요가 영구적으로 감소하고 있기 때문이다. 그렇다면, 연료로써 석유제품의 변화는 시작되었다고 볼 수 있다.

그러나 에너지 전환이 가속화된다고 해서 석유 산업이 완전히 소멸할 것으로 단정하기는 어렵다. 연료용 석유 수요는 분명 감소하고 있지만, 석유는 현대 문명의 물질적 토대를 구성하는 핵심 원료로서 여전히 불가결한 역할을 수행하고 있기 때문이다. 우리가 매일 사용하는 스마트폰 케이스부터 자동차 내부 부품의 15~20%를 차지하는 플라스틱, 생명을 구하는 일회용 의료기기와 인공관절까지 석유화학 제품 없는 현대 생활은 상상할 수 없다. 더욱 놀라운 것은 의약품 분야로, 아스피린의 살리실산부터 페니실린계 항생제, 심지어 건강보조제로 복용하는 합성 비타민까지 현대 의약품의 80% 이상이 석유에서 추출한 화학물질을 원료로 한다는 점이다. 일상에서 사용하는 화장품과 세제, 벽을 칠하는 페인트, 신발 밑창의 고무, 입고 있는 폴리에스터 섬유 역시 모두 석유화학 제품이며, 심지어 우리가 먹는 농산물을 기르는 화학비료와 농약도 상당 부분 석유를 원료로 한다. 신선한 농산물이 지구 반대편에서 우리 식탁에 도달할 수 있는 것도, 의약품이 변질 없이 보관되는 것도 모두 PET병과 폴리에틸렌 필름 같은 석유 기반 포장재 덕분이다. 이러한 석유화학 제품들은 전기나 수소와 같은 에너지원으로는 결코 대체할 수 없는 고유한 영역을 형성하고 있다. 비록 바이오 플라스틱과 생분해성 소재 등의 대안이 등장하고 있지만, 항공우주·의료기기·전자제품 등 고성능이 요구되는 분야에서는 아직 석유 기반 소재를 완전히 대체하기 어려운 상황이다. 따라서 미래의 석유 산업은 '연료 공급자'에서 '지속가능한 소재 혁신자'로 역할을 전환하며, 화학적 재활용과 순환경제 시스템을 통해 더 적은 원료로 더 오래 사용할 수 있는 제품을 만드는 방향으로 진화할 것으로 전망된다. 영국 BP의 전망에 따르면, 현재 궤도 시나리오에서 2035년까지 교통 부문의 석유 사용 감소는 석유화학 원료 수요 증가로 상쇄될 것으로 보인다. 신흥국의 경제 발전과 함께 플라스틱, 섬유, 화학제품에 대한 수요는 지속적으로 증가할 가능성이 높아진다.

석유 개발을 둘러싼 딜레마 사고법

석유 개발의 미래를 이해하기 위해서는 딜레마 사고법을 적용할 필요가 있다. 딜레마 사고법이란 서로 상충하는 두 가치나 목표 사이에서 현실적 균형점을 찾아가는 사고 과정이다. 석유 개발 문제는 크게 세 가지 핵심 딜레마로 정리된다.

첫째, 환경 보호와 경제적 현실 사이의 딜레마이다. 기후변화에 대응하기 위해 석유 개발을 중단하는 것은 환경적으로는 이상적인 해법이다. 그러나 현실은 다르다. 석유제품 없이는 현대 문명을 유지하기 어렵고, 급격한 전환은 산업과 고용, 물류 등 경제 전반에 심대한 충격을 초래한다. 이 딜레마의 균형점은 급진적 포기가 아니라, 점진적 전환과 함께 탄소 포집·저장CCS 기술을 활용해 청정 석유 생산 기술을 발전시키는 데 있다.

둘째, 에너지 전환과 석유제품 필요성 사이의 딜레마이다. 재생에너지 확대와 전기차 보급은 분명 석유의 연료 수요를 줄인다. 그러나 플라스틱, 의약품, 합성 섬유, 화학제품 등 석유화학 제품에 대한 수요는 여전히 지속될 전망이다. 이 딜레마의 해법은 용도의 구분이다. 에너지용 석유 개발은 점진적으로 축소하되, 원료용 석유 개발은 선별적·전략적으로 유지하는 방식이 필요하다.

셋째, 글로벌 협력과 에너지 안보 사이의 딜레마이다. 기후변화 대응에는 전 세계적인 협력과 석유 개발 제한이 필수적이다. 그러나 우크라이나 전쟁과 같은 지정학적 불안정성 속에서 각국은 에너지 자립을 위해 자국 내 석유 개발을 강화하는 경향을 보인다. 이 균형점은 국제 협력 체제 안에서 전략적 비축을 강화하고, 지정학적 리스크를 고려해 선별적 개발을 병행하는 것이다.

가장 현실적인 전망은 빠른 변화보다 느린 변화를 전제로 한 점진적 전환 시나리오다. 2025년을 기점으로 석유 수요가 정점을 찍은 이후, 에너지용 석유 개발은 단계적으로 축소되지만, 석유화학 원료용 개발은 일정 부분 지속될 가능성이 높다. 이 과정에서 탄소 포집 기술과 결합된 청정 석유 생산 기술이 핵심 역할을 맡게 될 것이다.

결국 "석유는 언제까지 개발될까?"라는 질문에 대한 답은 '언제까지'가 아니라 '어떻게'에 있다. 환경적 책임과 경제적 현실을 동시에 고려하며, 딜레마 속에서 균형점을 찾아가는 지속 가능한 개발 방식으로 전환하는 것, 그것이 21세기 석유 개발의 미래이다.

"'석유는 언제까지 개발될까?'라는 질문의 답은
'언제까지'가 아니라 '어떻게'에 있다. 환경적 책임과
경제적 현실을 동시에 고려하며, 딜레마 속에서
균형점을 찾아가는 지속 가능한 개발 방식으로
전환하는 것, 그것이 21세기 석유 개발의 미래이다."

우리 일상 속 석유의
숨은 얼굴들

 구석기 시대 인간과 현대인의 DNA는 변한 적이 없다. 바뀐 것은 유전자가 아니라 기술이다. 인류는 돌도끼를 쥐던 손에 이제 스마트폰을 들고 있다. 역사를 돌아보면, 1차 농업 혁명과 2차 증기기관 혁명은 인간의 근육을 기계가 대신하게 한 변화였다. 반면, 3차 정보혁명과 4차 산업혁명은 인간의 지능을 기계가 대신하는 흐름으로 요약할 수 있다. 그러나 조금만 시야를 넓히면 이야기는 달라진다. 손안에 들어가는 IT 기기, 그리고 챗GPT와 같은 AI를 만들어낸 생산품과 생산 체계의 뿌리를 추적하면 그 기반에 석유가 자리하고 있음을 확인할 수 있다.

 이번 장에서 다루는 사례들은 석유가 1~4차 산업혁명 전 과정의 기반이 되거나, 혹은 그 발전과 밀접하게 연결되어 있음을 보여준다. 에너지 전환이라는 거대한 시대적 과제 앞에서, 변화의 속도가 빠르든 느리든, 현대인의 삶이 구석기로 되돌아가지 않기 위해서는 여전히 석유라는 토대가 필요하다는 점을 말하고자 한다.

전기화·AI 시대, 석유는 여전히 그림자 속의 엔진

먼저, 오늘날 AI 기반 시대에서 당신의 손과 머리가 어디를 향하는지 떠올려 보자. 당신이 지금 손에 쥔 스마트폰 한 대를 만들기 위해서는 생수병 한 개의 분량인 약 500ml의 석유가 필요하다. 현재 시중에 나와 있는 스마트폰들의 평균 무게는 190g 정도인데, 이 중 약 28%인 53g이 플라스틱 부품이다. 케이스, 버튼, 스피커 모듈, 내부 절연체 등이 모두 석유에서 추출한 나프타를 원료로 만들어진 플라스틱이다. 중동에서 가져온 원유를 정제하면 15%가 나프타로 분리되고, 이 나프타를 석유화학 공정을 거쳐 85% 효율로 플라스틱을 만들어낸다. 이 과정을 역산하면 스마트폰 한 대에 들어가는 53g의 플라스틱을 만들기 위해서는 약 417g의 원유가 필요하고, 이를 부피로 환산하면 약 500ml가 된다. 전 세계에서 매년 생산되는 스마트폰은 약 15억 대. 이를 모두 만드는 데 필요한 석유량은 7억 5천만 리터로, 이는 부산 시민 350만 명이 약 일주일 동안 사용할 수 있는 양과 맞먹는다. 탈석유를 외치는 시대지만, 손바닥 안의 작은 기계 하나조차 석유 없이는 태어날 수 없는 현실에 우리는 살고 있다.

더 충격적인 사실은, AI 혁명이 가속화될수록 석유 의존도가 기하급수적으로 높아지고 있다는 점이다. 국제에너지기구IEA에 따르면 전세계 데이터센터의 전력 소비는 2024년 415TWh에서 2030년 945TWh로 2배 이상 급증할 것으로 전망된다. 이는 한국 전체 연간 전력 소비량(575TWh)의 1.6배에 달하는 규모이다. 미국 전력연구소 EPRI에 따르면 ChatGPT 한 번 검색 시 2.9Wh의 전력이 사용되는데, 이는 구글 검색(0.3Wh)보다 30배 많은 양이다.* AI 검색 기능이 기존 포털에 통합되는 것만으로도 전력 소모가 최대 30배까지 증가할 수 있다는 의미이다. 문제는 이 엄청난 전력 수요가 여전히 화석연료에 크게 의존하고 있다는 점이다. 한국의 경우 2022년 기준 석탄(35.4%)과 LNG(31.7%)가 전체 발전량의 67.1%를 차지하고 있으며, 미국도 천연가스(43.4%)와 석탄(19.9%)이 63.3%를 담당하고 있다. 이를 기준으로 계산하면, 2024년 전세계 AI 데이터센터는 약 306만 톤의 석유 등가량을 소비하고 있으며, 2030년에는 697만톤으로 증가할 것으로 예상된다. 6년간 391만톤이 추가로 필요한 셈이다. 이는 한국 전체 연간 석유 소비량의 2.3배에 해당하는 규모이다.

실제로 조지타운·에포크AI·랜드 연구소의 공동 연구에 따르면, 2030년 주요 AI 데이터센터는 원자로 9기 분량에 해당하는 9기가와

---

* 미국 전력연구소EPRI, 〈Powering Intelligence〉 2024 (AI 검색 전력 소비)

트GW의 전력을 필요로 할 것으로 예상된다.* 단일 AI 데이터센터 하나가 연간 약 194만톤의 석유 등가량을 소비하는 계산이다. 빅테크 기업들의 실제 데이터가 이를 뒷받침한다. 구글은 2023년 AI 서비스 확장 이후 탄소 배출량이 2019년 대비 48%나 증가했으며, 데이터센터 전력 소비량도 전년 대비 17% 늘어났다고 공식 발표했다. 마이크로소프트 역시 2020년 이후 총 탄소 배출량이 30% 가까이 증가했다고 밝혔다.

친환경을 표방하는 빅테크 기업들이 실상은 석유 소비 가속화의 중심이 되고 있는 셈이다. AI 한 번의 검색이 30배 더 많은 전력을 요구하고, 그 전력의 60% 이상이 여전히 화석연료에서 나오는 현실에서, 우리의 디지털 편의는 곧 석유 의존도 심화로 직결되고 있다.

전기차 시대의 아이러니

내연기관을 대신해 환경 문제와 사용 편의를 위한 전기차가 급속히 보급되고 있지만, 모든 운송 수단을 전기로 대체하는 것은 불가능하다. 특히 항공 산업은 여전히 석유 의존에서 벗어나기 어려운 대표적인 분야다.

---

* EG-TIPS 에너지온실가스 종합정보 플랫폼, '발전설비별 발전량', https://tips.energy.or.kr/statistics/statistics_view0308.do

그 이유는 에너지 밀도의 압도적인 차이 때문이다. 항공유 1kg은 12kWh의 에너지를 저장할 수 있지만, 현재 상용화된 최고 성능의 리튬이온 배터리는 1kg당 0.25kWh에 불과하다. 다시 말해, 같은 양의 에너지를 얻으려면 배터리가 항공유보다 48배 무겁다. 이 차이를 실제 비행에 적용해 보면 더욱 분명해진다. 보잉 777 항공기가 뉴욕에서 런던까지 운항하려면 약 140톤의 항공유가 필요하다. 그런데 이를 배터리로 대체한다면 6,720톤이 필요하다. 이는 항공기 자체 무게의 22배에 해당하는 수치로, 이 정도 무게를 싣는 순간 비행 자체가 물리적으로 불가능해진다.

바로 이런 이유로, 전 세계 항공사들이 앞다투어 탄소중립을 선언하면서도 실제 전략은 다르다. 항공 연료를 전기 배터리로 대체하는 대신, 바이오 항공유SAF, Sustainable Aviation Fuel나 합성항공유e-fuel 같은 대체 연료 개발에 집중하고 있다. 하지만 이들 연료 역시 완전히 탈석유라고 부르기 어렵다. 생산 과정에서 화석연료 기반의 에너지를 사용하거나, 원료로 석유화학 제품을 일부 활용하는 경우가 많기 때문이다. 결국, 하늘을 나는 교통수단은 가까운 미래에도 전기보다 바이오 항공유나 합성항공유 같은 석유 대체재를 중심으로 탄소 감축을 시도할 수밖에 없으며, 이는 항공 산업이 전기화의 흐름에서 상대적으로 뒤처질 수밖에 없는 구조적 이유이다.

우주·해운 산업의 절대 의존

인류가 차세대 성장 동력으로 주목하는 우주 산업의 확산은 의외로 석유 소비를 더 늘리고 있다. 예컨대, 스페이스X의 팰컨9[Falcon 9] 로켓 한 번 발사에는 약 146톤의 케로신이 소모된다. 이 케로신은 석유를 정제해 만든 고순도 항공 연료다. 2023년 전 세계 로켓 발사 횟수는 221회로 역대 최고치를 기록했는데, 이를 모두 합하면 약 32,266톤의 케로신이 하늘로 타올랐다. 우주선 추진은 지구의 강한 중력을 뚫고 나가야 하므로 엄청난 순간 추력이 필요하다. 현재 기술 수준에서 이를 충족시키는 방법은 화학 연료뿐이며, 배터리나 수소 연료로 대체하는 것은 물리적으로 불가능하다.

바다 위의 상황도 크게 다르지 않다. 해운 산업은 전 세계 물류의 80% 이상을 책임지고 있지만, 이 역시 석유 의존도가 높다. 예를 들어, 벙커유와 배터리의 에너지 밀도 차이, 대형 선박의 연료 소모량, 그리고 긴 항로 운항 시 필요한 에너지량을 종합적으로 고려하여 설정해 본다면, 20만 톤급 초대형 컨테이너선이 부산에서 네덜란드 로테르담까지 운항하려면 약 3,200톤의 벙커유가 필요하다. 만약 이를 배터리로 대체하려면 약 15만 4천 톤의 배터리가 필요하다. 이는 선박 전체 적재량의 77%에 해당하는 무게로, 화물을 실을 공간 자체가 사라진다.

또한, 해상 운항의 특성상 바다 한가운데서 배터리가 방전되면 충전할 방법이 없다. 이 때문에 마스크[Maersk] 같은 글로벌 해운 대기업들도 탈석유를 목표로 수소 연료나 암모니아 연료 개발에 투자하고 있다. 그러나 현실적으로 이들 대체 연료의 생산 과정에서도 천연가스나 석유가 필수 원료로 쓰이는 경우가 많다. 즉, 완전한 탈석유와는 여전히 거리가 멀다. 결국, 우주와 바다라는 인류의 확장 영역은 앞으로도 상당 기간 석유 기반 연료에 의존할 수밖에 없는 구조적 한계를 안고 있다.

친환경 인프라 자체가 석유 덩어리

전기화 시대는 겉으로 보기에는 탈석유를 향해 가는 듯 보인다. 전기차, 재생에너지, 스마트 그리드, 탄소중립 선언이 그 표면을 채우고 있다. 그러나 그 이면을 조금만 들여다보면, 그 모든 인프라의 뼈대와 혈관에는 여전히 석유가 흐르고 있음을 확인하게 된다.

우선 전기자 배티리를 만들기 위해서는 리튬, 코발트, 니켈과 같은 핵심 광물이 필요하다. 이 광물을 채굴하는 과정에서 사용되는 모든 중장비는 디젤 엔진으로 움직인다. 칠레 아타카마 사막의 리튬 채굴 현장에서는 하루에만 디젤 500배럴이 소모된다. 콩고의 코발트 광산은 연간 디젤 사용량이 20만 배럴에 달한다. '탄소 없는 이동 수단'을 만들기 위해, 아프리카와 남미의 땅에서 엄청난 양의 석유가 연소되고 있는 셈이다.

더 아이러니한 것은 재생에너지 설비 자체가 석유에 절대적으로 의존한다는 점이다. 풍력 발전기 날개 하나를 제작하는 데는 석유화학 수지 15톤이 필요하다. 100메가와트 규모의 풍력 발전단지를 건설하려면 총 2,400톤의 석유화학 제품이 소모된다. 태양광 패널의 백시트와 인캡슐런트 역시 모두 석유화학 소재로 만들어진다. 전기차 배터리의 핵심 부품인 분리막과 전해액도 마찬가지다. 예를 들어, 테슬라 모델 S 배터리 하나를 제작하는 데 필요한 석유는 300리터에 이른다.

전력을 생산했다면 이제 그것을 송전과 배전을 통해 이용해야 한다. 이 과정에서도 석유는 빠질 수 없다. 고압 송전선의 절연체, 땅속 케이블의 피복재, 변압기의 절연유 모두 석유화학 제품이다. 한국전력이 운영하는 송전선의 총길이는 3만 2천 킬로미터에 달하는데, 이 케이블의 피복재를 제작하는 데만 석유 24만 배럴이 사용됐다. 전기차 충전소 하나를 설치하려면 충전기 본체, 케이블 피복재, 안전 표지판 등에 약 500킬로그램의 석유화학 제품이 필요하다. 전국에 전기차 충전소 1만 개를 설치한다고 가정하면, 총 3만 5천 배럴의 석유가 들어가는 셈이다. 아무리 AI를 활용해 스마트 그리드를 구현하고 전력 생산과 소비를 효율화한다 해도, 전기를 전달하는 물리적 전선이 없다면 그 모든 기술은 무용지물이다.

더 나아가 전기화가 근본적으로 불가능한 산업도 있다. 대표적인 예가 철강과 시멘트 산업이다. 철강을 생산하려면 철광석을 1,500도

이상의 고온에서 녹여야 하는데, 이 온도를 만들기 위해서는 코크스라는 석탄 가공품이 필수적이다. 전기로만으로는 이러한 초고온을 경제적으로 달성할 수 없다. 포스코가 1년 동안 사용하는 코크스는 1,200만 톤이며, 이는 석탄 1,600만 톤을 가공한 양에 해당한다. 시멘트 산업도 마찬가지다. 석회석을 시멘트로 만들기 위해서는 1,450도의 고온이 필요하고, 이를 위해 석탄이나 중유를 태워야 한다. 한국의 시멘트 회사들이 연간 사용하는 석탄은 400만 톤에 이른다.

철과 시멘트는 현대 문명의 기본 골격이다. 철근 콘크리트로 지어진 주거와 사무 공간, 도로와 교량, 항만과 댐 모두가 철과 시멘트를 기반으로 한다. 이 재료들을 생산하는 데 필요한 에너지원이 단 한 순간이라도 끊긴다면, 현대인의 생활 기반은 순식간에 붕괴될 것이다. 결국 전기화 시대라 불리는 오늘날에도, 그 근간에는 여전히 석유가 절대적인 위치를 차지하고 있다. 겉으로는 탈석유의 깃발이 펄럭이지만, 그 깃대를 세우는 땅속에는 여전히 석유가 흐르고 있다.

한편, 앞에서 상세히 다루었던 화학 공업은 이 지점에서 간단히만 부연하겠다. 이 산업은 "석유 없이도 존재할 수 있는가?"라는 질문에 단호히 "아니오."라고 답할 수밖에 없는 대표적 분야이다. 플라스틱, 합성수지, 합성 섬유, 합성고무 – 이 네 가지 핵심 소재의 99%는 석유나 천연가스를 원료로 한다. 이는 단순히 연소해 에너지를 얻는 용도가 아니라, 석유가 화학 반응의 출발점이자 분자 구조의 근간이 되는 경우이다. 다시 말해, 화학 공업을 전기로 대체할 수 있는가의 문제가 아니라 원료 자체를 무엇으로 바꿀 것인가의 문제로 귀결된다. 대표적인 예가 나프타이다. LG화학, 롯데케미칼 같은 국내 석유화학 대기업들이 연간 소비하는 나프타의 양은 1,500만 톤에 달한다. 나프타는 에틸렌·프로필렌·부타디엔 등 기초 유분(기유, Base Oil)을 만드는 출발점으로, 이를 통해 플라스틱, 합성고무, 합성 섬유, 페인트, 의약품 원료에 이르기까지 방대한 산업이 연결된다. 나프타를 전기로 대체한다는 발상은 물리적으로나 화학적으로 불가능하다. 나프타는 단순한 에너지원이 아니라, 현대 산업의 분자 구조를 지탱하는 기본 골격이기 때문이다.

석유 없는 하루, 문명이 멈추는 날

만약 내일 당장 전 세계 석유 공급이 중단된다면 무슨 일이 벌어질까? 3·4차 산업혁명에서 말하는 편리한 삶의 상실이 아니라 우리의 생존 그 자체가 위협받는다.

가장 먼저 마비되는 곳은 병원이다. 수술실에서 사용하는 일회용 수술복, 장갑, 마스크, 주사기의 95%가 석유화학 제품으로 만들어진다. 심장 수술 한 번에 들어가는 일회용 의료용품을 생산하려면 원유 15리터가 필요하다. 전국 병원에서 하루 동안 사용하는 의료용품을 만들기 위해서는 원유 8,000배럴이 필요하다. 이는 대형 유조선 반 척 분량에 해당한다.

석유 공급 중단은 1차 산업, 특히 농업에도 치명적이다. 오늘날 지구 80억 인구를 먹여 살리는 농업 생산성의 40%는 석유에서 추출한 질소 비료 덕분이다. 쌀 1킬로그램을 생산하려면 질소 비료 20그램이 필요한데, 이것을 제조하는 하버-보슈 공정에서는 천연가스 200그램이 소모된다. 만약 이 공정이 멈추면 전 세계 농업 생산량은 1900년 수준으로 곤두박질치고, 약 40억 명이 기아에 직면하게 된다.

농업용 대형 기계 역시 전기화가 사실상 불가능하다. 하루 12시간 이상 연속 작업하는 대형 트랙터나 콤바인은 경유로 움직인다. 예를 들어, 존디어 John Deere의 대형 트랙터는 하루 200리터의 경유를 소모한다. 이를 배터리로 대체하려면 무려 20톤의 배터리가 필요하다. 트랙터 자체 무게가 15톤인 것을 고려하면, 배터리가 기계보다 더 무거워지는 셈이다. 게다가 농촌 지역은 충전 인프라조차 턱없이 부족하다.

가장 충격적인 사실은 인간의 생명 유지 자체가 석유에 달려 있다는 점이다. 뇌전증 환자가 복용하는 항경련제, 우울증 환자의 항우울제, 당뇨병 환자가 사용하는 인슐린 주사기와 혈당 측정기와 같은 모든 것이 석유화학 공정을 거쳐야만 만들어진다. 전 세계 의약품의 90% 이상이 석유를 원료로 하거나, 석유 기반의 화학 공정을 통해 생산된다. 코로나19 팬데믹 당시 백신 개발 과정에서 사용된 PCR 시약, 배양 접시, 피펫 팁의 99% 역시 석유화학 제품이었다.

이렇게 보면, 석유는 단순히 산업 문명을 유지하는 에너지원이 아니라, 인류 생존의 필수 재료다. 내일 당장 석유가 멈춘다면, 세계는 하루도 버티지 못할 것이다.

석유 없이 살 수 있느냐는 질문의 함정

오늘날 현대인에게 "석유 없이 살 수 있는가?"라는 질문은 이제는 성립하기조차 어려운, 어쩌면 우스꽝스러운 물음으로 들린다. 그러나 여기서 간과되는 중요한 사실이 있다. 바로 석유라는 단어가 맥락에 따라 전혀 다른 의미로 쓰이고 있다는 점이다. 환경 문제에서 말하는 탈석유와, 우리 생활에서 절대적으로 필요한 석유는 사실상 서로 다른 개념이다.

전 세계 석유 생산량을 용도별로 나누어 보면, 연료용이 약 78%, 석유화학 원료용이 약 17%, 기타 용도가 5%를 차지한다. 연료용 석유는 가솔린, 경유, 항공유, 중유 등. 태워서 에너지를 얻는 과정에서 대량의 이산화탄소를 배출한다. 원료용 석유는 플라스틱, 의약품, 합성 섬유, 화학제품의 기초 원료. 제품 속에 고체 형태로 남아 있어 직접적인 이산화탄소 배출과는 무관하다. 환경운동에서 문제 삼는 석유는 대부분 전자인 연료용 석유이다. 반면, 우리가 스마트폰을 만들고 병원에서 수술을 가능하게 하는 생활 필수 석유는 석유화학 원료용 석유이다.

이 때문에 탈석유 사회라는 표현은 더 정확히 말하면 탈연료 석유 사회로 이해해야 한다. 자동차의 가솔린과 경유, 발전소의 중유, 항공기의 항공유 사용을 줄이는 것이 핵심이지, 석유화학 원료까지 없애는 것은 현실적으로 불가능하다. 실제로 유럽연합EU의 그린딜이나 미국의 인플레이션 감축법IRA도 연료용 화석연료 사용 감축에 방점을 찍고 있으며, 석유화학 산업 자체를 금지하지는 않는다.

연료용 석유와 원료용 석유는 정제 과정에서 동시에 생산되지만, 서로 대체 불가능한 화학적 특성을 지닌다. 원유를 정제하면 가솔린, 경유, 중유, 나프타 등이 함께 나온다. 연료용 수요를 줄인다고 해서 원료용 나프타까지 자동으로 줄어드는 것은 아니다. 오히려 석유화학 산업이 발달하면 나프타 수요는 더 증가한다. 이 경우 연료용 석유 소비 감소로 정제 수익 구조가 흔들리고, 나프타 가격이 오를 가능성도 있다.

문제는 대중이 이 구분을 명확히 인식하지 못한다는 점이다. 탈석유라는 구호 아래 모든 석유 사용을 동일하게 '악'으로 취급하는 경향이 있다. 그러면서도 모순된 행동을 한다. 플라스틱 빨대는 금지하면서 스마트폰 케이스는 당연히 쓰고, 일회용 비닐봉지는 비난하면서 의료용 일회용 장갑은 필수로 인정한다.

이러한 모순은 결국 '석유=연료'라는 단순화된 인식에서 비롯된다. 그리고 이 인식의 혼동은, 현대 문명의 기초를 이루는 석유화학

산업의 가치를 외면하게 만든다.

석유의 미래, 구분과 순환의 시대

미래의 지속 가능한 사회로 가는 길은 단순히 석유를 버리는 것이 아니다. 연료용 석유의 사용은 최대한 줄이되, 원료용 석유는 더 효율적이고 재활용 가능한 방식으로 활용하는 방향이 현실적이다.

순환 경제의 개념처럼, 석유화학 제품은 한 번 쓰고 버리는 구조에서 벗어나야 한다. 사용 후에도 다시 회수하여 재사용하고, 최종 단계에서는 화학적 재활용을 통해 다시 원료로 돌려보내는 순환 시스템이 필요하다. 이 과정은 단순 분리수거를 넘어, 화학분해·정제·재합성 같은 첨단 재활용 기술을 기반으로 해야 한다. 또한 바이오매스나 이산화탄소를 활용한 대체 원료 개발도 필수적이다. 하지만 이는 하루아침에 완성될 수 없는, 장기간의 기술개발과 산업 전환이 필요한 과제이다.

결국 "석유 없이 살 수 있는가?"라는 질문에 대한 답은 "어떤 석유를 말하는가?"에 따라 완전히 달라진다. 연료용 석유는 재생에너지 확대와 전기화 기술 발전으로 상당 부분 대체할 수 있다. 하지만 원료용 석유는 당분간은 대체 불가능한 분야가 많다. 우리에게 필요한 것은 무조건적인 반석유 정서가 아니다. 오히려 석유의 다양한 용도를 구분하고, 각각의 성격에 맞는 현실적 대안을 찾아가는 전략적 접근이다.

석유는 여전히 현대 문명의 혈액과도 같다. 문제는 이 혈액을 끊을 것인가가 아니라, 어떻게 순환시키고 얼마나 효율적으로 사용할 것인가에 달려 있다.

"현대 인류는 이미 석유 없이는 일상을 유지할 수 없는 시대를 살고 있다. 우리는 태어나는 순간부터 생의 마지막까지 석유로 만들어진 무수한 제품들 속에서 살아간다.
그런데 '탈석유'라는 구호 아래 석유 사용을 무조건 '악'으로 규정하는 시각이 있다. 이는 석유를 단순히 연료로만 인식하고, 석유화학이 가져다주는 광범위한 가치를 제대로 이해하지 못하는 데서 비롯된다.
이제는 석유를 완전히 배제하는 것이 아니라, 석유의 지속가능한 순환을 진지하게 고민해야 할 시점이다."

트릴레마 시대의 석유산업, 생존을 위한 균형 감각

　현대 석유산업이 직면한 복잡한 딜레마를 이해하려면 먼저 이 '에너지 트릴레마'가 어떻게 형성되었는지 역사적 맥락을 살펴볼 필요가 있다. 오늘날 우리가 목격하는 에너지 안보, 경제성, 환경 보호 간의 첨예한 갈등은 하루아침에 생긴 것이 아니라, 지난 반세기 동안 누적된 구조적 모순의 결과물이다.

　3부 1장에서 제시한 매트릭스를 떠올려 보자. 각국은 에너지 전환을 향해 저마다 다른 속도로 정책과 기술 변화를 추진했지만, 그 과정은 종종 거대한 국제 사건에 의해 궤도가 바뀌었다. 오일쇼크, 미국의 이라크 침공, 이란 경제 제재, 그리고 중국 석유화학 산업의 부상은 모두 정치적 불안정을 불러오며 전환의 경로에 뚜렷한 변곡점을 새겼다. 모두 에너지 트릴레마의 첫 번째 축인 에너지 안보 문제와 직결되어 있었다.

이 논의에서 빼놓을 수 없는 사건이 바로 1960년 9월, 이라크 바그다드에서 벌어진 회합이다. 이라크, 이란, 사우디아라비아, 쿠웨이트, 베네수엘라 5개국이 모여 석유수출국기구 OPEC를 결성했다. 당시 OPEC은 단순히 원유 공시가격의 하락을 막고 산유국 간 정책 협력을 강화하기 위한 가격 카르텔 성격의 기구였다. 그러나 이 조직이 세계 경제에 던진 진짜 파장은 13년 후에 터졌다.

제1차 석유파동 — 석유가 정치 무기로 변한 순간

1973년 10월 6일, 제4차 중동전쟁인 욤키푸르 전쟁이 발발했다. 불과 열하루 뒤인 10월 17일, 아랍 석유수출국기구 OAPEC는 이스라엘을 지원하는 서방 국가들에 대해 석유 금수조치를 선언했다. 그 결과 석유 가격은 배럴당 3달러에서 12달러로 4배 폭등했다. 이 사건은 전 세계에 석유가 더 이상 단순한 상품이 아니라, 국가의 생사를 가를 수 있는 강력한 정치적 무기임을 각인시켰다.

하지만 우리는 OPEC의 결성을 단순히 경제적 행위로만 볼 수는 없다. 이는 오랜 서구 지배에 맞선 중동 국가들의 에너지 주권 회복 운동이기도 했다. 20세기 초, 영국과 프랑스는 식민지 확장 과정에서 사이코스-피코 협정Sykes-Picot Agreement*을 통해 중동을 분할 지배했다.

오늘날에도 국가 없이 떠도는 쿠르드족의 비극은 1차 세계대전으로 거슬러 올라간다. 당시 서구 열강은 오스만 제국을 약화시키기 위해 쿠르드족의 독립을 약속했으나, 전쟁이 끝난 뒤 약속을 뒤집고 인위적으로 국경선을 그어 쿠르드 영토를 인정하지 않았다. 이는 석유 자원에 대한 지배력을 강화하기 위한 전략이었다. 그 결과 쿠르드족은 지난 100여 년 동안 정치적 박해와 군사적 탄압 속에서 버려졌다가 필요할 때만 이용당하는 처지를 반복해 왔다. 특히 이란·이라크 등지에서 막대한 석유가 발견되면서, 해당 지역의 석유 독점권은 서구 세력의 손에 넘어갔다.

2차 세계대전 이후 영향력을 확대한 미국은 중동 장악을 위해 영국·프랑스와 갈등하기도 했다. 1956년 수에즈 위기에서는 미국이 두 나라를 제지했고, 그보다 앞선 1953년에는 더욱 결정적인 사건이 벌어졌다. 당시 민주적으로 선출된 모하마드 모사데그 이란 총리가 석유 국유화를 선언하자, 영국과 미국은 손을 잡고 쿠데타를 사주해 그를 축출했다. 이 사건은 훗날 OPEC 결성에 불씨가 됐다.

---

* 사이코스-피코 협정Sykes-Picot Agreement, 1916년: 제1차 세계대전 중 영국과 프랑스가 오스만 제국 해체 후 중동 지역 분할 통치를 위해 체결한 비밀 협정이다. 영국 외교관 마크 사이코스와 프랑스 외교관 프랑수아 조르주 피코가 협상을 주도했으며, 현재의 시리아·레바논을 프랑스 영향권, 이라크·요단을 영국 영향권으로 설정하고 있다. 아랍인들의 자결권을 무시하고 인위적 국경선을 그어 현재 중동 지역 갈등과 정치적 불안정의 역사적 근원이 된다.

일곱자매

OPEC 회원국들이 직면한 최대 과제는 영미 석유 메이저 기업들의 영향력 축소였다. 이탈리아 국영기업 ENI의 초대 회장이 비꼬아 부른 이름인 '일곱 자매 Seven Sisters' – 엑손, 모빌, 셰브론, 걸프 오일, 텍사코, 셸, BP – 는 세계 석유 시장을 장악하고 있었다. OPEC에게 석유는 단순한 산업재가 아닌 국가 생존과 주권 회복의 상징이었다. 반면 서구 진영에서는 이를 에너지 안보 차원에서 관리하고 통제하려는 암묵적 전략이 작동했다.

제1차 석유파동은 에너지 수입국들에 큰 충격을 주었다. 특히 한국처럼 자원이 거의 없는 국가는 석유 의존의 위험성을 절실히 깨달았다. 2023년 기준 한국의 에너지 수입 의존도는 93.9%이고, 석유 의존도는 37.3%, 경제 원유 의존도 지수는 OECD 1위인 5.70이다.

이 수치는 한국이 세계에서 가장 취약한 석유 의존 구조를 가진 국가임을 보여준다.

제2차 석유파동과 트릴레마의 심화

1979년 제2차 석유파동은 트릴레마 구조를 더욱 공고화했다. 이란 혁명으로 석유 수출이 전면 중단되자 가격은 배럴당 20달러로 치솟았다. 두 차례의 석유파동을 거치며 산유국들은 공급량 조절을 통한 가격 통제력을 확보했고, 에너지 소비국들은 안보 차원에서 에너지 다변화의 필요성을 절감했다.

한국이 직면한 에너지 트릴레마는 다른 국가들보다 더 심각하다. 먼저 에너지 안보 측면에서, 러시아-우크라이나 전쟁은 전 세계 에너지 시장의 불안정을 극대화했다. 전쟁 이후 각국이 에너지 자국 우선주의 정책을 강화하면서, 한국과 같이 전량 수입에 의존하는 에너지 구조를 가진 국가는 그 취약성이 더욱 선명해졌다. 실제로 액화천연가스LNG 가격은 2021년 평균 18.5달러에서 2022년 7월 평균 31.0달러로 치솟았다. 이 급등은 곧바로 발전 단가 상승으로 이어졌고, 전력 비용과 제조업 원가 전반을 끌어올렸다.

경제성 측면에서 석유는 여전히 가장 효율적인 에너지원 중 하나로 인정받고 있다. 높은 에너지 밀도와 기존 인프라 활용 가능성 그리고 상대적으로 저렴한 비용 등이 주요 장점이다. 그러나 석유파동 이후 각국은 에너지 안보와 경제성 사이에서 풀기 어려운 딜레마에 빠졌다. 자국 내 에너지 개발을 확대하면 안보는 강화되지만, 비용이 급증하고, 저렴한 수입 석유에 의존하면 경제적 효율성은 높아지지만, 안보 위험이 커지는 구조적 모순이 고착화된 것이다. 여기에 석유는 단순한 연료일 뿐만 아니라, 2차 산업 생산재로서의 석유화학 원료 수급이 절대적으로 필요하고, 대규모 제조공정에 필수적인 연료 수요 또한 막대하다. 이처럼 원료와 연료라는 이중 수요 구조는 언제든 수급 불안을 야기할 수 있다. 신재생에너지 확대나 에너지 전환은 이러한 현실에서 경제성을 무시하고 추진할 수 없으며, 투자 효율성, 실효성, 전환 경로 설계가 필수적으로 검토되어야 한다. 더욱이 4차 산업혁명과 첨단소재 산업의 성장세는 오히려 신소재와 에너지 수요를 늘려 석유 의존을 완전히 대체하기 어려운 현실을 보여준다.

제조업 중심의 한국 경제는 에너지 집약적 특성이 있어 가격 변동의 파급효과가 크다. 무역 의존도는 수출 31.28%, 수입 28.55%로 총 59.83%에 달하며, 에너지 가격이 오르면 수출입 비용과 생산원가, 물가 전반이 동시에 압박을 받는다. 실제로 전쟁 이후 국내 휘발유 가격은 리터당 2,000원을 돌파했고, 경유 가격은 1,920원 선을 오가며 사상 최고치를 경신했다. 이러한 급등은 가계 소비 여력을 위축시키고, 운송·물류·제조 전 부문에 걸쳐 전방위적인 비용 상승 압박을 가중시켰다.

환경이라는 세 번째 축이 에너지 트릴레마에 본격적으로 편입된 시점은 1990년대 이후이다. 기후변화에 대한 과학적 근거가 확립되고, 탄소 배출 감축이 국제사회의 공통 의제로 부상하면서 환경 요소는 더 이상 부차적인 고려 사항이 아니게 됐다. 특히 2015년 파리협정을 기점으로 각국이 탄소중립 목표를 설정하자, 에너지 정책은 환경을 필수적으로 반영하는 방향으로 전환됐다.

한국의 상황도 크게 다르지 않다. 국내 온실가스 배출량은 2000년부터 2017년까지 연평균 2%씩 증가하고 있어 탄소중립 목표 달성을 위해서는 급격한 전환이 필요한 상황이다. 그러나 2018년을 정점으로 배출권거래제 강화, 재생에너지 보급 확대 등의 정책이 효과를 내면서 2년간 약 10% 감소라는 변화를 보였다. 이는 탄소중립을 위한 구조적 전환 가능성을 보여준 사례였다.

2020년 10월, 문재인 정부는 2050년 탄소중립 목표를 공식 선언했다. 이어 2021년 8월 31일, 「기후위기 대응을 위한 탄소중립·녹색성장 기본법」이 국회를 통과하면서 탄소중립은 법적 의무가 됐다. 정부는 그린뉴딜 정책의 일환으로 2025년까지 약 56조 3천억 원을 투자하겠다고 발표하며, 산업과 에너지 구조 전환의 속도를 높이겠다는 의지를 드러냈다.

이재명 정부는 이러한 트릴레마 구조를 더욱 적극적으로 해결하려는 정책 방향을 제시하고 있다. 산업통상자원부와 환경부로 분산된 에너지·기후 정책을 통합하기 위해 '기후에너지부' 신설 등 기후에너지 정책의 거버넌스 개편을 추진하고, 2050년에서 2040년으로 탄소중립 목표 시점을 10년 앞당기는 계획을 제시했다. 재생에너지와 탄소중립 산업을 '제2의 반도체 산업'으로 육성하고, 전국을 연결하는 에너지 고속도로를 구축해 재생에너지 중심의 분산형 에너지 체계를 마련하겠다는 전략도 내놨다. 이는 에너지 생산·유통·소비 전 과정을 근본적으로 재편하겠다는 선언에 가깝다.

에너지·경제·환경의 트릴레마: 첨예한 이해관계의 충돌

이러한 복잡한 이해관계 속에서 각 주체들의 입장은 첨예하게 대립한다. 에너지 안보, 경제성, 환경 지속 가능성이라는 세 목표는 상호보완적이면서도 때로는 상충한다. 이 갈림길에서 각 주체의 이해관계는 극명하게 갈린다.

산유국들은 석유 수출 수입에 경제가 절대적으로 의존하기 때문에 급진적 탈석유 정책에 강하게 반발한다. 반면, 석유 수입국들은 안정적 공급과 가격 경쟁력, 그리고 환경 목표 사이에서 줄타기를 해야 한다. 석유기업들은 주주 가치 극대화와 ESG 경영 사이에서 균형점을 모색하고, 환경단체들은 기후 위기의 심각성을 강조하며 화석연료 사용의 즉각적 중단을 요구한다.

이 첨예한 대립 구도 속에서 기술은 중요한 돌파구로 주목받고 있다. 그 대표적인 예가 탄소 포집·저장·활용[CCUS] 기술이다. CCUS는 석유 사용으로 발생한 이산화탄소를 직접 포집해 저장하거나 산업적으로 재활용함으로써 배출량을 줄이는 핵심 기술로 꼽힌다.

한국 정부는 CCUS를 비롯해 에너지 효율 극대화 기술, 차세대 태양전지, 친환경 연료 개발 등 탄소중립 달성을 위한 전략 기술에 집중적으로 투자하고 있다. 이러한 기술이 상용화된다면, 탄소 배출을 대폭 줄이면서도 에너지 안보와 경제성을 동시에 확보할 수 있을 것으로 기대된다.

정책 차원에서는 탄소 가격제의 합리적 설계가 관건이다. 탄소 가격제란 탄소세나 배출권거래제를 통해 환경 비용을 시장 가격에 반영하는 제도다. 한국 정부는 기후 대응 기금 신규 조성, 세제 개편, 부담금 체계, 배출권거래제 재구축 등을 추진 중이다. 다만, 가격 신호를 강화하되 급격한 제도 변화로 인한 산업계와 소비자의 경제적 충격을 최소화하는 세심한 설계가 필수적이다.

트릴레마의 해법은 한 국가의 노력만으로는 한계가 뚜렷하다. 최근 국제무대에서도 무탄소 에너지 전환을 위한 협력의 필요성이 거듭 강조되는 것은 바로 이러한 인식에서 비롯된 것이다. 에너지 안보, 경제 성장, 기후 대응이라는 복합 과제는 결국 국제적 협력 체계 안에서만 풀어낼 수 있는 문제다.

그러나 현실은 냉혹하다. 트릴레마에서 완전히 벗어나는 것은 사실상 불가능하다. 국가와 지역마다 정치·경제·산업 구조가 다르고, 그에 따른 이해관계도 첨예하게 대립하기 때문이다. 특히 한국처럼 에너지 수입 의존도가 93.9%에 달하고, 제조업이 국가 경제의 중추를 이루는 나라에서는 트릴레마의 압박 강도가 훨씬 크다. 따라서 트릴레마를 완전히 해소하기보다는 세 목표 간의 충돌을 완화하고, 상황에 따라 우선순위를 조정하며 균형점을 찾아가는 것이 현실적인 접근이다.

이제 한국 석유산업은 단순한 원유 공급자 역할에서 벗어나야 한다. 에너지 전환과 기후 위기는 산업의 존재 방식 자체를 재정의하고 있다. 이재명 정부가 제시한 2040년 탄소중립 목표와 기후에너지부 신설 계획은 이러한 변화의 속도를 더욱 앞당길 것이다.

따라서 한국의 에너지 정책과 석유산업 전략은 트릴레마를 완전히 해소하려는 비현실적 목표보다, 세 목표 간 충돌을 완화하고 상황에 따라 유연하게 우선순위를 조정하며 지속 가능한 균형점을 찾아가는 방향으로 설계되어야 한다. 이는 곧, 석유산업이 에너지 공급자에서 에너지 전환의 핵심 행위자로 변모해야 함을 의미한다.

"트릴레마를 완전히 해소하기보다는 세 목표 간의 충돌을 완화하고, 상황에 따라 우선순위를 조정하며 균형점을 찾아가는 것이 현실적인 접근이다."

석유산업의 내일을 설계하는 세 가지 전략

앞서 살펴본 에너지 트릴레마의 복합적 구조는 석유산업의 미래에 대해 단순하고 일방적인 해답을 허용하지 않는다. 지금 한국 석유산업은 생존과 직결된 근본적 전환의 시대적 요구 앞에 서 있으며, 이러한 상황에서 우리는 세 가지 주요한 미래 시나리오를 통해 그 진화의 방향을 자세히 탐색할 필요가 있다.

첫째, 기존 석유산업의 경제적 효율성을 극대화하는 전략이다. 이는 공급 안정성과 가격 경쟁력 확보를 통해 산업생태계의 기반을 유지하려는 접근이다. 둘째, 환경적 책무성과 지속 가능성을 산업 구조 전반에 강화하는 방향이다. 기후 위기 대응과 에너지 전환이라는 전 지구적 흐름 속에서, 석유산업 역시 새로운 생존 논리를 찾아야 한다. 셋째, 경제성과 환경성 사이에서 현실적 균형을 모색하는 절충적 경로다. 이는 양자택일이 아닌 동시적 충족을 목표로 하는 전략으로, 가장 유연하지만 가장 복합적인 선택지이기도 하다.

이러한 시나리오들은 빠른 변화와 느린 변화의 갈림길에서, 그리고 그 사이의 절충점을 모색하는 역동적 흐름 속에서 도출된다. 석유산업의 지속 가능성을 담보하기 위해서는 이 세 가지 접근을 독립적인 것이 아니라, 상호 견제하고 보완하는 관계 속에서 종합적으로 운영할 필요가 있다. 결국 이 세 방향의 전략적 지향점은 충돌과 긴장을 내포하면서도, 한국 석유산업이 나아가야 할 복합적 진로를 함께 그려낼 것이다.

전략 1: 기술 혁신을 통한 고효율 석유산업의 지속

첫 번째 전략은 기존 석유산업의 구조를 유지하되, 기술 혁신을 통해 효율성을 극대화함으로써 미래 경쟁력을 확보하려는 방법이다. 이는 석유가 당분간은 여전히 핵심 에너지원으로 남을 것이라는 현실적 전제 위에서 출발한다. 에너지 수요의 일정 부분은 여전히 석유에 의해 충당될 것이며, 그 안에서 원가 절감과 고부가가치 창출을 통해 산업생태계를 지속 가능하게 유지하려는 접근이다.

이러한 방향의 대표적 사례가 S-OIL의 '샤힌 프로젝트'다. 이 프로젝트는 석유화학과 정유의 경계를 허무는 세계 최초의 상용화 기술인 TC2C$^{\text{Thermal Crude to Chemical}}$ 기술을 핵심 축으로 삼고 있다. 이 기술은 기존의 정유 공정과 달리, 원유를 정제하지 않고 곧바로 석유화학 제품으로 전환할 수 있는 고효율 공정이다. 이를 통해 탄소 배출량을 줄이면서도 석유화학 원료 생산 수율을 기존 대비 3~4배까지 끌어올릴 수 있는 혁신적 성과를 보여주고 있다. 이는 단지 설비 개선을 넘어, 석유산업의 생산 구조 자체를 전환하는 기술로 평가받는다.

한국 석유산업은 이처럼 이미 세계적 수준의 정제 기술력과 운영 효율성을 확보하고 있다. 정유 공정에서의 수소화 정제법 Hydrodesulfurization 통해 황, 질소, 산소화합물 등의 불순물을 효과적으로 제거하고 있으며, 수첨 분해 공정 Hydro cracking 과 유동접촉분해 공정 FCC, Fluid Catalytic Cracking 등을 통해 중질유를 경유, 휘발유 등 고부가가치 제품으로 전환하는 기술이 정교하게 발전하고 있다. 그 결과, 같은 양의 원유로부터 더 많은 고품질 제품을 생산하는 체계가 점차 현실화되고 있다.

이러한 기술 혁신 중심의 전략은 단기적으로 높은 수익성과 산업 지속 가능성을 확보하는 데 효과적일 수 있다. 특히, 탈탄소 사회로의 전환이 아직 불균등하게 진행되고 있는 상황에서, 아시아·중동·아프리카 등 석유 수요가 유지되는 지역 시장에서는 여전히 높은 경쟁력을 유지할 수 있다.

그러나 이 전략에는 근본적인 한계도 존재한다. 아무리 정제 효율과 수율을 높이더라도, 석유를 연료 혹은 원료로 사용하는 한 탄소 배출을 완전히 제거할 수는 없다. 즉, 기술 혁신은 탄소집약도를 낮추는데 기여할 수 있을지언정 탄소 발생이라는 구조적 문제를 근본적으로 제거하지는 못한다. 또한, 전 세계적으로 강화되고 있는 탈탄소 정책과 ESG 기준, 그리고 재생에너지에 대한 투자 확대는 중장기적으로 석유 기반 산업의 입지를 점점 좁혀가고 있다. 기술 혁신이 산업의 생명을 연장할 수는 있지만, 그 자체가 장기적 대전환에 대한 근본적 해답이 되기는 어렵다. 더 나아가, 이런 전략이 지속될 경우에는 탈탄소 패러다임의 주도권을 상실할 위험도 존재한다.

결국 이 전략은 '시간을 벌어주는 방책'이지, 궁극적 대안이 될 수 없다. 그러나 그럼에도 불구하고, 이 전략은 당장의 산업 기반 유지를 위한 현실적 선택지로서의 중요성을 지니며 전환기로 향하는 다리 역할을 할 수 있다는 점에서 여전히 의미 있는 경로로 간주된다.

전략 2: 탄소중립을 향한 균형 전략 — CCUS의 도입과 확대

두 번째 전략은 기존 석유산업을 유지하면서도, CCUS^{Carbon Capture, Utilization and Storage, 탄소 포집·활용 및 저장}) 기술을 적극 도입해 탄소중립 목표에 기여하려는 균형적 접근 방식이다. 이는 석유의 경제적 효율성과 산업 기반은 유지하되, 탄소 배출 문제에 대해 보다 실질적이고 기술 중심적인 대응을 시도하는 전략으로, 에너지 전환보다는 탄소 관리에 초점을 맞춘 현실적 전략이다.

CCUS 기술은 이미 오랜 역사와 경험을 바탕으로 꾸준히 발전해 왔다. 탄소 포집 기술은 1930년대 천연가스 정제 과정에서 불순물인 이산화탄소를 제거하기 위해 처음 개발되었으며, 이후 여러 산업 분야로 확대되었다. 특히 CCS^{Carbon Capture and Storage, 탄소 포집·저장} 기술은

1970년대부터 석유 회수증진^{EOR, Enhanced Oil Recovery} 프로젝트를 통해 상업적으로 운용되기 시작했으며, 지금까지 축적된 기술적 노하우와 파일럿 사례가 상당하다.

현재 기준으로 전 세계에서 상업 운전 중인 CCS 프로젝트는 27개, 개발 단계에 있는 프로젝트는 100여 개에 달한다. 국제에너지기구^{IEA}는 CCUS가 탄소중립 실현을 위한 핵심 수단 중 하나라고 강조하며, 2050년까지 전 세계 탄소 감축의 약 15%를 CCUS가 담당해야 할 것으로 전망한다. "CCUS 없이는 넷-제로^{Net-Zero}에 도달하는 것이 불가능하다."라는 IEA의 입장은 이 기술의 전략적 중요성을 잘 보여준다.

한국 역시 이 흐름에서 예외가 아니다. 한국과학기술연구원^{KIST}은 최근 액상 흡수제에 포집된 이산화탄소를 전기화학적으로 전환해 고부가가치 합성가스를 생산하는 기술개발에 성공했다. 이 공정은 기존 CCUS 기술 대비 생산 단가를 약 27% 절감하고, 탄소 배출을 75.7% 줄일 수 있는 것으로 평가받는다. 이는 단순한 포집·저장 기술을 넘어, 탄소를 자원화하는 미래 지향적 모델을 제시한다.

해외 사례도 주목할 만하다. 사우디 아람코^{Aramco}는 CCUS를 통해 이산화탄소를 활용한 고성능·저탄소 제품인 'Converge® 폴리올'을 상용화했다. 해당 소재는 접착제, 단열재, 식품 포장재 등 다양한 일상 제품에 사용되며, 제품 수명 전반에 걸쳐 이산화탄소를 저장함으로써 탄소 발자국을 획기적으로 줄이는 데 기여하고 있다. 이러한 사례는 CCUS가 환경 기술을 넘어 소재 산업과 소비재 시장까지 확장할 수 있는 경제적 모델이 될 수 있음을 보여준다.

그러나 이 전략 역시 극복해야 할 구조적 과제를 안고 있다. 첫째, 기술적 완성도가 아직 충분히 성숙하지 않았으며, 특히 이산화탄소의 고순도화, 압축, 분리, 수송 및 재사용 과정에서 소요되는 에너지와 비용이 여전히 비싸다. 이러한 요소는 CCUS의 대규모 실용화를 제약하는 가장 큰 장애 요인 중 하나이다. 둘째, CCUS 인프라 구축에는 막대한 초기 투자 비용과 장기적인 정책 지원이 요구되며, 사회적 수용성 역시 완전히 확보되지 않은 상태다.

결국 이 전략은 기술적 가능성과 경제적 현실 사이에서 제3의 길을 모색하는 전환적 방책이다. 탈석유 사회로의 급진적 이행이 당장은 현실적이지 않은 상황에서, CCUS는 석유산업의 지속 가능성을 일정 부분 보장하는 완충지대 혹은 중간 단계의 해법이 될 수 있다. 다만, 이러한 전략이 성공하기 위해서는 기술 혁신과 함께 강력한 정책적 유인, 산업 간 연계, 공공 인식 제고가 병행되어야 한다.

전략 3: 탈석유 전환 — 재생에너지 중심의 미래 에너지 체제

세 번째 전략은 석유 기반 시스템에서 완전히 탈피하여 재생에너지를 중심으로 한 새로운 에너지 체계로의 전환을 지향하는 방법이다. 이는 단순한 산업 조정이나 탄소 저감 차원을 넘어, 에너지 인프라 전반을 근본적으로 재구성하려는 전환적 방책이다. 태양광과 풍력 중심의 재생에너지는 지난 10여 년간 눈부신 기술 발전과 비용 하락을 거치며 점점 더 높은 경쟁력을 확보하고 있다. 이미 일부 국가와 지역에서는 재생에너지가 화석연료보다 저렴한 전기를 생산하고 있으며, 전기차EV의 급속한 확산은 수송 부문에서의 석유 수요를 실질적으로 대체하고 있다.

그러나 이러한 전환 과정은 이상적인 청사진만큼 단순하지 않다. 이전에도 언급한 것처럼 가장 큰 구조적 문제는 재생에너지의 간헐성이다. 태양광과 풍력은 자연조건에 따라 발전량이 달라지기 때문에, 수요와 공급의 실시간 균형이 필수적인 전력 계통 운영에 심각한 불안정을 초래할 수 있다. 한국에너지기술연구원에 따르면, 이러한 간헐성 문제에 대응하지 않을 경우 2050년까지 출력제한curtailed power 비중이 40%에 이를 수 있으며, 이를 5% 이하로 낮추기 위해서는 에너지저장 장치ESS를 비롯한 다양한 기술적 보완이 필수적이다.

ESS는 재생에너지 전환의 핵심 기술로 주목받고 있지만, 그 자체가 새로운 문제를 낳고 있다. 리튬, 코발트, 니켈 등 배터리 원료 광물의 편중 문제가 그것이다. 현재 리튬의 약 48%는 칠레와 아르헨티나에, 코발트의 51%는 콩고민주공화국에 집중되어 있어, 에너지 주권을 둘러싼 새로운 형태의 자원 의존성이 발생할 수 있다. 더불어 ESS의 화재 위험성과 기술적 신뢰성, 경제성 부족도 여전히 해결되지 않은 과제로 남아 있다.

국제 사례는 이러한 전환의 복잡성을 단적으로 보여준다. 영국은 석탄 발전 비중을 1%대로 줄이고 재생에너지 비중을 25%까지 끌어올렸지만, 풍속이 급감한 해에는 풍력 발전량이 급격히 감소했다. 2021년, 이로 인해 영국의 전력 도매가격은 전년 대비 10배 이상 급등하였으며, 여기에 러시아-우크라이나 전쟁까지 겹치면서 심각한 에너지 위기를 겪었다. 월스트리트 저널은 당시 상황을 두고 "탄소중립이 영국을 파산시킨다."라는 제목의 사설을 게재하기도 했다. 이는 무리한 탈석유·탈화석연료 정책이 자칫 경제적 파국과 공급 불안정이라는 역효과를 초래할 수 있음을 경고하는 신호탄이었다.

한국도 비슷한 딜레마에 직면해 있다. 재생에너지 설비용량은 급격히 증가하고 있으나, 실제 발전량 증가는 상대적으로 미미한 상황이다. 예를 들어, 원자력과 재생에너지는 설비용량 기준으로 각각 전체의 약 17%를 차지하지만, 실제 발전량 비중은 원자력이 26.9%, 재생에너지는 7.7%에 불과하다. 이는 재생에너지의 낮은 이용률과 간헐성 문제, 그리고 에너지 저장 장치 부족이 현실적 한계로 작용하고 있음을 보여준다. 완전한 탈석유 전환은 장기적 목표이자 방향성으로서는 유효하지만, 단기적·중기적 이행 경로에서는 기술, 인프라, 시장구조, 자원 분포 등 복합적 요소들이 신중히 고려되어야 한다. 즉, 전환의 속도와 범위를 둘러싼 과학적, 사회적, 정치적 조율이 핵심이다.

결국 현실적이고 지속가능한 에너지 전환의 핵심은 다차원적 에너지 포트폴리오의 전략적 구성에 있다. 재생에너지의 확대는 필연적 방향이지만, 이는 기존 에너지 체계와의 갑작스러운 단절이 아닌 점진적 전환과 상호보완적 균형을 통해 달성되어야 한다.

태양광과 풍력의 간헐성 문제를 해결하기 위해서는 안정적인 기저부하 전원이 필수적이며, 여기서 원자력과 천연가스는 탄소 집약도가 상대적으로 낮은 브리지 역할을 수행할 수 있다. 동시에 석유 기반 산업은 에너지원에서 화학 원료로 그 역할을 전환하며, 순환경제 모델을 통해 지속가능성을 확보해 나가야 한다. 이러한 하이브리드 접근법은 단순한 에너지원의 대체를 넘어서, 에너지 시스템 전체의 적응력과 회복탄력성을 강화하는 패러다임 전환을 의미한다. 스마트그리드 기술과 에너지 저장 시스템ESS의 발전은 이러한 복합적 에너지 생태계에서 실시간 수급 조절과 효율적 배분을 가능케 하는 핵심 인프라가 될 것이다.

궁극적으로 에너지 전환은 기술적 혁신, 경제적 실용성, 환경적 지속가능성이라는 삼각 균형점을 찾아가는 정교한 조율 과정이며, 이 과정에서 각 에너지원의 고유한 장점을 극대화하면서 한계를 상호 보완하는 통합적 전략이 요구된다.

이 세 가지 전략을 검토한 결과, 어느 하나가 절대적으로 옳다고 단정하기는 어렵다. 각 전략은 나름의 장점과 한계를 가지고 있으며, 무엇보다 각 국가와 지역이 처한 상황에 따라 최적의 선택이 달라질 수 있다. 중국과 인도 같은 개발도상국은 여전히 석탄 비중이 높고, 프랑스는 원자력에너지 비중이 높으며, 캐나다는 수력 에너지 생산 비율이 높다. 이처럼 다차원적 에너지 포트폴리오 전략은 각국의 환경, 정책, 산업 구조에 따라 다르게 나타나며, 이는 지극히 자연스러운 현상이다.

한국의 구조적 취약성과
다차원적 에너지 포트폴리오 전략

한국은 에너지 수입 의존도가 93.9%에 달하는 구조적 취약성과 반도 국가라는 지정학적 특수성을 갖고 있다. 이런 상황에서 특정 에너지원에 과도하게 의존하는 것은 심각한 위험을 초래할 수 있다. 따라서 석유산업의 효율성 제고, 탄소 포집·저장·활용CCUS 기술 도입, 재생에너지 확대를 병행하며 각 기술의 한계를 상호 보완하는 균형 잡힌 다차원적 에너지 포트폴리오 전략이 필수적이다.

특히 러시아-우크라이나 전쟁과 같은 지정학적 위기 상황은 에너지 안보의 중요성을 재차 확인한 만큼 에너지 다변화를 통한 위험 분산은 더욱 중요해졌다. 재생에너지의 간헐성 문제가 완전히 해소되기 전까지는 천연가스, 원자력, 그리고 청정 기술이 적용된 석유가 안정적인 백업 전원의 역할을 수행해야 한다.

석유산업의 미래는 단순한 소멸이나 기존 구조의 고수 중 하나를 선택하는 문제가 아니라 진화의 길로 향해야 한다. 그러므로 전통적인 정제업 중심 모델에서 벗어나 종합 에너지 솔루션 제공으로의 변신이 요구된다. CCUS, 수소경제, 재생에너지 융합과 같은 기술적 결합은 석유산업이 새로운 역할을 확보하는 핵심 경로가 될 것이다. 이는 산업생태계를 석유 중심에서 복합 에너지 생태계로 전환하는 움직임이다.

글로벌 전환 압력과 각국의 대응

2024년, 유럽연합EU은 탄소국경조정제도CBAM를 본격 시행하며 탄소 배출이 많은 수입품에 사실상의 탄소 관세를 부과하기 시작했다. 동시에 미국은 인플레이션 감축법IRA 연장 논의를 본격화하며, 재생에너지와 친환경 산업에 대한 대규모 세제 혜택과 지원책을 유지·확대하려 하고 있다. 이러한 정책 변화는 화석연료 기반 산업 전반에 전례 없는 구조적 전환 압력을 가하고 있으며, 이에 대응해 세계 주요 에너지 기업과 국가들의 전략도 빠르게 재편되고 있다.

민간 부문에서는 거대 석유기업들도 발 빠르게 변화를 모색하고 있다. 쉘Shell과 BP는 2025년까지 재생에너지 투자 규모를 기존 대비 3배 이상 확대하겠다고 발표하며, 태양광·풍력·전기차 충전 인프라 등 다양한 분야로 사업 포트폴리오를 넓히고 있다. 석유 생산의 상징과도 같은 사우디 아람코조차 2024년 한 해에만 150억 달러를 탄소 포집·저장·활용CCUS 기술개발에 투자하겠다고 선언했다. 이는 석유 왕국조차 에너지 전환의 흐름을 외면할 수 없음을 보여주는 상징적인 사례이다.

국가별 전략 역시 각자의 조건과 목표에 따라 차별화되고 있다. 중국은 태양광 발전 설비를 전년 대비 55% 확대하며, 세계 재생에너지 공급망의 핵심 거점으로 부상하고 있다. 이를 통해 중국은 제조 능력뿐 아니라 원자재·부품 공급망까지 장악하며 글로벌 시장에서 주도권을 강화하고 있다. 일본은 2025년부터 수소 수입 의무화 제도를 시행해, 해외에서 생산된 청정수소를 자국 내로 들여오는 시스템을 법제화하고 있다. 이를 기반으로 아시아 수소 허브로 자리매김하기 위한 인프라와 물류 체계 구축에 속도를 내고 있다.

이처럼 전 세계는 탈탄소라는 공통된 압력 속에 놓여 있지만, 그 대응 경로는 결코 획일적이지 않다. 각국은 자국의 지리적 위치, 자원 보유 여부, 산업 구조, 경제적 여건을 면밀히 고려해 자신만의 에너지 전환 로드맵을 그리고 있다.

한국의 특수성: 보편성과 제약의 이중 구조

한국은 글로벌 에너지 전환 흐름에서 보편적인 과제와 고유한 제약을 동시에 짊어지고 있다. 한편으로는 전 세계가 직면한 환경 규제 강화와 탈탄소 압력이라는 거대한 조류 속에 놓여 있으며, 다른 한편으로는 높은 에너지 수입 의존도, 제조업 중심의 경제 구조, 낮은 재생에너지 발전 비중이라는 구조적 제약에 발이 묶여 있다. 이러한 복합적 조건은 한국이 단선적인 해답이나 기술 낙관론에 의존하기보다는 서로 다른 흐름을 면밀히 관찰하며 전략적 판단을 유지하는 정책적 신중함을 요구한다.

앞으로 한국이 지속적으로 조율해야 할 축은 두 가지로 압축된다.

첫째, 글로벌 환경 규제와 탈탄소 정책이 만들어내는 구조적 전환의 거대한 물결이다.

2024년 유럽연합의 탄소국경조정제도CBAM 시행과 미국의 인플레이션 감축법IRA 정책 연장은 이미 화석연료 기반 산업에 구조적 압박을 가하고 있으며, 이러한 흐름은 갈수록 강화될 전망이다.

둘째, 에너지 안보와 경제적 제약이라는 자국 고유의 현실이다.

한국은 원유, 가스, 석탄 등 90% 이상을 수입에 의존하고 있어 국제 유가와 공급망 리스크에 극도로 민감하다. 동시에 제조업이 국가 GDP의 핵심을 차지하고 있어, 급격한 탈탄소 전환은 산업 경쟁력에 직접적인 영향을 미칠 수 있다.

2025년에는 파리 기후변화협약 10년 이행평가Stocktake*가 진행된다. 이는 각국의 감축 실적을 점검하고, 향후 목표를 강화하는 계기가 될 것이다. 이런 환경에서 한국의 에너지 정책은 두 축 사이에서 끊임없이 수정·재편될 수밖에 없다. 여기서 제안하고 싶은 것은 하나의 정답을 고집하기보다는, 두 가지 큰 흐름을 지속적으로 조율하

---

* 이행평가Stocktake : 국제 기후변화 협약에서 각국의 온실가스 감축 목표 달성 현황과 기후행동 이행 상황을 종합적으로 점검·평가하는 과정이다. 파리협정에서는 5년마다 글로벌 이행평가Global Stocktake를 실시하여 전 세계 온실가스 감축 진행 상황, 적응 노력, 기후재원 지원 등을 검토하고, 이를 바탕으로 각국이 다음 주기 국가결정기여NDC 목표를 상향 조정하도록 하는 제도적 장치이다. 해당 문장에서 "10년 이행평가"라고 표현한 것은 2015년 평가 이후 2025년이 10년째 되는 해라는 것을 의미한다.

며 유연하게 대처하는 전략적 인식이다. 무엇보다 중요한 것은 특정 에너지원이나 기술에 대한 절대적 신념이 아니라, 변화하는 국제 환경과 기술 발전 속도에 발맞춰 전략을 유연하게 조정할 수 있는 정책적 적응력이다.

석유산업의 미래 역시 탈석유냐 지속이냐는 단순한 이분법으로는 설명할 수 없다. 우리는 지금 지속과 전환, 효율과 환경, 세계와 지역이 교차하는 복합적 경로 위에 서 있다. 이러한 조건부적이고 진화적인 환경 속에서 석유산업은 더 이상 전통적인 공급자의 역할에 머물 수 없다. 오히려 CCUS, 수소경제, 재생에너지 융합과 같은 기술 혁신을 통해 에너지 전환의 핵심 행위자로 거듭나야 한다.

지금은 단순히 과거를 이어가는 시점이 아니다. 석유산업의 다음 장을 새롭게 써 내려가야 할 결정적인 순간이다.

"하나의 정답을 고집하기보다는, 두 가지 큰 흐름을 지속적으로 조율하며 유연하게 대처하는 전략적 인식이다. 무엇보다 중요한 것은 특정 에너지원이나 기술에 대한 절대적 신념이 아니라, 변화하는 국제 환경과 기술 발전 속도에 발맞춰 전략을 유연하게 조정할 수 있는 정책적 적응력이다."

기술이 아니라 질문이 미래를 만든다 : 에너지 전환 시대의 인문학

지금까지 우리는 석유를 둘러싼 복합적인 도전과 과제들을 살펴보았다. 국제 정치의 핵심 변수로 작동하는 석유 패권 경쟁, 기후 위기와 환경파괴라는 생존의 위협, 자원의 유한성과 고갈 가능성, 석유 없는 일상은 상상조차 어려운 현대 문명의 구조, 그리고 에너지 안보·경제성·환경성이라는 세 축 사이의 삼중 딜레마. 여기에 더해 석유산업의 미래 역시 불확실성의 연속이다.

기술 만능주의의 한계

에너지 전환을 둘러싼 논의에는 하나의 공통된 함정이 있다. 기술만으로는 근본적인 해결이 어렵다는 점이다. 새로운 기술이 등장하고 효율이 개선되더라도, 그것을 사용하는 사회와 공동체의 행동 방식이 변하지 않는다면 전환은 표면적 변화에 그칠 수밖에 없다. 지속가능한 미래를 가능하게 하는 힘은 기술의 진보 자체가 아니라, 그 기술을 사용하는 사람들의 자발적 변화에서 비롯된다.

예를 들어, 전기차 기술이 아무리 발전하더라도 도시가 여전히 자동차 중심의 구조를 유지하고, 사람들의 이동 방식이 바뀌지 않는다면 에너지 소비 패턴은 크게 달라지지 않는다. 마찬가지로, 태양광이나 풍력처럼 재생에너지의 발전 효율이 아무리 높아져도 "더 많이, 더 빠르게, 더 편리하게"를 추구하는 소비문화가 그대로라면 에너지 수요는 오히려 증가할 수밖에 없다. 수소경제든, 핵융합이든, 미래 에너지 기술이 상용화되더라도, 에너지에 대한 사회적 인식과 사용 방식이 근본적으로 바뀌지 않으면 우리는 같은 문제를 다른 방식으로 반복하게 될 것이다.

더 나아가 기술 중심의 접근이 오히려 새로운 문제를 만들어내기도 한다. 인공지능AI의 등장은 대표적인 사례다. AI가 산업 전반의 에너지 효율을 높일 것이라는 기대와 달리, 실제로는 AI 자체가 막대한 에너지를 소비한다. 예를 들어, 챗GPT 한 번의 응답에 소요되는 전력은 일반적인 구글 검색의 약 10배에 달한다. 대형 AI 데이터센터 하나가 사용하는 전력은 무려 200만 가구의 연간 전력 사용량과 맞먹으며, AI 모델을 한 번 학습시키는 데 필요한 에너지는 미국 가정 100가구가 1년 동안 사용하는 전력량을 초과한다. 이러한 증가세는 앞으로 더 가팔라질 것으로 보인다. 데이터센터의 전력 소비량은 2030년까지 두 배 이상 늘어날 것이라는 전망도 나온다. "디지털 전환이 에너지를 절약할 것이다."라는 기대는, "디지털 인프라가 에너지 소비를 폭증시킨다."라는 역설적 현실과 충돌하고 있다.

석유 인문학의 관점: 자원 너머의 세계

이처럼 기술만으로는 에너지 전환이 불가능하거나, 오히려 문제를 악화시킬 수 있다는 인식 속에서 새로운 접근이 필요하다. 그것이 바로 '석유 인문학Petrocultures'이다. 석유 인문학은 석유를 단순한 자원이나 에너지원으로 축소해 바라보지 않는다. 대신, 석유를 권력, 문화, 정치, 일상생활을 관통하는 거대한 관계망의 일부로 이해한다. 석유는 산업 현장뿐 아니라 도시의 구조, 소비 습관, 국제 정치 질서, 심지어 개인의 삶의 방식까지 깊숙이 스며들어 있다. 그러므로 에너지 전환의 해법은 기술적 혁신과 함께, 석유를 매개로 형성된 사회·문화적 관계를 이해하고 재구성하는 일에서 출발해야 한다. 이것이 바로 석유 인문학이 기술 중심 담론을 넘어설 수 있는 이유다.

캐나다 앨버타 대학교의 석유 문화연구소Petrocultures Resear 중심으로 태동한 석유 인문학은 우리가 살아가는 시대 전체가 석유에 의해 조직되어 있다는 전제에서 출발한다. 연구자들은 이 시대를 페트로모더니티petromodernity, 즉 석유 근대성이라 부른다. 19세기 중반 이후 화석에너지가 사회와 문화를 조직해 온 방식 자체를 성찰의 대상으로 삼는다. 이 문제의 핵심은 단순히 석유를 대체할 기술이 있는가에 있지 않다. 우리에게 필요한 더 근본적이고 중요한 질문은 "석유 없이 살아갈 준비가 되어 있는가?" 그리고 "석유에 기반한 문명을 전혀 다른 방향으로 재구성할 수 있는가?"이다.

네 가지 관점에서 본 석유

석유 인문학은 석유를 단순한 자원으로 보지 않고, 사회, 문화, 정치 그리고 예술을 꿰뚫는 복합적 현상으로 이해하려는 시도에서 출발한다. 그 접근은 크게 네 가지 관점으로 나눌 수 있다.

문화적 흔적

석유는 근대 이후 인간의 삶의 형식을 재구성해 왔다. 자동차 중심의 교통 체계, 플라스틱이 주도하는 소비문화, 이동을 전제로 한 도시 구조는 모두 석유가 남긴 사회적 흔적이다. 이는 석유가 단순한 연료를 넘어 일상과 문화의 기반 구조를 형성했음을 보여준다.

국제 정치와 권력 질서

다음으로 주목할 지점은 석유가 국제 정치와 권력 질서에 미친 영향이다. 석유는 외교와 군사, 지정학의 핵심 축이다. 중동과 중남미, 아프리카 산유국들의 정치적 불안정은 종종 자원의 저주라는 개념으로 설명되며, 에너지 안보를 둘러싼 경쟁과 갈등 속에서 석유의 흐름은 곧 자본과 권력의 흐름이 된다.

석유 서사

또 다른 중요한 축은 서사이다. 석유 개발과 채굴, 고갈과 전환의 과정은 문학, 영화, 사진, 미술 속에서 다양한 이야기로 형상화됐다. 특히 석유산업 노동자들의 위험, 자부심, 그리고 그들의 정체성을 담은 작품들은 '석유 서사petronarratives'라는 새로운 비평 틀을 가능하게 한다. 이 서사는 산업과 인간, 지역 사회를 잇는 중요한 문화적 기록이 된다.

환경과 정의로운 전환

마지막으로, 석유 개발이 불러온 환경 문제와 지역 사회에 대한 책임 문제도 빼놓을 수 없다. 석유 개발은 종종 지역 생태계를 파괴하고, 원주민과 저소득층의 삶을 직접적으로 위협해 왔다. 석유 인문학은 이러한 현실 속에서 정의로운 전환의 질문을 제기한다. 즉, 어떤 사회가, 누구를 위해, 어떤 대가를 치르며 에너지 전환을 이루어야 하는가에 대한 윤리적·정치적 성찰을 요구한다.

페트로모더니티(petromodernity),
《Plastic, Remaking Our World》전, Vista Design Museum〉

석유 인문학의 새로운 연구 흐름

최근 석유 인문학 연구에서는 기술, 윤리, 미래 전망을 아우르는 흐름이 새롭게 주목받고 있다.

하나는 디지털 석유 인문학의 부상이다. AI와 빅데이터 기술이 석유산업 전반에 빠르게 확산되면서, 탐사·정제·유통 전 과정에서 운영 최적화와 비용 절감이 가능해졌다. 그러나 이 변화는 단순한 효율 향상을 넘어, 노동 구조와 지역 사회의 재편이라는 사회적 영향을 수반한다. 자동화로 인한 일자리 축소, 데이터 기반 의사결정의 확산,

지역 경제의 종속성 강화가 그 예이다. 특히 AI 자체가 막대한 전력 소비를 유발한다는 점이 중요한 논점으로 떠올랐다. 대규모 AI 모델의 학습과 운영은 국가 단위의 전력 사용량에 필적하며, 디지털 에너지 발자국은 에너지 전환 논의에 새로운 도전 과제를 더하고 있다.

다른 하나는 정의로운 에너지 전환 논의의 심화이다. 에너지 전환은 기술적·경제적 효율성만으로는 완성될 수 없다. 최근 석유 인문학 연구는 정의로운 전환*의 원칙을 보다 세밀하게 석유 정책에 적용하려는 시도를 확대하고 있다. 여기에는 다섯 가지 축이 있다. 분배적 정의는 전환 과정에서 발생하는 이익과 비용을 공정하게 나누는 것을 의미하고, 절차적 정의는 정책 결정 과정에서 다양한 이해관계자의 참여를 보장한다. 인정적 정의는 역사적으로 배제된 집단의 권리를 존중하며, 회복적 정의는 과거 석유 개발로 인한 피해를 복원하려는 노력을 포함한다. 마지막으로 세계시민적 정의는 국가를 넘어선 지구 공동체 전체의 책임과 연대를 강조한다.

마지막으로 석유 이후의 사회를 그려보려는 포스트-석유 상상력의 확장이다. 이는 화석 자본주의에서 탈탄소 경제로 이행하는 경로를 탐색하는 동시에, 석유 고갈 이후의 사회·문화적 변화를 시나리오로 구체화하는 작업이다. 새로운 도시 구조, 이동 방식, 소비문화,

---

* 정의로운 전환 Just Transition 은 탄소중립 사회로 이행하는 과정에서 직·간접적 피해를 입을 수 있는 지역이나 산업의 노동자, 농민, 중소상공인 등을 보호해 이행 과정에서 발생하는 부담을 사회적으로 분담하고 취약계층의 피해를 최소화하는 정책 방향을 말한다. 이는 '기후위기 대응을 위한 탄소중립·녹색성장 기본법'(탄소중립기본법)에 규정돼 있다.

그리고 예술과 미학의 변화까지 포괄하는 이 상상력은 단순히 석유 없는 세상을 상정하는 것이 아니라, 석유를 전제로 형성된 근대성의 구조 자체를 재설계하려는 시도이다.

왜 지금, 에너지 전환 시대에 인문학이 필요한가

진정한 에너지 전환은 단순히 에너지원만 바꾸는 기술적 변화가 아니다. 그것은 문화, 사고방식, 사회적 관계 전반을 재구성하는 총체적 전환이다. 기술만으로는 이 변화가 완성될 수 없다. 전환이 사람들의 일상과 가치, 그리고 사회의 미래 방향까지 바꾸려면, 그 바탕에 인문학적 사고가 자리해야 한다. 인문학은 에너지 전환을 기술 문제에 국한시키지 않고, 문화적 의미와 사회적 함의를 함께 성찰하게 하며, 변화가 불러올 갈등과 선택의 문제를 직시하게 한다.

인문학은 에너지 전환을 기술적 과제가 아니라 문화적 사건으로 바라보게 한다. 기술적 대안만으로는 사회가 근본적으로 변하지 않는다. 변화가 뿌리내리려면 사람들의 습관, 가치, 욕망, 정체성이 함께 바뀌어야 한다. 자동차를 예로 들어보자. 자동차는 단순한 이동 수단이 아니었다. 그것은 도시의 구조를 재편했고, 가족 관계를 변화시켰으며, 개인의 자유와 프라이버시에 대한 새로운 감각을 만들어냈다. 교외 주거지의 확산, 쇼핑몰 문화, 드라이브스루, 데이트 방식까지 현대의 수많은 생활양식이 자동차, 곧 석유와 긴밀히 얽혀 있다.

이처럼 에너지원은 우리의 생활방식과 사회 구조에 깊이 스며 있다. 그렇기에 에너지 전환은 단순히 설비를 바꾸는 문제가 아니다. 주유소 중심의 풍경이 전기차 충전소 문화로, 석유화학 산업도시가 수소 기반 도시로, 에너지 수입국이 재생에너지 선도국으로 변모하는 과정은 새로운 정체성과 서사를 만들어가는 일이다. 그것은 인프라 교체를 넘어서 삶의 양식과 사고의 틀 자체를 재설계하는 문화적 프로젝트다.

우리 사회의 정의로운 전환이 지속 가능하려면, 그 비용과 혜택이 사회 전반에 공정하게 분배되어야 한다. 이를 위해서는 통계와 수치로는 드러나지 않는 지역과 계층의 구체적 경험과 필요를 이해해야 한다.

울산, 여수, 대산과 같은 석유화학 산업 중심지를 떠올려 보자. 이곳에서 탈탄소는 환경운동의 구호가 아니라 생존의 문제다. 3교대 근무로 가정을 지탱해 온 노동자에게 "재생에너지 일자리로 옮기라."라는 말은 충분한 해답이 될 수 없다. 그들의 숙련과 경험, 그리고 지역 공동체가 쌓아온 역사와 문화를 존중하면서 새로운 미래를 함께 설계해야 한다.

에너지 빈곤 계층의 현실도 마찬가지다. 이들의 상황을 고려하지 않은 채 에너지 효율화 정책이나 탄소세를 도입하면, 제도는 불평등을 완화하기는커녕 심화시킬 수 있다. 정의로운 전환은 경제·사회·

문화적 맥락을 통합적으로 고려하는 접근에서만 가능하다.

미래를 창조적으로 설계한다는 것은 단순히 석유를 다른 에너지원으로 대체하는 일이 아니다. 포스트-석유 시대는 새로운 생활양식과 사회 구조를 만들어가는 과정이다. 이러한 변화는 기술 혁신만으로는 완성될 수 없으며, 반드시 인문학적 상상력이 뒷받침되어야 한다.

우리는 지금 선택의 기로에 서 있다. 더 많은 에너지를 더 깨끗하게 생산해 현재와 같은 대량소비 사회를 지속할 것인가, 아니면 에너지와 물질과 맺는 관계 자체를 새롭게 정의할 것인가. 효율성과 편의성을 최고의 가치로 삼을 것인가, 아니면 지속 가능성과 공존을 중심으로 하는 새로운 가치 체계를 세울 것인가.

이 물음들에 답하려면 기술적 지식만으로는 부족하다. 인간과 자연, 개인과 공동체, 현재와 미래 세대의 관계에 대한 철학적 성찰이 필요하다. 바로 그 성찰이 에너지 전환 시대에 인문학이 요구되는 이유이다.

K-석유 인문학의 필요성과 의의

석유 인문학은 지금까지 주로 서구와 중동의 산유국 경험을 중심으로 발전해 왔다. 미국과 영국, 사우디아라비아 등에서의 사례가 이론적 토대를 이루었고, 연구의 초점은 석유가 제국주의·지정학·자본주의 질서를 어떻게 형성했는지에 맞춰져 있었다. 그러나 석유를 생산하지 못하면서도 그 의존도가 절대적이고, 나아가 세계적 석유화학 산업을 구축한 나라의 사례는 거의 다뤄지지 않았다.

이 공백을 메울 수 있는 것이 바로 'K-석유 인문학'이다. 한국의 석유 경험은 의존과 극복, 압축 근대화, 지정학적 특수성이 결합된 독창적 서사를 담고 있으며, 이를 체계적으로 분석하는 시도는 단순한 지역 연구를 넘어 석유 인문학의 지평을 확장하는 새로운 학문적 좌표가 될 수 있다.

기름 한 방울 안 나는 근대화 서사

한국의 근대화는 석유와 함께 시작되었지만, 국내에서는 단 한 번도 석유가 나지 않았다. 1910년, 경성역(현 서울역) 앞에 세워진 역전 주유소는 단순한 주유 시설이 아니라, 근대 한국이 세계 석유 네트워크와 연결되기 시작했음을 알리는 상징적 공간이었다. 당시 석유는 조명용 등유와 난방용 연료로 수입되었으나, 점차 교통·산업·가정 전반으로 용도가 확산되며 근대의 동력으로 자리매김했다.

1930년대에 들어서면서 텍사코^{Texaco}의 '솔표', 쉘^{Shell}의 '붉은 조개표' 등 서구 메이저 석유기업들의 브랜드가 한국 시장에 등장했다. 이 시기 석유는 단순히 기계나 차량을 움직이는 연료가 아니라, 광고·포장·서비스를 통해 근대적 소비문화와 도시적 생활 방식을 전파하는 매개가 되었다. 주유소 건물 디자인, 브랜드 로고, 직원의 제복, 심지어 기름 냄새까지도 현대적 이미지를 상징하는 요소로 받아들여졌다.

'기름 한 방울 안 나는 나라'라는 표현은 한국의 현실을 냉정하게 드러내는 동시에, 석유 의존이 집단적 정체성의 한 부분이 되었음을 보여준다. 이는 결핍에서 비롯된 자기 인식이었지만 패배주의로 흐르지 않고, 오히려 '없는 것을 만드는 전략'으로 전환되었다. 1960년대 대한석유공사의 설립은 국가 주도의 에너지 기반 구축을 선언한 사건이었고, 1970년대 정유사의 출현은 수입 원유를 국내에서 가공·정제하는 산업 체계를 완성했다. 값싼 노동력과 강력한 산업정책이 결합되면서 석유화학 산업은 급속히 확장되었고, 오늘날 한국은 세계 5위 정제 능력을 갖춘 석유화학 강국으로 자리매김했다.

2004년부터 2021년까지 운영된 동해-1 가스전은 한국을 세계 95번째 산유국 반열에 올린 역사적 장면이었다. 울진 앞바다에서 채굴된 천연가스와 원유의 양은 한정적이었고 운영 기간도 짧았지만, 국내산 에너지라는 상징성은 컸다. 개발 당시 언론과 정부는 이를 에너지 자립의 서막으로 홍보했고, 이 경험은 국민적 상상력 속에 '언젠가는 우리 땅에서도 자원을 채굴할 수 있다'라는 가능성으로 남았다. 이 기억은 지금도 한국 에너지 정책의 심리적·정치적 자산으로 작용하고 있다.

압축 근대화와 산업 벨트의 형성

한국의 석유 경험은 단순히 의존에서 벗어난 산업 자립의 이야기로 끝나지 않는다. 그것은 압축 근대화라는 전례 없는 전환 방식으로도 주목받는다. 서구가 100년 이상에 걸쳐 경험한 석유문명의 변화를, 한국은 불과 30~40년 만에 압축적으로 겪어냈다.

1960년대 초까지만 해도 한국은 농업 중심의 사회였다. 농촌 인구가 절대다수를 차지했고, 공업 생산 기반은 극히 미약했다. 그러나 불과 세대 하나가 지나기도 전에, 1990년대에 들어서면서 한국은 세계적인 석유화학 산업 강국으로 부상했다. 이 변화의 핵심에는 울산·여수·대산을 잇는 3대 석유화학 벨트가 있었다.

울산은 국가 주도의 중화학공업 정책과 함께 산업 수도로 자리매김했다. 대규모 정유·석유화학 단지와 자동차, 조선 산업이 한데 어우러진 이곳은 한국 산업화의 심장부로 기능했다. 여수는 항만과 인접한 지리적 이점을 기반으로 '석유화학의 섬'이라는 별칭을 얻었고, 정유·석유화학 단지와 해양 물류가 결합한 복합 산업 도시로 성장했다. 대산은 '서해안 전초기지'로 불리며, 대규모 정유시설과 수출 전용 항만을 중심으로 서해안권 산업화의 거점이 되었다. 이들 세 지역은 단순한 생산 거점을 넘어, 각기 다른 산업 문화와 지역 정체성을 만들어냈다.

이 급격한 산업화 과정에서 다른 국가에서는 쉽게 찾아보기 힘든 독특한 사회문화적 구조가 형성됐다. 대표적으로 3교대 근무제는 공단 지역 노동자의 일상 리듬을 규정했고, 고임금과 산업재해·환경 위험이 공존하는 이중 구조를 만들어냈다. 또한 석유화학 산업은 종종 세대 계승의 형태를 띠어, 부모 세대의 직업이 자녀 세대로 이어지는 고용·문화적 연속성이 나타났다.

특히 한국은 전체 석유 소비량의 59%가 석유화학 산업에 집중될 정도로, 플라스틱 기반 사회가 일상 깊숙이 뿌리내렸다. 이는 단순히 제품 소비 패턴에 국한되지 않고, 주거 환경, 생활용품, 음식 포장, 심지어 신체 감각과 생활 미학에도 영향을 미쳤다. 비닐, 합성 섬유, 일회용품이 일상화되면서 편리함은 새로운 표준이 되었고, 동시에 폐기물·미세 플라스틱 문제와 같은 새로운 환경 과제가 함께 뒤따르게 되었다.

지정학적 감수성과 에너지 안보 문화

한국의 석유문명은 단순한 산업·경제 구조를 넘어, 지정학적 압력 속에서 형성된 독특한 에너지 문화라는 점에서 특수성을 지닌다. 중국·일본·북한·미국이라는 네 강대국 사이에 놓인 지리적 조건은, 한국이 일찍부터 에너지를 안보의 언어로 이해하도록 만들었다. 1970년대 두 차례의 석유파동은 그 인식에 깊은 각인을 남겼다. 국제 유가의 급등과 공급 불안은 곧바로 삶의 규칙을 바꾸었고, 주유소 운영 시간 제한이나 심야 방송 중단 같은 조치는 생활의 일부로 스며들었다.

이 시기 "아껴 쓰자."라는 구호는 단순한 절약을 넘어서, 불확실한 세계 질서 속에서 생존을 보장하는 윤리로 자리 잡았다. 석유는 경제 지표의 한 항목이 아니라, 언제든 차단될 수 있는 불안정한 생명선으로 인식되었고, 이는 국가 안보와 직결된 전략 자산이라는 관점을 굳혔다.

이후 한국의 중동 산유국과의 관계는 원유 거래를 넘어 다층적 교류로 확장됐다. 원유 장기 계약과 함께 건설 인프라 수주, 인력 파견이 병행되면서, 감사와 불안, 종속과 협력이 뒤섞인 복합적 감정 구조가 자리 잡았다. '중동의 원유 없이는 버틸 수 없다.'는 현실 인식과 '한국의 노동과 기술이 그 지역 발전에 기여했다.'는 자부심이 공존한 것이다.

결국 에너지를 안보로 바라보는 태도는 한 세대를 넘어 문화적 습속으로 자리 잡았다. 이는 위기 대응 방식과 에너지 절약 습관, 해외 자원개발 정책, 그리고 국제 정치 이슈에 대한 대중의 반응까지 깊숙이 영향을 미치는 한국형 감수성으로 이어졌다.

K-석유 인문학의 확장 가능성

한국의 석유 경험은 결코 단순한 지역적 사례로 환원될 수 없다. 그것은 의존과 극복, 압축과 전환, 지정학과 문화가 교차하며 형성된 복합적인 서사이다. 한 방울의 석유도 나지 않는 나라가 어떻게 세계 석유 체제의 한 축에 편입되었는지, 그리고 그 구조적 의존 속에서 어떻게 산업 자립과 세계적 경쟁력을 확보했는지, 한국의 경험은 이중적이면서도 독창적인 답을 제공한다.

이러한 맥락에서 제안하는 'K-석유 인문학'은 기존 석유 인문학이 충분히 다루지 못한 질문에 응답한다.

"자원 없는 나라가 어떻게 자원 중심 문명을 받아들이고, 나아가 재구성할 수 있었는가?"

이 물음은 한국의 특수성을 넘어, 오늘날 전 세계 에너지 전환 담론 속에서도 보편적 울림을 갖는다. K-석유 인문학의 시선은 한국만의 이야기가 아니다. 자원 의존에서 벗어나려는 21세기 탈탄소 시대의 모든 국가가 참고할 수 있는 사유의 틀이다. 에너지 의존과 안보, 산업화와 환경 전환이라는 복합 과제를 동시에 짊어진 나라들에게, 한국의 경험은 세 가지 중요한 통찰을 제공한다.

- 의존 속의 주체성: 자원 부족이라는 약점을 산업 전략과 기술 혁신으로 전환한 경험
- 압축 근대화의 시간표: 수십 년 만에 산업화를 완수한 고밀도 변화의 경로
- 지정학에 뿌리내린 실용성: 복잡한 국제 관계 속에서 에너지 안보를 유지하며 협력 네트워크를 확장한 방식

이러한 경험은 과거의 기록에 머물지 않는다. 지금 이 순간에도, 탈탄소 전환을 추진하는 국가들이 직면한 난제를 풀어낼 수 있는 현실적이면서도 창의적인 참조점이 된다. K-석유 인문학은 바로 이 현실 위에서, 기술 중심의 전환 담론이 놓치기 쉬운 인문·사회적 해석의 지평을 넓혀준다.

에너지 문제는 기술을 넘어 관계의 총체다.

지금까지 우리가 함께 탐구해 온 석유를 둘러싼 다양한 문제들을 석유 인문학적 관점에서 종합적으로 성찰해 보면서 한 가지 분명해진 사실이 있다. 에너지 문제는 단순히 기술적·경제적 사안이 아니라 사회적·문화적·정치적 관계의 총체라는 점이다. 기술만으로는 풀리지 않는 복합성과 인간 사회를 구성하는 가치와 제도의 얽힘이 그 핵심에 있다.

석유 패권을 둘러싼 국제정치적 갈등을 살펴보면, 에너지가 단순한 상품이 아니라 권력과 지배의 핵심 도구임을 확인할 수 있다. 20세기 두 차례 세계대전, 중동전쟁, 냉전 체제, 그리고 오늘날의 우크라이나 전쟁에 이르기까지, 주요 국제 갈등의 배경에는 에너지 자원을 둘러싼 경쟁이 있었다. 이러한 사례는 에너지 전환이 단순한 기술적 과제가 아니라, 국제 권력구조의 근본적 변화를 수반하는 정치적 프로젝트임을 보여준다. 새로운 에너지원으로의 전환은 곧 기존의 패권 질서를 재편하는 일과 맞물려 있으며, 그 과정에서 각국의 외교·안보 전략이 재정립된다.

  석유로 인한 환경 문제를 다루면서 우리는 기술적 해법만으로는 근본적인 해결이 어렵다는 점을 확인했다. 기후변화, 대기오염, 해양오염 등은 단순히 청정 기술을 도입한다고 끝나는 문제가 아니다. 현대 문명이 공유하는 '더 많이, 더 빠르게, 더 편리하게'라는 가치관과 생활양식을 재검토하지 않는 한, 오염과 자원 고갈의 악순환은 계속된다. 환경 정의의 관점에서 보면, 피해는 사회적 약자와 취약 지역에 집중되는 불평등 구조를 드러낸다. 따라서 기술 혁신과 함께 소비문화와 가치체계의 근본적 변화가 병행되어야 한다.

  석유 자원의 유한성과 고갈 가능성을 살펴보면, 우리는 유한한 지구에서 무한 성장을 추구하는 현대 경제 체제의 근본적 모순과 마주하게 된다. 기술 발전으로 채굴할 수 있는 석유가 늘어나더라도, 화석연료는 결국 재생 불가능한 자원이며 언젠가는 사라질 수밖에 없다. 이 현실은 성장 중심의 경제 패러다임에서 지속 가능성 중심의 새로운 패러다임으로의 전환 필요성을 시사한다. 단순한 자원 대체가 아니라, 생산·소비·성장의 구조를 근본적으로 재설계하는 변화가 필요하다.

  현대인의 일상을 분석하면서 드러난 것은, 에너지가 단순한 공급 체계를 넘어 삶의 구조 자체를 형성하고 있다는 사실이다. 집 안의 플라스틱 제품, 출퇴근용 자동차, 배달 음식 포장재, 스마트폰과 컴퓨터에 이르기까지, 거의 모든 일상용품이 석유와 연결되어 있다. 따라서 에너지 전환은 연료 교체 이상의 과제다. 그것은 일상생활의 기반과 문화적 습속을 바꾸는 전면적인 사회문화 프로젝트다.

에너지 안보, 경제성, 환경성이라는 삼중 딜레마는 상충하는 가치들 사이에서 균형을 찾는 일이 얼마나 복잡한 사회적 과제인지 잘 보여준다. 에너지 정책은 기술적 최적화의 문제가 아니라, 다양한 이해관계자의 가치와 이익을 조정하는 정치적 과정이다.

이 과정에서 민주적 참여와 사회적 합의는 필수적이며, 그 부재는 정책의 지속 가능성을 위협한다.

석유산업의 미래를 전망하는 과정에서, 우리는 기존 산업의 소멸과 진화, 새로운 산업의 창조가 모두 사회적·문화적 맥락 속에서 진행된다는 사실을 확인했다. SK에너지의 배터리 소재 사업, GS칼텍스의 수소 사업, S-Oil의 석유화학 고도화, 현대오일뱅크의 윤활유 특화 전략은 단순한 사업 다각화를 넘어 정유산업의 정체성 변화를 보여준다. 산업 전환은 기술적 혁신과 함께, 산업에 종사하는 사람들의 정체성·문화·지역 사회 구조를 재편하는 일이다.

이 모든 과정을 통해 우리는 한국적 경험의 보편적 가치를 발견했다. 의존적 근대성을 창조적으로 극복해 온 경험, 압축 근대화 속에서 축적한 적응력과 혁신 능력, 동아시아 지정학적 현실에서 발휘한 실용적 에너지 외교는 탈탄소 전환 시대를 살아가는 많은 나라에 유용한 참조점이 될 수 있다. 한국은 자원 빈국이면서도 세계 에너지 질서 속에서 주체적 전략을 구사해왔고, 이는 다른 국가들이 자원 의존을 극복하는 데 참고할 수 있는 실험 모델이 된다.

결국 우리가 함께 걸어온 이 탐구의 길에서 얻은 가장 중요한 깨달음은 에너지 전환대를 맞아 인문학적 사고가 그 어느 때보다 절실히 필요하다는 점이다. 기술만으로는 해결할 수 없는 문화적·사회적·정치적 차원의 변화가 반드시 동반되어야 하며, 이를 위해 석유 인문학이 제공하는 통찰과 지혜가 필수적이다.

과거를 깊이 성찰하고, 현재를 정확히 진단하며, 미래를 창조적으로 상상할 수 있는 인문학적 사고야말로 새로운 에너지 시대를 여는 열쇠가 될 것이다.

"결국 우리가 함께 걸어온 이 탐구의 길에서 얻은
가장 중요한 깨달음은 에너지 전환대를 맞아 인문학적
사고가 그 어느 때보다 절실히 필요하다는 점이다.
기술만으로는 해결할 수 없는 문화적·사회적·정치적
차원의 변화가 반드시 동반되어야 하며, 이를 위해
석유 인문학이 제공하는 통찰과 지혜가 필수적이다."

닫는 글

아직 쓰이지 않은 미래를 향해

"미래는 이미 시작되었지만, 그 미래의 완성은 여러분의 손끝에 달려 있다."

우리는 지금 단순한 기술의 변화를 넘어, 문명의 작동 원리 자체가 다시 쓰이고 있는 시점에 서 있다. 산업의 동력, 도시의 구조, 삶의 방식, 그리고 상상력의 방향까지 새롭게 설정되고 있다. 전환기는 언제나 예측의 무력함과 선택의 복잡성을 동시에 드러낸다. 석유의 미래 또한 그러하다. 과거의 연장선 위에서 미래를 정의할 수는 없다. 석유의 운명은 닫힌 경로가 아니라 열려 있는 가능성이고, 그것은 예언도 숙명도 아니다. 오직 질문하고 응답하는 자만이 참여할 수 있는 선택의 지형이며, 그 지형을 탐색하는 것이 이 책의 목적이었다.

석유는 단순한 연료가 아니었다. 석유는 20세기 문명을 설계한 근본적인 에너지 코드였다. 이 책은 석유를 자원이나 통계로 환원하지 않았다. 우리는 석유가 어떻게 도시를 만들고, 전쟁을 일으키며, 평화를 중재하고, 감각과 소비의 질서를 바꾸었는지 추적했다. 그 흐름은 에너지의 흐름이면서 동시에 권력의 이동이자 사유의 재배열이었다. 지난 150여 년 동안 석유는 기술과 경제를 넘어서 인간의 생활양식, 집단의식, 정치 질서까지 구성하는 토대가 되어왔다.

그리고 오늘날에도 석유는 단지 과거의 잔재가 아니라, 미래의 신호를 가장 민감하게 감지하는 문명의 촉수로 기능하고 있다. 우리는 단지 연료를 발견한 것이 아니라, 새로운 생존 방식과 삶의 구조를 마주한 것이었다. 플라스틱, 비료, 항공, 식량, 통신, 물류, 금융… 석유는 현대 사회의 모든 연결망 속에 존재하고 있으며, 그것은 여전히 재구성 중이다. '검은 황금'이라 불린 이 자원은 결국 기술의 문제가 아니라 세계관의 문제였다.

지금, 우리는 다른 시대의 언어를 써야 한다

이제 우리는 다음 문명으로의 이행기에 있다. "더 많이, 더 빠르게"에서 "더 지속 가능하게, 더 지혜롭게"로의 패러다임 전환이 요구되는 시대이다. 기후 위기는 더 이상 미래 세대의 짐이 아니다. 그것은 지금 이 순간, 우리의 산업과 정책, 기술과 사고방식 전반을 재설계하라고 요구하는 현실의 압력이다. 탄소중립은 선언이 아니라 전제이며, 인공지능과 디지털 기술은 에너지 산업의 운영 원리 자체를 바꾸고 있다. 석유는 사라지고 있는 것이 아니라, 지금, 이 순간에도 재정의되고 있다.

정유소는 더 이상 단순한 연료 생산공장이 아니다. 스마트팩토리로 전환되며, 데이터 기반 탄소 감축과 순환 자원 설계의 중심으로 이동하고 있다. 석유기업은 단지 '화석연료 판매자'가 아닌, 수소, 암모니아, 바이오에너지, CCS 기술, 디지털 인프라를 설계하는 전환의 엔지니어로서의 위상을 부여받고 있다. 이들은 에너지의 최전선에서 작동하는 시스템 디자이너로 거듭나고 있다. 지금 이 변화의 중심에는 석유산업 내부에서의 성찰과 혁신이 존재한다.

이 책은 이러한 흐름을 읽고, 분석하고, 제안하고자 했다. 과거의 석유가 문명을 구성했다면, 지금의 석유는 문명 전환을 견인할 수 있는 전략 자원이자 기술 플랫폼으로 작동하고 있다.

K-석유, 기술을 넘어 상상력의 이름

K-석유는 단지 한국형 정제 공정이나 고도화 설비의 성과를 지칭하는 기술 용어가 아니다. 그것은 비산유국이 에너지 강국으로 도약

한 역사, 자원이 없는 나라에서 전략과 기술로 돌파해 온 집단적 축적의 서사, 그리고 기후 위기 시대에 지속 가능성이라는 공통 과제를 향해 한국이 보여줄 수 있는 상상력의 방향성을 담고 있다.

수소, CCUS, 플라스틱 순환, 디지털 에너지 인프라, 스마트 정유소, 다차원적 에너지 포트폴리오 전략 등, 이 책에서 다룬 모든 주제는 단순한 산업 설명서가 아니었다. 그것은 문명의 구조를 새롭게 설계하고자 하는 일종의 실천 보고서였으며, 독자와 함께 이 전환의 흐름을 이해하고 행동에 착수할 수 있는 공공적 플랫폼이기도 하다.

이제 에너지는 더 이상 기술자나 정책 입안자만의 문제가 아니다. 산업을 설계하는 사람, 데이터를 분석하는 사람, 일상에서 소비를 결정하는 사람, 교육을 통해 다음 세대에 세계를 설명하는 사람 모두가 이 전환의 주체다. 그리고 그 모두에게 한 가지 질문이 던져지고 있다.

"이 문명을 우리는 어떻게 바꿔나갈 것인가?"

미래는 백지다. 그리고 펜은 당신의 손에 있다

이 질문에 대한 다음 응답은 독자의 몫이다. 미래는 점치거나 기다리는 대상이 아니다. 우리가 설계하고 실천하며 써 내려가는 대상이다. 석유의 미래는 아직 백지 위에 있다. 어떤 문장을 그 위에 쓸 것인지는 기술도 정책도 아닌, 우리 자신의 상상력과 선택의 방식에 달려 있다.

우리는 오랫동안 '석유 vs 친환경'이라는 낡은 이분법 속에 갇혀 있었다. 하지만 이제는 그것을 넘어야 할 때다. 석유산업 내부에도 기후 위기를 해결할 기술과 자원이 존재하며, 문제는 그것을 어떻게 바라보고 통합하며 실행할 것인가에 있다. 탄소 감축은 더 이상 환경 운동가의 언어가 아니다. 그것은 산업 전략이며, 기업 경영의 조건이자 국가 경쟁력의 핵심 언어가 되었다. 이 새로운 전제 속에서 석유는 소모의 대상이 아니라, 전환의 수단으로 재정의되어야 한다.

그리고, 당신이 미래를 쓴다

2030년, 2040년, 2050년. 이 책은 다양한 시나리오와 전략을 통해 K-석유의 미래를 열어 보았다. 그리고 모든 예측의 끝에서 우리는 하나의 명확한 진실에 도달했다.

미래는 이미 시작되었지만, 아직 아무도 완성하지 않았다.

이 책은 하나의 결론이 아니라, 다음 이야기를 함께 써나가기 위한 제안이자 요청이며, 가능성의 플랫폼이다. K-석유의 미래는 아직 덜 혀 있지 않다. 그리고 그 미완의 미래야말로, 우리가 가장 믿고자 하는 희망의 이름이다.

미래는 당신이 쓰는 것이다. 그리고 그 미래는 지금 이 마지막 문장을 읽고 있는 당신의 손끝에서 시작될 것이다.

-류근식, 주재인, 송민호

부록

석유에 관해 우리가 진짜 알고 싶은 것들

1. 주유소 기름값, 정유사가 제멋대로 정하는 걸까? 아니면 보이지 않는 기준이 따로 있을까?

휘발유나 경유 같은 석유제품의 가격은 정유사의 일방적인 결정으로 정해지지 않는다. 그 기준은 국제 석유 시장에서 거래되는 가격, 그중에서도 싱가포르 현물 시장에서 형성되는 MOPS^{Means of Platts Singapore} 가격이다. 여기에 운임, 환율, 국내 수급 상황 등이 종합적으로 반영되어 최종 가격이 결정된다.

과거에는 정부가 유종별로 석유제품의 판매가격을 고시하는 방식이었다. 그러나 1997년, 석유 가격과 수출입을 자유화하면서 이러한 체계는 근본적으로 바뀌었다. 이후부터는 시장 원리에 따라, 국제 유가와 국내 공급 여건이 반영된 가격 메커니즘이 작동하고 있다. 이는 단지 한국만의 방식이 아니라, 미국, 유럽연합^{EU}, 호주 등 석유 시장이 자유화된 대부분의 국가가 채택하고 있는 국제표준이다.

만약 이 같은 국제 기준을 따르지 않을 경우, 가격 왜곡과 지역 간 수급 불균형이 나타날 수 있다. 특히 국내 가격이 지나치게 낮을 경우, 상대적으로 싼 한국산 석유제품을 찾는 해외 수요가 급증하면서 자칫 국내 공급이 불안정해질 수도 있다. 반대로 국제 시세보다 가격이 높게 유지되면 수입 석유제품이 급증해 국내 산업 전반에 혼란을 초래할 수 있다.

이러한 이유로 국내 정유사들은 가격의 합리성과 투명성을 확보

시기	제도	내용
1948~1969	고정가격제	· 정부 고시 통제가격제도('48~'64) · 정부 고시 고정가격제도('64~'69)
1969~1994	최고가격제노 (원유가 기준)	· 공장도가격이 최고판매가격제('69~'72) · 소비자가격의 전국 균일 최고가격제('72~'94)
1994~1997	원유/제품가격 연동제	· 국내 유가를 국제원유가/제품가 및 환율에 연동시켜 월 1회 변경(유가자유화에 대비한 준비 기간)
1997~2001	유가자유화	· 국제 원유가 연동 기준 방식 사용(시장은 자유화되었으나, 기존 정부의 가격 책정방식과 유사한 방식의 가격 책정방식 유지)
2001 이후		· 국제 석유제품가 기준 가격 책정방식으로 변경

국내 석유제품 가격 결정방식 내역

하기 위한 노력을 지속하고 있다. 한국석유공사가 운영하는 '오피넷 Opinet'을 통해 정유사별 공급 가격을 주간 및 월간 단위로 공개하며, 전국 주유소의 판매가격도 실시간으로 제공하고 있다. 주유소와 정유사 간의 가격 정보 비대칭을 최소화하고, 소비자에게도 시장 정보를 투명하게 제공하려는 조치다.

실제로 국내 석유 시장은 가격 공개 수준에서도 해외 주요국보다 앞서 있다. 자유화된 시장구조 속에서도 소비자 신뢰를 확보하고, 가격 안정성과 공급 효율성을 동시에 추구하는 것이 현재 한국 석유 유통 체계의 핵심이다.

2. 정유사와 주유소, 국제유가 오를 땐 번개같이 반영하고 내릴 땐 느릿느릿? 그 속내는?

국내 유가에 대한 논란 중 하나는 비대칭적 가격 조정 문제였다. 국제유가가 상승할 때는 국내 가격이 빠르게 반영되는데, 하락할 때는 상대적으로 느리게 반영된다는 인식이다. 이른바 "올라갈 땐 빨리, 내려갈 땐 천천히"라는 소비자 체감이 오랫동안 회자되어 왔다.

그러나 이는 통계적 분석과 시장구조에 대한 오해에서 비롯된 측면이 크다. 실제로 국내 유가의 비대칭성에 관한 다수의 연구 결과에 따르면, 장기적으로는 가격 변동이 대칭적으로 이루어지는 것으로 확인되었다. 단기적인 체감 차이는 가격 구조에 내재된 요인들과 소비자 행동의 특성에서 기인한다.

가장 큰 요인은 세금 비중이다. 국내 휘발유 가격의 약 50%는 교통·에너지·환경세, 교육세, 부가가치세 등으로 구성되어 있으며, 이들은 국제유가와 무관하게 정액 또는 일정률로 부과된다. 예컨대 국제유가가 10% 하락한다고 하더라도, 세금을 제외한 실질 유가 하락폭은 전체 가격의 약 5% 수준에 불과하다. 소비자 입장에서는 가격이 '제대로' 내려가지 않는다고 느끼게 되는 것이다.

반대로 국제유가가 상승할 경우, 소비자는 주유소에서 즉각적인 가격 인상을 체감하게 되며, 이는 기름값은 올라갈 때만 빨리 오른다는 인상을 더욱 강화시킨다. 하지만 실제로는 정유사나 주유소가 이익을 극대화하기 위해 가격을 조작하는 것이 아니라, 가격의 구성 요소와 시장 반응 속도, 구매 패턴에 따른 자연스러운 결과인 경우가 많다.

소비자들의 행동도 이러한 인식에 영향을 준다. 유가가 상승하는 국면에서는 '더 오르기 전에 미리 채워두자'라는 심리로 인해 주유 빈도와 주유량이 증가하는 반면, 하락기에는 '좀 더 기다려보자'라는 관망심리가 작용하여 주유를 미루거나 소량만 채우는 경향이 생긴다. 이 역시 가격이 빠르게 오르고 느리게 내리는 듯한 체감을 유도한다.

결국, 이러한 단기적 비대칭성은 가격 구조, 소비자 행동, 유가 반영의 시차가 복합적으로 얽힌 결과일 뿐이다. 장기적으로는 국제유가의 변동에 따라 국내 유가도 대칭적으로 조정되는 것이 실증 분석을 통해 확인된 사실이다.

3. 횡재세 논란, 우리 정유사는 정말 횡재를 하고 있는걸까?

2022년 영국과 EU 등에서는 에너지 가격 급등에 따른 초과 이익을 회수하기 위해 석유·에너지 기업에 '횡재세windfall tax'를 부과하기 시작했다. 이에 따라 국내에서도 정유사에 횡재세를 부과해야 한다는 주장이 제기되었고, 실제로 입법 논의까지 이어진 바 있다.

하지만 국내 정유사에 대한 횡재세 적용은 구조적 현실을 외면한 주장이라는 비판이 제기된다. 우리나라의 정유산업은 원유를 직접 생산하거나 수출하는 상류 산업이 아닌, 원유를 수입해 정제하고 판매하는 하류 부문 중심의 구조이다. 다시 말해, 원가 부담이 높은 박리다매 산업이다. 실제로 지난 16년간(2007~2022) 국내 정유 4사의 정유 부문 평균 영업이익률은 1.8%에 불과하다. 같은 기간 누적 매출액은 1,570조 원에 달했지만, 영업이익은 29조 원으로, 수익성은 매우 제한적이었다. 특히 2020년에는 코로나19로 인한 수요 급감과 국제유가 폭락 등으로 5조 원이 넘는 대규모 적자를 기록한 바 있다. 이는 정유업이 외부 환경에 따라 실적 변동성이 매우 큰 산업임을 보여준다.

이러한 수익 구조는 글로벌 석유 주류 기업들과 근본적으로 다르다. 엑손모빌, 셰브론, BP 등은 원유 탐사 및 생산, 수송, 정제, 판매까지 전 과정에 걸친 통합형 구조를 갖추고 있으며, 고유가 시기에는 상류 부문에서 막대한 이익을 거둔다. 예컨대 엑손모빌의 경우 2022년 한 해 순이익만 약 70조 원에 달해, 한국 정유 4사의 16년 누적 영업이익 규모를 훌쩍 넘어선다. 따라서 국내 정유사를 해외 주류 기업과 동일선상에서 비교하는 것은 구조적으로 성립되지 않는다.

또한 국내 정유업계는 글로벌 시장 상황, 환율, 유가, 지정학적 리스크, 기후변화 등 다양한 외적 변수에 민감하게 반응한다. 기업이 통제할 수 없는 요인이 수익성에 큰 영향을 미치는 구조이기에, 특정 시점의 수익 증가만을 근거로 과세를 논의하는 것은 산업의 특성과 지속 가능성을 고려하지 않은 접근이다.

더불어 정유산업은 단순한 민간 이익 산업이 아니라, 국가 에너지 안보와 직결된 기간 산업이며, 석유제품은 반도체, 자동차, 석유화학 등과 함께 5대 수출 품목에 포함되는 전략 산업이기도 하다. 에너지 공급망의 안정성과 국가 경제에 대한 기여를 고려할 때, 이윤이 낮은 국내 정제 부문에 일률적 횡재세를 부과하는 것은 정책적 타당성을 결여한 처사다.

결론적으로, 횡재세는 통합형 상류 기업의 초과 이익을 조절하는 목적에서 설계된 제도이며, 하류 중심의 국내 정유산업에 이를 적용하는 것은 산업 현실을 무시한 무리한 처방이라고 할 수 있다.

4. 기름 넣을 때마다 세금 폭탄? 석유 소비자는 왜 이렇게 많이 내야 할까?

석유는 오랫동안 국가 재정의 주요 기반으로 활용됐다. 과거에는 원유 및 석유제품에 대해 관세와 특별소비세가 부과되었으며, 이는 세입 확보라는 재정 목적이 중심이었다. 그러나 2001년부터는 정책적 목적이 확대되면서 '교통·에너지·환경세'로 전환되었다. 이 세금은 단순한 재정 수단을 넘어, 에너지 절약과 교통 인프라 확충, 환경 보호 등을 위한 재원으로 쓰이고 있다.

이 외에도 휘발유, 경유 등 석유제품에는 교육세, 주행세, 개별소비세, 부가가치세 등 다양한 조세가 중복적으로 부과되고 있으며, 석유 수입 부과금, 환경개선부담금 등 각종 부과금도 추가로 징수되고 있다. 결국 소비자들이 부담하는 석유 관련 세금은 제품 가격의 절반 이상에 이를 정도로 복잡하고 무거운 구조다.

2024년 기준, 교통·에너지·환경세의 징수액은 약 11조 4,000억 원으로, 이는 전체 국세의 약 3.1%를 차지한다. 이 비중은 2021년까지 약 4.6%까지 증가했다가, 코로나19 팬데믹에 따른 경기 침체, 석유 수요 감소, 유류세 인하 등의 조치로 다소 감소한 상황이다. 이 외에도 교육세 약 1조 7,100억 원, 주행세 약 2조 9,000억 원, 개별소비세 약 8조 8,000억 원, 석유 수입 부과금 약 1조 7,000억 원, 환경개선부담금 약 2,000억 원 등이 별도로 징수되고 있는 것으로 추정된다.

문제는 이러한 조세 체계가 석유를 중심으로 한 산업 구조와 소비 패턴이 변화했음에도 불구하고, 여전히 과거의 틀을 크게 벗어나지 않고 있다는 점이다. 친환경 에너지로의 전환이 가속화되고 석유 소비가 정점을 지난 현시점에서, 조세 부과 목적과 실제 조세 구조 간의 괴리가 커지고 있다.

따라서 석유 관련 조세 체계는 단순히 세입 확보가 아닌, 에너지 정책과 환경 목표, 그리고 조세 부담의 형평성이라는 보다 종합적인 관점에서 재정비되어야 한다. 변화된 에너지 소비 구조를 반영하고,

다층적 조세 부과로 인한 소비자 부담을 조정하는 방향으로의 개편이 시급하다.

구분	2020년	2021년	2022년	2023년	2024년
국세 총징수액	300,616,658	360,109,705	416,318,004	372,210,119	363,717,038
교통·에너지· 환경세	13,937,883	16,598,390	11,116,375	10,843,590	11,389,081
비중	4.6%	4.6%	2.7%	2.9%	3.1%

연도별 국세/ 교통 에너지 환경세 비중(단위:원) (출처: 국세청 국세 통계포털)

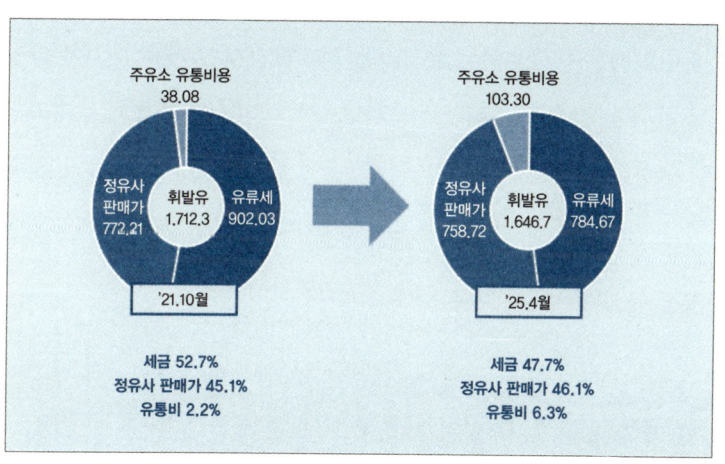

국내 석유가격 구성(출처: 오피넷)

5. 우리나라 휘발유·경유 가격, 외국과 비교하면 정말 비싼 걸까? 아니면 우리가 착각하고 있는 걸까?

우리나라의 석유제품 가격은 OECD 국가들과 비교했을 때, 유종별로 약간의 차이는 있지만 전반적으로 매우 낮은 수준에 속한다. 특히 세금을 제외한 순수 제품 가격만 보면, 한국은 OECD 23개국 가운데 최하위권에 있다.

2024년 기준, 휘발유의 세전 가격은 OECD 평균보다 리터당 약 246원 낮으며, 이는 23개국 중 최저 수준인 23위다. 경유 역시 평균 대비 267원이 낮아 22위를 기록하고 있다. 즉, 한국에서 판매되는 석유제품의 공급 가격 자체는 세계적으로도 매우 경쟁력 있는 수준이다.

세금을 포함한 가격 역시 상대적으로 낮은 편에 속한다. 이는 정부가 탄력세율을 적용하여 유류세를 한시적으로 인하한 조치가 반영된 결과다. 같은 해 기준, 국내 휘발유에 부과되는 유류세는 리터당 757.1원으로, OECD 평균보다 478.6원 낮아 세금 기준으로는 21위를 기록한다. 경유 유류세는 리터당 519.7원으로, OECD 평균보다

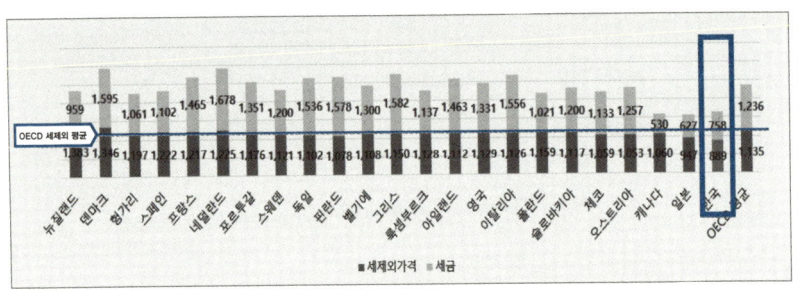

오피넷(한국의 석유수입부과금 및 관세는 세금에 포함됨), 2024년 평균

501.2원 낮은 20위 수준이다.

이러한 수치는 한국이 석유제품의 세금과 가격 모두에서 비교적 낮은 수준을 유지하고 있음을 보여준다. 특히 국제 원유 전량을 수입에 의존하는 자원 빈국임에도 불구하고, 정제 기술력, 유통 효율성, 정부의 세율 조정 정책 등이 결합되어 소비자 부담을 상대적으로 낮게 유지하고 있다는 점에서 의미가 크다.

6. 우리나라 국민은 석유를 얼마나 소비할까?

국내 석유제품 소비는 산업 발전과 함께 꾸준히 증가해 왔다. 1990년대 말까지만 해도 연간 소비량은 약 6,700만 배럴 수준이었지만, 이후 지속적인 증가세를 보이며 2024년에는 약 9억 5,840만 배럴에 도달했다. 이는 세계에서 다섯 번째로 많은 석유 소비 규모로, 단순히 비교하자면 63빌딩(약 240만 배럴 저장 기준) 399개에 달하는 어마어마한 양이다.

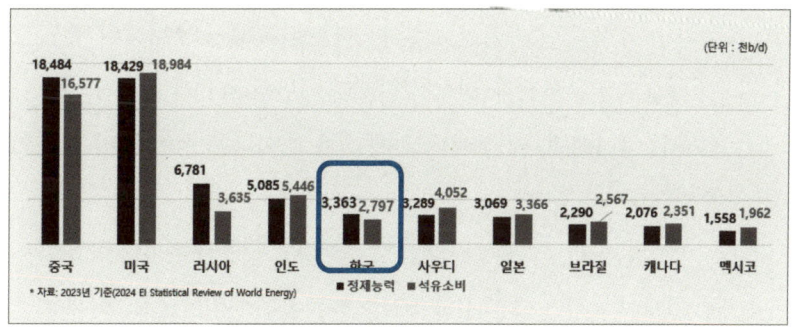

국가별 정제 능력 및 석유 소비량

순위	국가	연간 배럴/인당	주요 특징 및 사유
1	싱가포르	88.8	작은 영토, 정유 산업, 해운/항공 허브
2	사우디아라비아	39.2	주요 산유국, 저렴한 유가, 장거리 이동
3	아랍에미리트	36.2	주요 산유국, 높은 소득, 에너지 집약적 산업 및 생활
4	캐나다	25	넓은 영토, 난방 수요, 차량 의존도 높음
5	미국	21.8	많은 교통 인프라, 에너지 집약적 산업, 대형 차
6	홍콩	20.1	금융 및 물류 허브, 높은 운송량, 인구 밀집
7	벨기에	20.3	높은 산업 활동, 유럽 내 물류 중심
8	네덜란드	19.9	정유 산업 및 물류 허브, 경제 활동 활발
9	**대한민국**	**18.5**	**제조업 중심(석유화학 등), 높은 자동차 보급률**
10	호주	16.7	넓은 영토, 장거리 이동, 에너지 집약적 산업
11	오만	15.2	산유국, 낮은 유가, 높은 생활 수준
12	대만	15.2	제조업 중심 경제, 반도체 등 에너지 집약적 산업
13	노르웨이	14.2	산유국, 높은 소득, 기후 (난방 수요)
14	핀란드	13.9	추운 기후 (난방 수요), 산업 활동
-	전 세계 평균	약 7.1-8.3	

　1인당 석유 소비량 역시 세계 상위권이다. 2024년 기준, 우리나라 국민 1인당 석유 소비량은 연간 18.5배럴로, 세계 평균의 약 2.5배에 달하며 세계 9위를 기록하고 있다. 이는 단순한 생활 연료 소비뿐 아니라, 석유화학 산업의 원료로 사용되는 나프타 등의 비중이 매우 높기 때문으로 분석된다. 한국은 나프타 기반의 석유화학 제품 수출이 활발한 국가이며, 이는 국내 전체 석유 소비량을 끌어 올리는 주요 요인으로 작용한다.

　이처럼 한국은 자원 빈국임에도 불구하고 산업 구조와 소비 패턴으로 인해 세계적인 석유 소비 대국으로 자리를 잡고 있으며, 이에 따른 에너지 수급 안정과 환경 대응 전략 역시 더욱 정교해질 필요가 있다.

7. 피크 오일(Peak Oil) 예측은 왜 자꾸 빗나갈까? 석유, 정말 언젠가는 고갈되는 걸까?

현재 전 세계의 석유 가채년수는 약 53.5년, 확인된 매장량은 약 1조 7,300억 배럴로 추정되고 있다. 이는 현재의 소비 수준을 기준으로 했을 때 앞으로 약 반세기 동안 석유를 사용할 수 있다는 뜻이다.

석유 고갈에 대한 우려는 오래전부터 제기되어 왔다. 대표적인 이론이 1956년 미국의 지질학자 킹 허버트King Hubbert가 제안한 '피크 오일Peak Oil 이론'이다. 허버트는 석유는 유한한 자원이므로 생산량이 일정 시점에서 정점을 찍은 후 점차 감소하게 되며, 결국 경제적으로 더 이상 생산이 불가능한 상태에 도달하게 된다고 보았다. 그는 그 시점을 1970년대 초로 예측했지만, 이후 1980년, 2000년, 2040년 등 피크 오일 시점은 반복적으로 수정됐다.

이는 석유가 단순한 물리적 매장량에 따라 고갈되는 것이 아니라, 기술 발전과 경제적 요인에 따라 '가채 매장량'이 유동적으로 변하기 때문이다 실제로 피크 오일 이론은 중동 이외 지역에서의 신규 유전 발견, 셰일 오일 및 심해 유전 개발, 수평 시추 및 정밀탐사 기술의 발달로 인해 반복적으로 빗나가게 되었다. 새로운 기술은 이전까지 경제성이 없던 석유 자원을 생산 가능 자원으로 바꾸며, 가채 매장량 자체를 재정의해 왔다.

또한 석유 매장량은 단일한 수치로 고정된 것이 아니다. 유가의 상승, 개발 비용의 감소, 기존 유전에서의 추가 정보 확보, 정부 규제의 완화 등 여러 요인에 따라 증가하거나 감소할 수 있다. 환경 정책이나 국제 기후 규범의 변화 역시 매장량의 활용 가능성을 제한하거나 확대하는 변수가 된다.

그런데도 석유의 고갈 연수는 수십 년째 50년 안팎에서 큰 변동 없이 유지되고 있다. 이는 역설적으로 석유 개발 기업(E&P 기업)들이 항상 약 40~50년간 사용할 수 있는 물량을 미리 확보하려는 전략적 행위의 결과다. 기업의 존속성과 경제 안정성을 위해 이 정도 수준의 가채 매장량을 유지하는 것이 일종의 산업적 관행이자 계획된 지속성의 표현인 셈이다.

결국 석유는 유한한 자원이지만, 언제 고갈될 것인지에 대한 질문은 기술과 경제, 정책에 따라 끊임없이 유예되고 재조정되는 유동적인 문제다.

(단위 : 10억 bbl)

순위	국가	매장량	비중
1	베네수엘라	303.8	17.5%
2	사우디아라비아	297.5	17.2%
3	캐나다	168.1	9.7%
4	이란	157.8	9.1%
5	이라크	145.0	8.4%
6	러시아	107.8	6.2%
7	쿠웨이트	101.5	5.9%
8	U.A.E	97.8	5.6%
9	미국	68.8	4.0%
10	리비아	48.4	2.8%
기타	중국	26.0	1.5%
	총계	1,732.4	

석유자원의 유한성 및 편중성

8. 석유와 가스는 비슷한 방식으로 만들어진다는데, 어떻게 다른 에너지원이 되는 걸까?

석유와 가스는 오랜 시간 지질학적 과정을 거쳐 형성된다. 주로 바다나 호수 등 물 밑에 퇴적된 유기물, 즉 동식물과 미생물 등이 퇴적층을 이루고, 이 퇴적물이 지각변동에 따라 땅속 깊이로 이동하게 되면, 엄청난 고온과 압력을 받게 된다. 이때 퇴적층의 유기물은 열분해 과정을 거쳐 탄화수소로 변화하게 되는데, 이를 탄화라고 한다. 이러한 변성 과정에서 온도와 압력 조건에 따라 석유와 가스로 분리된다. 퇴적 유기물이 변성되는 온도가 60~120℃ 정도일 때는 주로 액체 상태인 원유가 생성되고, 온도가 120~225℃ 정도로 높아지면 기체 상태의 천연가스가 주로 생성된다. 그래서 석유와 가스는 종종 함께 매장되어 있는 경우가 많다.

지하에 석유가 매장된 곳을 유전이라 하고, 천연가스가 매장된 곳은 가스전이라 한다. 석유와 가스가 함께 있을 때는 산출량에 따라 유전 또는 가스전으로 구분하기도 한다. 또한 이들이 육상에 있으면 육상 유전 또는 육상 가스전, 바다에 있으면 해상 유전 또는 해상 가스전이라 부른다. 천연가스는 유전가스와 가스전 가스로 구분되기도 하는데, 유전가스는 석유와 생성 원인이 같고 대부분 원유에 녹아 있다가 채유할 때 함께 채취되며, 가스전 가스는 원유에서 분리된 가스가 이동하여 특정한 지질에 모인 것이다.

석유인지 가스인지는 탐사시추 과정에서 다양한 과학적 방법을 통해 판단하게 된다. 시추 과정에서는 땅속에서 올라오는 시추액과 암석 파편, 시추 코어 등을 분석하여 가스의 농도와 종류를 측정하고, 자외선램프로 비춰보거나 용매에 녹여 성분을 확인함으로써 원유의 존재 여부를 판단한다. 시추가 완료되면 시추공 안에 특정 측정 장비를 내려보내 밀도, 음파, 중성자, 전기저항 등을 검층하여, 석유인지 가스인지 혹은 물인지의 특성을 비교하여 분석하게 된다. 이렇게 다양한 자료와 기법을 종합해 석유와 가스의 존재 여부를 최종적으로 판단하게 된다.

9. 기름이 없어 식용유를 넣거나, 잘못된 연료를 주유하면 차에는 어떤 일이 벌어질까?

① 식용유 주입 문제

식용유는 경유와 유사한 탄화수소 성분을 가지고 있어 이론적으로 디젤 차량에 주입하면 차량이 일시적으로 움직일 수는 있다. 그러나 이는 어디까지나 단기적인 가능성일 뿐이며, 장기적으로는 심각한 엔진 고장과 연료 계통 손상을 초래할 수 있다.

특히 가솔린 차량에 식용유를 넣는 것은 훨씬 더 위험하다. 식용유는 점도가 높고 발화점이 낮아 연료 분사 노즐을 막기 쉬우며, 연소가 제대로 이루어지지 않아 시동이 잘 걸리지도 않고, 걸린다 하더라도 곧바로 고장이 발생한다. 따라서 어떤 상황에서도 식용유를 차량 연료로 사용하는 것은 금물이다.

그렇다면 왜 디젤 차량에는 바이오디젤을 일부 혼합하여 사용하는 것이 가능할까? 이는 바이오디젤이 단순한 식용유가 아니라, 정제 과정을 거친 '가공 연료'이기 때문이다. 폐식용유를 메탄올과 화학 반응시켜 만든 바이오디젤은, 이 과정에서 물과 불순물이 제거되고 점도는 낮아지며, 연소 효율도 높아진다. 이렇게 가공된 바이오디젤은 디젤 엔진에 맞게 조정된 연료이기 때문에, 경유와 일정 비율로 혼합해 사용해도 문제가 발생하지 않는다.

② 혼유 문제

차량 연료를 잘못 넣는 혼유 사고는 엔진에 치명적인 손상을 일으킬 수 있다. 먼저, 휘발유 차량에 경유를 넣으면 시동이 걸리지 않거나, 시동이 걸려도 곧 꺼지게 된다. 이는 가솔린 엔진이 스파크 점화 방식을 사용하는 반면, 경유는 발화점이 높고 점도가 커서 연소가 제대로 이루어지지 않고, 연료 분사 장치를 막을 수 있기 때문이다.

반대로 디젤 차량에 휘발유를 넣는 경우는 훨씬 더 위험하다. 휘발유에는 디젤 연료와 달리 윤활 성분이 없어, 연료펌프나 인젝터 같은 부품이 빠르게 마모된다. 또 디젤 엔진은 압축 착화 방식인데, 휘발유는 압축 중 조기에 폭발해 불규칙한 점화를 일으키며, 이로 인해 노킹 현상이 발생하고 주요 부품이 손상될 수 있다. 짧은 운행만으로도 수천만 원에 달하는 수리비가 발생할 수 있다.

만약 혼유 사고가 발생했다면, 가장 중요한 것은 시동을 걸지 않는 것이다. 시동을 걸지 않았다면 연료만 제거하고 연료 계통을 세척하는 것으로 비교적 간단히 해결할 수 있다. 그러나 이미 시동을 걸었다면, 즉시 정차한 뒤 시동을 끄고, 견인을 통해 정비소로 이동해야 한다. 이 경우 연료 시스템 전반에 대한 점검과 필요한 부품 교체가 필요하며, 손상의 정도에 따라 수리비는 크게 달라질 수 있다.

10. 같은 석유인데, 리터로도 재고 배럴로도 재고… 왜 이렇게 복잡할까?

석유는 질량^{ton}과 부피$^{barrel,\ liter,\ gallon}$ 모두로 측정되며, 이는 석유의 물리적 특성, 생산·유통 방식, 그리고 역사적 배경에 따라 다양한 단위를 사용하게 된 데에서 비롯된다. 예컨대 석유는 액체 상태로 저장·이송되므로 부피 단위가 일반적이지만, 국가 간 거래나 에너지 환산에는 질량 단위가 활용된다. 또한, 다른 에너지원과의 비교를 위해서는 열량(에너지 함량)을 기준으로 통일된 단위를 사용해야 한다.

● 대표적인 석유 단위들

단위	사용 맥락	설명
배럴(bbl)	국제 원유 거래	1배럴 = 약 159리터
리터(L)	주유소 등 소매	일상에서 가장 익숙한 단위
톤(t)	수출입, 재고관리	무게 단위, 제품별 밀도 고려 필요
BTU(British Thermal Unit)	에너지 환산 시	에너지 단위로, 타 에너지원과 비교할 때 활용

● 석유 단위 간 상호 환산

배럴 ↔ 리터

1배럴(bbl) = 158.987리터(L)

1리터(L) ≈ 0.00629배럴(bbl)

배럴↔US 갤런

1배럴 = 42갤런(gal)

1갤런 ≈ 0.0238배럴

배럴↔톤

1톤=(1배럴÷비중)×158.987리터×1,000kg/톤

〈참고〉배럴과 톤 간 환산은 원유의 비중$^{API\ Gravity}$에 따라 달라지며, API 비중 (API gravity : 원유의 비중을 나타내는 척도)이 높을수록 가볍고 API 비중이 낮을수록 무거움(톤/배럴 = 158.987 / (API 비중에 따른 원유 밀도)

● 다른 에너지원과의 비교 단위: TOE

서로 다른 에너지원(석유, 석탄, 가스, 전기 등)을 비교할 때는 주로 에너지 함량을 기준으로 하며, 각 에너지원이 공급하는 열량이나 전력량 등을 통일된 단위로 비교하여 에너지 효율성이나 경제성을 하는 데 활용된다.

〈참고〉 석유환산톤$^{TOE:\ Ton\ of\ Oil\ Equivalent}$: 1 TOE = 약 10^7 kcal × 10^6 = 약 41.868 GJ (기가줄)에 해당하는 보통 1톤의 원유가 생산하는 평균적인 에너지양이며, 다양한 에너지원의 소비량이나 생산력을 비교할 때 사용되는 국제적인 표준 단위이다.

에너지원	단위	환산 예시(1톤 기준)
원유	TOE(Ton of Oil Equivalent)	1 TOE = 약 42 GJ
석탄	TOE	석탄 1.5톤 ≈ 1TOE
LNG	Kcal, MJ, TOE 등	천연가스 1,000m^2 ≈ 약 0.9 TOE
전기	kWh	1 TOE ≈ 11,630 kWh

참고자료

제1부 석유의 시대는 어떻게 시작되었는가?

1. 정부간행물 및 공공기관 보고서
대한석유협회. (2024).『국내 석유산업 현황 및 지속 가능한 발전 방안』. 서울: 대한석유협회.
에너지경제연구원. (2022).『한국의 석유산업 70년사』. 울산: 에너지경제연구원.
한국석유공사. (2021).『국가 석유비축 현황 보고서』. 울산: 한국석유공사.
한국석유공사. (2021).『동해-1 가스전 운영 실적 보고서 (2004-2021)』. 울산: 한국석유공사.
한국석유공사. (2022).『국내 석유 수급 동향 2022』. 울산: 한국석유공사.
한국석유관리원. (2024).『석유제품 품질관리 체계 운영 현황』. 성남: 한국석유관리원.
한국해양환경공단. (2020).『해양오염방제 20년사』. 서울: 한국해양환경공단.
환경부. (2023).『석유제품 환경품질 평가 결과 보고서』. 세종: 환경부.

2. 신문 및 언론 자료
국제통상신문. (2024. 8. 5). 한국, 주요 정유사 디젤 수출…'4개월 만에 최고치로 반등 예상'. https://www.intrad.co.kr/news/articleView.html?idxno=1944
매일경제. (1998. 7. 28). 울산 인근 해역 가스층 발견.『매일경제』, 17면. 네이버 뉴스 라이브러리.

3. 법령 자료
교통·에너지·환경세법. 법률 제17453호 (2020. 6. 9. 일부개정).
대기환경보전법. 법률 제19751호 (2023. 10. 24. 일부개정).
물가안정에 관한 법률. 법률 제18522호 (2021. 11. 19. 일부개정).
석유 및 석유대체연료 사업법. 법률 제20182호 (2024. 1. 9. 일부개정).
석유사업법. 법률 제1289호 (1962. 1. 15. 제정).
석유사업법. 법률 제3982호 (1987. 11. 28. 전부개정).
석유사업법. 법률 제5395호 (1997. 8. 28. 일부개정).
한국석유공사법. 법률 제3166호 (1979. 12. 28. 제정).
해양오염손해배상보장법. 법률 제18523호 (2021. 11. 19. 일부개정).

4. 기업 자료 및 공시
GS칼텍스. (2021).『2021년 내수 및 수출 가격 분석 보고서』. 서울: GS칼텍스.
HD현대오일뱅크. (2024).『2024년 사업보고서』. 서울: HD현대오일뱅크.

S-Oil. (2024). 『2024년 사업보고서』. 서울: S-Oil.
Saudi Aramco & S-Oil. (2023). 『샤힌 프로젝트(Shaheen Project) 투자계획서』. 서울: S-Oil.
SK이노베이션. (2024). 『2024년 사업보고서』. 서울: SK이노베이션.

5. 국제기구 보고서
BP. (2023). BP Statistical Review of World Energy 2023 (72nd edition). London: BP p.l.c.
ICIS. (2023). Global Petrochemical Market Outlook 2028-2030. London: ICIS.
IEA. (2023). Oil Market Report 2023. Paris: IEA Publications.
IMO. (2020). 2020 Sulphur Limit - Implementation Guidelines. London: IMO.
OPEC. (2023). Annual Statistical Bulletin 2023. Vienna: OPEC Secretariat.

6. 정부 정책 문서
관계부처 합동. (2020). 『2050 탄소중립 추진전략』. 세종: 대한민국 정부.
김영삼 정부. (1995). 『규제개혁 종합대책: 주유소 설립 거리제한 폐지』. 서울: 대통령비서실.
동력자원부. (1978). 『석유산업 육성 기본계획』. 과천: 동력자원부.
산업통상자원부. (2011). 『알뜰주유소 활성화 방안』. 과천: 지식경제부.
산업통상자원부. (2023). 『석유화학산업 경쟁력 강화 방안』. 세종: 산업통상자원부.
해양경찰청. (1995). 『씨프린스호 유류오염사고 백서』. 인천: 해양경찰청.
해양경찰청. (2008). 『허베이스피리트호 유류오염사고 백서』. 인천: 해양경찰청.

7. 온라인 데이터베이스 및 정보시스템
오피넷(Opinet). (2024). 전국 주유소 유가정보. www.opinet.co.kr
한국석유공사 페트로넷. (2024). 국내외 석유시장 동향. www.petronet.co.kr

8. 통계 자료
관세청. (2024). 『2024년 석유제품 수출입 통계』. 대전: 관세청.
국토교통부. (2024). 『2024년 12월 자동차 등록 현황』. 세종: 국토교통부.
기상청. (2024). 『서울특별시 기상관측 자료 (1973-2024)』. 서울: 기상청.
통계청. (2023). 『에너지통계연보 2023』. 대전: 통계청.

제2부 석유는 어떻게 문명을 바꾸었는가?

1. 국내 문헌
단행본

김동노. (2015). 『한국 석유화학산업의 발전과 구조변화』. 서울: 경제사학회.
김정인. (2018). 『한국 경제발전과 에너지 산업』. 서울: 한울아카데미.
박영구. (2020). 『한국 중화학공업화 정책의 평가와 교훈』. 세종: 한국개발연구원.
이정전. (2019). 『녹색혁명과 한국 농업의 근대화』. 서울: 서울대학교출판문화원.
최상오. (2017). 『중동 건설 진출사: 사막에 핀 한국의 기적』. 서울: 매일경제신문사.
황현. 『매천야록』. (원전).

학술논문

강명구. (2021). 한국 석유화학산업의 기술혁신 전략과 성과. 『경영사연구』, 36(2), 45-72.
김성수. (2022). 미세플라스틱 오염 실태와 인체 영향 연구. 『환경과학회지』, 31(4), 234-251.
박소영. (2020). 한국의 에너지 전환 정책과 석유산업의 대응. 『에너지경제연구』, 19(1), 89-115.
이은경. (2023). 탄소중립 시대의 한국 정유산업 전환 전략. 『산업연구』, 46(3), 167-192.

정부 간행물 및 보고서

국가기록원. (2015). 『경제개발 5개년계획 관련 기록물』. 대전: 국가기록원.
문화재청. (2010). 『근대문화유산 목록화 조사 보고서』. 대전: 문화재청.
산업통상자원부. (2020). 『자원순환정책 대전환 로드맵』. 세종: 산업통상자원부.
한국석유공사. (2023). 『석유산업 통계연보』. 울산: 한국석유공사.
한국해양과학기술원. (2021). 『한국 연안 미세플라스틱 오염 실태 조사 보고서』. 부산: 한국해양과학기술원.
환경부. (2021). 『2050 탄소중립 시나리오』. 세종: 환경부.

신문 및 정기간행물

독립신문. (1897. 8. 7). 석유등의 보급과 외국 상품.
매일경제. (2023. 5. 15). K-석유화학, 친환경 전환으로 새 도약.
한국경제. (2024. 1. 10). 정유 4사, 탈탄소 신사업 투자 본격화.

2. 국외 문헌

단행본

Carson, R. (1962). Silent Spring. Boston: Houghton Mifflin.
Smil, V. (2017). Oil: A Beginner's Guide. London: Oneworld Publications.
Yergin, D. (2008). The Prize: The Epic Quest for Oil, Money & Power. New York: Free Press.

학술논문

Henderson, J., & Pirani, S. (2014). The Russian Gas Matrix: How Markets Are Driving Change. Oxford Energy Studies, 92, 1-45.
Sovacool, B. K. (2016). How Long Will It Take? Conceptualizing the Temporal Dynamics of Energy Transitions. Energy Research & Social Science, 13, 202-215.

보고서 및 기관 자료
IEA. (2021). Net Zero by 2050: A Roadmap for the Global Energy Sector. Paris: IEA.
OPEC. (2023). Annual Statistical Bulletin 2023. Vienna: Organization of the Petroleum Exporting Countries.
World Bank. (2022). The Changing Wealth of Nations 2021: Managing Assets for the Future. Washington, DC: World Bank.

3. 온라인 자료
네이버 지식백과. 독립신문. https://terms.naver.com/entry.naver?docId=2324968 (검색일: 2024. 8. 15).
한국석유화학협회. 석유화학산업 현황. http://www.kpia.or.kr (검색일: 2024. 8. 10).
SK이노베이션. 지속가능경영보고서 2023. https://www.skinnovation.com (검색일: 2024. 7. 20).

4. 기타 자료
인천대학교 환경공학과 연구팀. (2022). 한국인 체내 미세플라스틱 검출 연구. 미발표 연구보고서.
ISCC. (2023). ISCC System Documents. Brussels: ISCC.

제3부 석유의 시대는 어디로 향하는가?

1. 국제기구 보고서 및 통계자료
BP (British Petroleum)
BP. (2023). Statistical Review of World Energy 2023 (72nd edition). London: BP p.l.c.
BP. (2024). BP Energy Outlook 2024. London: BP p.l.c.
IEA (International Energy Agency)
Birol, F. (2022). Energy Crisis: 1970s vs Today. IEA Commentary, October 2022.
IEA. (2020). CCUS in Clean Energy Transitions. Paris: International Energy Agency.
IEA. (2021). Net Zero by 2050: A Roadmap for the Global Energy Sector. Paris: International Energy Agency.
IPCC (Intergovernmental Panel on Climate Change)
IPCC. (2018). Global Warming of 1.5°C. An IPCC Special Report on the impacts of global warming of 1.5°C above pre-industrial levels. Geneva: World Meteorological Organization.
IPCC. (2021-2023). Climate Change 2021-2023: The Physical Science Basis. Contribution

of Working Group I to the Sixth Assessment Report. Cambridge: Cambridge University Press.
OPEC (Organization of the Petroleum Exporting Countries)
OPEC. (1960). OPEC Statute. Baghdad: OPEC Secretariat.
OPEC. (2023). Annual Statistical Bulletin 2023. Vienna: OPEC Secretariat.

2. 한국 정부 간행물 및 법령
법령
기후위기 대응을 위한 탄소중립·녹색성장 기본법. 법률 제18469호 (2021. 8. 31. 국회 통과, 2021. 9. 24. 공포).
석유 및 석유대체연료 사업법. 법률 제19125호 (2022. 12. 27. 일부개정).
정부 부처 자료
산업통상자원부. (2021). 『2050 탄소중립 산업전환 추진전략』. 세종: 산업통상자원부.
산업통상자원부. (2023). 『제10차 전력수급기본계획(2022-2036)』. 세종: 산업통상자원부.
환경부. (2021). 『2050 탄소중립 시나리오』. 세종: 환경부.
공공기관 연구보고서
대한석유협회. (2023). 『석유산업 현황 및 전망』. 서울: 대한석유협회.
에너지경제연구원. (2023). 『에너지통계연보 2023』. 울산: 에너지경제연구원.
에너지경제연구원. (2024). 석유 수요 전망과 에너지 전환 시나리오 분석. 『에너지포커스』, 2024년 봄호, 23-45.
한국석유공사. (2020). 『한국 석유산업 70년사』. 울산: 한국석유공사.
한국석유공사. (2023). 『2023 석유산업 통계』. 울산: 한국석유공사.
한국에너지기술연구원. (2023). 『재생에너지 간헐성 대응방안 연구』. 대전: 한국에너지기술연구원.

3. 학술 문헌
석유 인문학 관련 영문 문헌
Boyer, D., & Szeman, I. (2017). The Rise of Energy Humanities. University Affairs, February 2017.
Petrocultures Research Group. (2016). After Oil. Edmonton: Petrocultures Research Group.
Szeman, I., & Boyer, D. (Eds.). (2017). Energy Humanities: An Anthology. Baltimore: Johns Hopkins University Press.
Wilson, S., Carlson, A., & Szeman, I. (Eds.). (2017). Petrocultures: Oil, Politics, Culture. Montreal: McGill-Queen's University Press.
Yergin, D. (1991). The Prize: The Epic Quest for Oil, Money & Power. New York: Free Press.

Yergin, D. (2020). The New Map: Energy, Climate, and the Clash of Nations. New York: Penguin Press.

한국 관련 문헌

김성환. (2022). 『한국 에너지 전환의 정치경제학』. 서울: 한울아카데미.

박진희. (2021). 한국 석유화학산업의 형성과 발전: 울산공업단지를 중심으로. 『경제사학』, 45(3), 523-561.

이재영. (2023). 『에너지 전환 시대의 산업정책』. 서울: 박영사.

4. 기업 자료 및 기술 보고서

한국과학기술연구원(KIST). (2023). CO_2 전환 합성가스 생산 기술 개발. KIST 보도자료, 2023년 7월.

S-OIL. (2023). 샤힌 프로젝트(Shaheen Project) TC2C 기술 도입. S-OIL 보도자료, 2023년 3월.

Saudi Aramco. (2023). Converge® Polyols: Turning CO_2 into Value. Aramco Technology Report.

5. 국제 협약 및 역사 문서

European Commission. (2019). The European Green Deal. COM(2019) 640 final. Brussels: European Commission.

Sykes-Picot Agreement. (1916). Agreement between Great Britain and France concerning the partition of the Ottoman Empire. UK National Archives, FO 371/2767.

United Nations. (2015). Paris Agreement. Paris: United Nations Framework Convention on Climate Change.

6. 언론 및 정기간행물

에너지경제신문. (2024. 1. 15). 한국 원유 수입의존도 97% 육박.

월스트리트저널. (2021. 9. 23). Net Zero Is Breaking Britain. The Wall Street Journal.

7. 통계 데이터베이스

통계청 국가통계포털(KOSIS). https://kosis.kr

한국에너지공단 에너지통계. https://www.energy.or.kr

BP Statistical Review of World Energy. https://www.bp.com/statisticalreview

IEA Data and Statistics. https://www.iea.org/data-and-statistics

송민호, 유연백, 류근식, 주재인